T0247709

Javier García Campayo

Sueños lúcidos

Aprende a desarrollarlos

De las tradiciones contemplativas
a la evidencia científica

Prólogo del lama Thubten Wangchen

© 2021 Javier García Campayo
© del prólogo: Thubten Wangchen

© de la edición en castellano:
  2022 Editorial Kairós, S.A.
  Numancia 117-121, 08029 Barcelona, España
  www.editorialkairos.com

Fotocomposición: Florence Carreté
Diseño cubierta: Katrien Van Steen
Impresión y encuadernación: Romanyà-Valls. 08786 Capellades

Primera edición: Febrero 2022
Quinta edición: Enero 2023

ISBN: 978-84-9988-983-2
Depósito legal: B 463-2022

Confía en los sueños,
ya que en ellos está oculta
la puerta hacia la eternidad.

KHALIL GIBRAN

Quiero agradecer a mi buen amigo Chema Gálvez
su completa revisión de la obra.

Este libro ha sido posible gracias al apoyo
del máster de Mindfulness
y de la cátedra de Ciencias Contemplativas
de la Universidad de Zaragoza.

Sumario

Prólogo

Estoy muy contento de que el profesor Javier García Campayo haya escrito un libro sobre los sueños lúcidos. Y, aunque no sea la persona más adecuada para hacer prólogos, al pedirme que lo hiciera, he sentido muchas ganas de expresar algunos aspectos relacionados con los sueños. En primer lugar, quiero agradecer al doctor García Campayo que haya expuesto su sabiduría y su investigación sobre los sueños en diferentes tradiciones y escuelas antiguas, con distintas maneras de contemplarlos y explicarlos.

El tema de los sueños interesa a mucha gente. Como las almas, los sueños tienen millones de años. Todo el mundo tiene sueños, diferentes tipos de sueños. Algunos no tienen ningún mensaje. Ciertos sueños tienen relación con recuerdos del pasado. Hay sueños que indican algo que puede suceder en el futuro. Si en nuestra vida soñamos la misma cosa una o dos veces, no tenemos que preocuparnos. Si hay sueños que se van repitiendo cada semana, cada mes, es una señal de que, tarde o temprano, vamos a experimentar algo relacionado con lo que se expresa en ese sueño. El sueño nos está avisando.

También hay otros sueños, llamados en Occidente pesadillas, de los cuales muchas personas se despiertan bruscamente y asustadas. Los sueños dependen del estado mental de cada uno, de cómo ha sido nuestra fuerza mental en el día a día, en nuestra vida, de cómo ha sido, sobre todo, la fuerza de los pensamientos, de nuestras palabras y acciones. Todo esto influye en el tipo de sueños que tendremos. En el budismo se habla mucho de los sueños. También de los sueños lúcidos, que precisan un trabajo para conseguir tenerlos y para interpretarlos. Es interesante poder interpretar el significado de los sueños. Hay pocas personas capacitadas para ello.

Se puede hacer una práctica relacionada con los sueños. Si se quieren tener sueños dulces, sueños agradables, sueños lúcidos, antes de dormirse uno tiene que pensar positivamente, planificar, visualizar cosas agradables, bonitas y armónicas. Entonces, los sueños serán, en general, experiencias positivas. Si uno se duerme con negatividad, enfadado, con estrés, con planes negativos, pensando por ejemplo que a la mañana siguiente va a competir con alguien, va a atacar a alguien con palabras, es fácil que sus sueños sean desagradables, terribles, con pesadillas. Todo está vinculado con nuestro *continuum* mental, con nuestra actitud y motivaciones.

El budismo nos enseña que es muy bueno comenzar el día dando las gracias por estar vivo un día más. Y recordar que el propósito de la vida es hacer el bien, desarrollar nuestras potencialidades y desarrollar nuestro corazón; por lo menos no hacer daño a nadie, no engañar. Este debe ser el propósito de cada día por la mañana y, por la noche, pensar positivamente antes de dormirnos. Si antes de dormir tenemos un estado mental positivo, dormiremos bien, nos despertaremos con buen ánimo y durante el día será más fácil tener calma mental y estar preparados para volver a dormir con placidez. Este proceso es cíclico.

Antiguamente, los grandes maestros del Tíbet trataban estos temas relativos a los sueños. Aún hay maestros, pero ahora no se refieren tanto a ello. Nuestras prácticas son muy individuales. No se quieren exhibir los conocimientos. Además, los maestros no tienen títulos y no ponen, como en Occidente, los títulos y diplomas clavados en las paredes. Lo esencial es el desarrollo interior. Aunque las prácticas no se muestran mucho hacia fuera, cuando los maestros ven que alguien está muy preparado para recibir enseñanzas, entonces ellos poco a poco le enseñarán a esa persona. Las enseñanzas más profundas no se muestran abiertamente en concentraciones de miles de personas. Hay prácticas muy delicadas.

En algún momento del libro se habla de los viajes astrales. No todo el mundo está preparado para eso. La mente sutil puede salir del cuerpo, puede viajar, incluso puede visitar otro planeta, pero hay que estar preparado para ello. Pocas personas pueden hacerlo. Algunos maestros indios y tibetanos, grandes yoguis y grandes meditadores han llevado a cabo viajes astrales. Y no salen del cuerpo real por capricho o para disfrutar, lo hacen con el propósito de beneficiar al sitio visitado por el cuerpo sutil. Van donde hay sufrimiento y conflictos. Visitan a pobres, a mendigos, a enfermos en hospitales, etcétera. Dan mensajes de paz, de no violencia, de armonía e intentan reducir un poco el sufrimiento de esos seres. Sin embargo, si uno no está preparado, es peligroso y la persona puede sufrir daños. No hay que forzar nada, y eso no se puede aprender de ningún maestro.

En Dharamsala conocí a un gran maestro que nos hablaba mucho de este tema. Este rinpoche, que murió hace tres o cuatro años, algunas veces nos contaba que había estado en otro planeta, en otros lugares. Un día nos dijo que había visitado un lugar en el que todos los seres disfrutaban, sin conflictos, sin enfermedad, sin dolor. No nos dijo qué lugar era. Pensando en los grandes maestros, sé que a algunos se les han presentado divinidades cuando estaban escribiendo o pensando y tenían dudas. En esos casos, consultan sus dudas a estas divinidades. Después las divinidades desaparecen. A través de los sueños, también se pueden presentar divinidades budistas.

Si cada día hacemos cosas correctas, los sueños serán más claros, más puros y más lúcidos. Si complicamos nuestra vida, nuestros pensamientos, nuestras palabras, nuestras acciones pensando mal de los demás, criticando constantemente, sintiendo envidia, mintiendo, etcétera, nuestros sueños lo reflejarán y nos harán perder nuestra calma mental. Nada es automático. Todo depende de nuestras acciones de cada día. La mente lo puede todo. A través de la mente se originan los pensamientos que, según sean positivos o engendren violencia, nos crearán lo que los budistas decimos un buen o mal karma; a través de la mente hablamos y hacemos el bien o el mal. Tenemos que trabajar la mente para conseguir que nuestros días sean positivos y que, por las noches, tengamos buenos sueños.

Por una parte, este mundo en que vivimos está cada vez más contaminado con la polución, cada vez más destruido. Por otra parte, si nos referimos a las actitudes de las personas, encontramos conductas muy mundanas. En lugar de desarrollar valores humanos y espirituales, estamos desarrollando apego y afán de posesión material. Todo el mundo desea consumir. Hay muchas posibilidades, mucha propaganda para distraer la mente. Y nuestra mente, en lugar de hallar satisfacción y paz, sufre y se desasosiega buscando y buscando más y más objetos materiales. La mente nos puede complicar la vida. Hay que saber que, en general, el poder de la mente es muy grande. Tiene poder y decisión. Complicarse la vida está en manos de nuestra mente. Gracias a las potencialidades de la mente, existe la posibilidad de no tener una vida complicada. Es algo tan sencillo y a la vez tan difícil a causa de la complejidad de la sociedad, de la educación que hemos recibido, de las condiciones del mundo en que vivimos. En los sistemas educativos se olvidan muchos valores esenciales comprendidos en culturas y religiones diversas: en el judaísmo, en el cristianismo, en el hinduismo, en el islam, en las antiguas civilizaciones egipcia y persa, en la Grecia clásica. Algunas de ellas tienen muchos puntos en común.

Hay grandes escuelas o religiones, como en Grecia o Egipto, que han tratado el tema de los sueños. También grandes científicos se han interesado por ello y han investigado los sueños. Jung, por ejemplo, se ha referido a los sueños como un aspecto importante que hay que investigar. También en la Biblia los sueños tienen un papel relevante. Hay una ciencia de los sueños. Últimamente, hay científicos que han hablado sobre los sueños con algunos grandes maestros. Algunos científicos han hablado con el Dalái Lama sobre los diferentes niveles de sueños, sobre cómo funcionan, sobre los sueños lúcidos. Los sueños lúcidos tienen que venir a través de la mente lúcida. Si nuestra mente no está lúcida, si está llena de pensamientos perturbadores, entonces el sueño también será perturbador. No será un sueño claro y tampoco será claro el mensaje. Si alguien quiere tener sueños lúcidos, primero tiene que intentar limpiar su mente, sus conceptos, sus formas erróneas de pensamiento. Si hacemos este trabajo, los sueños cambiarán, cada vez serán más claros, cada vez más contundentes. Y, uno mismo, mientras duerme, cuando esté soñando, podrá reconocer que está soñando, podrá ser consciente de ello. Es algo muy bonito. Aunque el sueño sea muy positivo, nuestro ego no subirá y nuestro apego no aumentará porque seremos conscientes de que estamos soñando. Y, si el sueño no es positivo, tampoco tendremos miedo ni aversión porque sabremos que estamos soñando. En el tantrismo se habla de este tema. Los sueños lúcidos no solo se tratan en el budismo. Es muy interesante investigar el mecanismo de los sueños lúcidos. ¿Cómo desarrollar sueños lúcidos? Cada día, con nuestro trabajo sobre nuestra mente, con nuestra actitud positiva y con una mente cada vez más lúcida, podremos tal vez conseguir esos sueños lúcidos.

La vida que tenemos ahora es también como un sueño. Hay la conocida expresión: «La vida humana es como un sueño», en el sentido de que todo es impermanente, que nada dura para siempre. Cuando nos despertamos, el sueño ya no existe. Por otra parte, en nuestra vida estamos como dormidos, como soñando, y nadie sabe si mañana podrá abrir los ojos. No lo sabemos. La vida es muy corta y la tenemos que aprovechar al máximo para que sea significativa y adquiera mucha potencia y valor. ¡Ojalá la usemos correctamente! Y que tengamos sueños lúcidos que nos ayuden a conseguir una vida digna con alegría, paz y prosperidad.

El profesor García Campayo ha escrito este libro sobre el desarrollo de los sueños lúcidos. Lo felicito por su trabajo, por sus investigaciones científicas, por buscar las evidencias. Es un buen trabajo y una buena labor. Ha dado su propia sabiduría y conocimiento al resto del mundo interesado en este tema, ya sean personas jóvenes o mayores. Lo importante es que este libro pueda beneficiar a otros seres. Este es mi deseo.

THUBTEN WANGCHEN
Director de la Fundación Casa del Tíbet de Barcelona
Miembro del Parlamento tibetano en el exilio,
en Dharamsala, la India.

Parte I. Las bases teóricas

1. Fisiología y estructura del sueño

Los mitos son sueños públicos,
los sueños son mitos privados.

JOSEPH CAMPBELL, *El poder del mito*

Introducción

El sueño, biológicamente, no es una falta total de actividad, sino que se puede considerar como un estado biológico concreto, un estado conductual. En el sueño se precisa de un ambiente y una postura adecuados, que son variables en las distintas especies: hay animales que pueden dormir de pie y otros que pueden hacerlo con los ojos abiertos. En contraposición al coma, el estado de sueño es reversible en respuesta a estímulos adecuados y genera cambios electroencefalográficos que lo distinguen del estado de vigilia. La disminución en la motricidad de la musculatura esquelética, así como en el umbral de reactividad a estímulos externos, son otras dos características de este estado (Velayos y cols., 2007).

Arquitectura del sueño

El sueño tiene distintos grados de profundidad, y se producen modificaciones fisiológicas concretas en cada una de sus etapas. Para el estudio de los cambios funcionales que se dan durante el sueño, se atiende a unas variables que se denominan indicadores del sueño: el electroencefalograma (EEG), los movimientos oculares y el tono muscular, que se mide mediante el electromiograma (EMG). La polisomnografía es el registro de los tres indicadores (McCarley, 1995). En el sueño se distinguen las siguientes fases:

- **Fase I**: caracterizada por somnolencia o adormecimiento. Tiene lugar la desaparición del ritmo alfa (frecuencia: 8-12 hercios) del EEG, típico del estado de vigilia, y se pasa a ritmo theta (frecuencia: 4-7 hercios). Hay tono muscular y no hay movimientos oculares o, si los hay, son muy lentos. Conocida también como fase de sueño ligero, en la que las personas todavía son capaces de percibir la mayoría de los estímulos, principalmente auditivos y táctiles. El sueño en fase I es poco o nada reparador. El tono muscular disminuye en comparación con el estado de vigilia. Supone el 5% del total del sueño. Si el individuo es despertado en este período, algo que resulta muy sencillo, suele afirmar que no estaba realmente dormido.

Fase II: en esta fase, el sistema nervioso bloquea las vías de acceso de la información sensorial, lo que origina una desconexión del entorno y facilita, por tanto, la actividad del dormir. Las ondas del EEG son también theta, pero aquí es más difícil despertar al sujeto. Esta fase ocupa alrededor del 50% del tiempo de sueño en el adulto. En el primer ciclo de la noche, la duración puede ser de 50 minutos. El tono muscular es menor que en la fase I y desaparecen los movimientos oculares. El sueño de fase II es parcialmente reparador, por lo que no es suficiente para que el descanso sea considerado completo. Las fases I y II se consideran sueño ligero. Ambas aumentan su porcentaje con la edad.

• **Fase III**: fase de sueño más profundo, denominado delta (frecuencia: 0,1-4 hercios), ya que son las ondas electroencefalográficas que predominan, y donde el bloqueo sensorial se intensifica. Si el individuo despierta durante esta fase, se siente confuso y desorientado. En esta fase no se sueña, se produce una disminución del 10% al 30% en la tensión arterial y en el ritmo respiratorio, y se incrementa la producción de la hormona del crecimiento. El tono muscular es aún más reducido que en la fase II, y tampoco hay movimientos oculares. Tanto en esta fase como en la anterior hay una disminución aún mayor del ritmo electroencefalográfico, con la aparición de los típicos husos de sueño (ondas de forma sinusoidal o *sleep spindle*) y los complejos K (ondas de alto voltaje y picudas que, a menudo, van seguidas de brotes de husos de sueño), fenómenos de los que es responsable el núcleo reticular del tálamo.

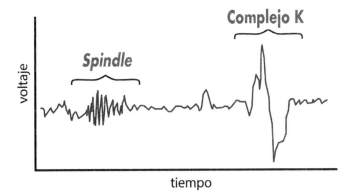

• **Fase IV**: fase de mayor profundidad del sueño, en la que la actividad cerebral es más lenta, con predominio de la actividad delta. Al igual que la fase III, es esencial para la recuperación física y, especialmente, psíquica del organismo. Así, los déficits de fase III y IV causan somnolencia diurna. En esta fase, el tono muscular está muy reducido. No es la fase típica de los sueños, pero en ocasiones pueden aparecer, en forma de imágenes, luces, figuras... sin una línea argumental. En esta fase es en la que se manifiestan alteraciones como el sonambulismo o los terrores nocturnos. En la instauración de esta fase del sueño intervienen, entre otras estructuras, la corteza prefrontal y el núcleo dorsomedial del tálamo. Las fases III y IV pueden suponer 40 minutos al principio de la noche. En total suponen el 20% del sueño en jóvenes, pero con la edad disminuye hasta casi desaparecer en los ancianos.

• **Fase REM**: se denomina también *sueño paradójico* debido al contraste que supone la atonía muscular (relajación total), típica del sueño profundo, y la activación del sistema nervioso central (signo de vigilia y estado de alerta). En esta fase se presentan los sueños, en forma de narración, con un hilo argumental, aunque sea absurdo. La actividad eléctrica cerebral de esta fase es rápida. El tono muscular es nulo (atonía muscular o parálisis), lo que impide que la persona dormida materialice sus alucinaciones oníricas y pueda hacerse daño. Las alteraciones más típicas de esta fase son las pesadillas y la parálisis del sueño. Esta etapa del sueño se caracteriza por una alta actividad cerebral. Los ojos se mueven, pero el cuerpo aún está relajado. Una noche de sueño normalmente comienza con períodos prolongados de sueño profundo, con períodos REM más cortos. Tiene una duración de 5-10 minutos aproximadamente en el primer ciclo de sueño y, por lo general, ocurre 90 minutos después de conciliar el sueño y cada 90 minutos de allí en adelante. Cuando se aproxima la madrugada, la etapa REM aumenta a medida que las etapas de sueño profundo disminuyen. El sueño REM supone el 25% del tiempo total del sueño, aunque disminuye con la edad.

Dentro de la fase REM pueden distinguirse dos etapas (Aserinsky, 1981):

1) Fásica. La fase de mayor actividad cerebral, en la que se producen los movimientos oculares rápidos y otras pequeñas sacudidas musculares involuntarias.

2) Tónica. Fase relativamente pasiva en la que cesan los movimientos oculares y las sacudidas involuntarias.

LaBerge y cols. (1986) demostraron que los sueños lúcidos se producían en la fase REM de mayor actividad cerebral, es decir, en la fásica. La actividad eléctrica cerebral aumenta desde el comienzo de la fase REM hasta un máximo a los 5-7 minutos. Esa mayor actividad eléctrica provoca un incremento progresivo de la densidad de movimientos oculares rápidos. La probabilidad de sueño lúcido, según LaBerge, estaría relacionada con el aumento en la densidad de movimientos oculares rápidos (Aserinsky, 1981). Es decir, la máxima probabilidad de tener sueños lúcidos se daría de 5-7 minutos después de comenzar la fase REM (LaBerge, 1990).

Son frecuentes breves despertares, tanto al inicio como al final del sueño REM. En los últimos años, esta clasificación se cree que no es tan rígida y que ciertas áreas del cerebro podrían estar en una fase y otras, en otra diferente.

Una buena noche de sueño revitaliza y restaura el cuerpo. Mejora el estado de ánimo, impulsa la creatividad, regula las hormonas y protege contra las enfermedades. Para gozar de una salud óptima, la mayoría de los adultos deberían intentar dormir entre 7 y 9 horas por noche. Se necesita una hora de sueño por cada dos horas despierto. El déficit de sueño es considerado por la Organización Mundial de la Salud como una epidemia moderna (Holececk, 2020).

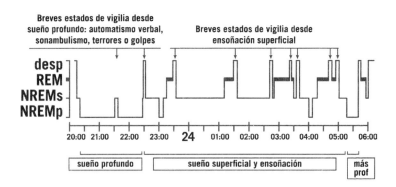

La mayor parte de los sueños aparecen en fase REM. En este período son vívidos y activos, y tienden a ser en color. También son más frecuentes las pesadillas. En las fases III y IV No REM, los pocos sueños que aparecen tienden a estar causados por ansiedad o miedo, son más pasivos, en blanco y negro, y menos vívidos. Suelen ser más ordinarios y placenteros (Holecek, 2020).

FASES DEL SUEÑO

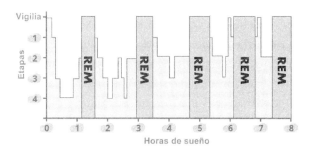

Horas de sueño

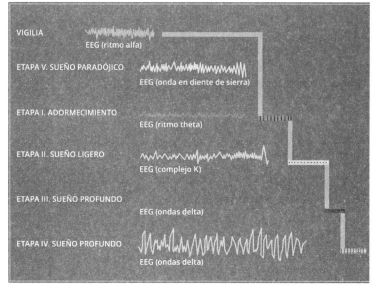

Leyenda:

⊪⊪ Etapa I. Adormecimiento
.... Etapa II. Sueño ligero
≡ Etapa III. Sueño profundo
⊞⊞ Etapa IV. Sueño profundo

Tipos de ondas electroencefalográficas

Estructuras biológicas implicadas

En el sueño REM habría una activación del sistema reticular activador del tronco del encéfalo y del prosencéfalo basal, estructuras que también están activas en la vigilia. Para este autor, estructuras como los núcleos talámicos relé, que son los que reciben la estimulación sensorial, quedarían activadas, lo que contribuiría a la aparición de las diversas modalidades psicológicas que aparecen en los sueños. Las estructuras límbicas, tales como la amígdala y la corteza cingular, también estarían activadas, lo que explicaría los fenómenos emotivos durante la fase de sueño REM. Los ganglios basales y el cerebelo, que regulan la motricidad, también activados, explicarían los movimientos ficticios de los sueños en la fase REM. Están activas las cortezas asociativas, como las del lóbulo parietal inferior y las de la corteza occipitotemporal, todo lo cual explicaría las imágenes visuales de esta fase del sueño. La corteza prefrontal, importante en los procesos mentales, está inhibida, lo cual podría explicar la falta de lógica en los razonamientos que se experimentan en el sueño (Orrison, 2000). Según Reinoso (2002), las mismas estructuras que son necesarias para la consolidación de la memoria, como el tálamo medial, la amígdala, el hipocampo, las estructuras parahipocampales, la corteza orbitofrontal y las cortezas asociativas monomodales, están activas en el sueño REM.

En el sueño No REM, en cambio, hay una inhibición de las zonas que están activadas en el sueño REM y hay una activación de las inhibidas, lo que puede explicar que en tal sueño No REM haya ensoñaciones más de tipo abstracto que en el sueño REM (Bradley, 2005). El despertar en esta fase da lugar a estados confusionales y un rápido retorno al sueño.

Neurotransmisor	Sitio de origen	Vigilia	No REM	REM
Acetilcolina	Núcleo basal			
Núcleos tegmentales Ventrolateral y Pedúnculo pontino	Activado	Desactivado	Activado	
Serotonina	Núcleo del rafe	Activado	Parcialmente activado	Desactivado
Noradrenalina	Locus cerúleo	Activado	Parcialmente activado	Desactivado
Histamina	Núcleo tuberomamilar	Activado	Muy disminuido	Muy disminuido
Impulso sensorial		Activado	Muy disminuido	Desactivado
Respuesta motora		Activado	Muy disminuido	Desactivado
Corteza cerebral		Activado	Desactivado	Muy disminuido

Evolución del sueño a lo largo de la historia

El profesor de historia Roger Ekirch, en su libro *At days close: night in times past*, describe que el patrón de sueño seguido de 8 horas que se observa en la actualidad sería un invento moderno. Los cazadores habrían dormido períodos de 12 horas alrededor de la noche. Habrían dormido un primer período de 3-4 horas, después se despertarían 2-3 horas y, posteriormente, volverían a por la segunda parte del sueño de otras 3-4 horas. Parece que este patrón estaría más ajustado a sus necesidades de caza y de no ser cazado por otros depredadores.

2. Historia de los sueños

> En los sueños […] tenemos la fuente de todas las metafísicas.
> Sin el sueño no habríamos sido incitados a un análisis del mundo.
> Incluso la distinción entre alma y cuerpo se debe por completo a
> la primitiva concepción de los sueños, así como la hipótesis
> del alma encarnada, el desarrollo de las supersticiones y,
> probablemente, la creencia en Dios.
>
> Friedrich Nietzsche, *Humano, demasiado humano*

El sueño siempre ha sido un elemento relevante en muchas culturas. Analizaremos la importancia de los sueños, en general, y del sueño lúcido en particular, a lo largo de la historia de la humanidad. Comentaremos el proceso por el que se hizo científico el estudio del sueño lúcido y plantearemos el sueño lúcido como un estado alterado de consciencia.

El sueño lúcido en las culturas antiguas (Tucillo y cols., 2013)

El primer testimonio de un sueño data del 3100 a.C. en el Creciente fértil de **Mesopotamia**. A través de las tablillas del legendario rey Gilgamesh (Anónimo, 2015), se nos cuentan los sueños recurrentes de su madre-diosa Ninsum. Los sueños fueron utilizados para guiar al rey en sus decisiones en el mundo real, y nos confirma que han sido utilizados por los seres humanos en los últimos 5.000 años.

El **antiguo Egipto** es la primera civilización que considera importante el sueño. Creían que tenía una conexión directa con lo espiritual. Parece que conocían el sueño lúcido, pudiendo cambiar la forma del sueño y realizar viajes en el tiempo. Afirmaban que el *Ba* o alma podía viajar conscientemente fuera del cuerpo, mientras este dormía. Su palabra para referirse a los sueños, *rswt* (pronunciado «resut»), se traduciría como despertar y se representaba en los jeroglíficos como un ojo abierto (Sepakowska, 2000). Desarrollaron templos específicos para realizar la incubación de los sueños, un método para recibir mensajes reveladores o sanaciones divinas mientras dormían (Moss, 2009). En el papiro Chester Beatty está la transcripción de un libro sobre los sueños escrito hacia el 2000 a.C.

En la **antigua China**, los testimonios sobre sueños datan de hace más de 4.000 años. En esta cultura, enlazaban con el reino de los muertos y el de los espíritus. Consideraban que existía un alma material (*p'o*) y un alma espiritual (*hun*). Por la noche, el alma espiritual podía visitar la tierra de los muertos o entablar relación con otras almas de soñadores. Era importante no despertar bruscamente a alguien, porque su alma podría no regresar al cuerpo.

En la **antigua India**, su mitología consideraba que el mundo que nos rodea es un sueño que tiene lugar en la mente del dios Vishnu. Nosotros mismos solo somos sus manifestaciones, personajes de su sueño. Nuestro mundo finalizará cuando Vishnu concluya su sueño (Moss, 2009).

En la **Grecia antigua**, los sueños eran también una práctica espiritual. Inicialmente, se consideraba que solo Zeus, el más poderoso de los dioses, era capaz de enviar sueños divinos, pero, con el tiempo, también se consideró que podían hacerlo otros dioses. Las dos divinidades que, especialmente, controlaban este proceso eran Hypnos, que regía el dormir, y Morfeo, el soñar. Los griegos construyeron más de 300 templos por todo el Mediterráneo para la sanación a través de los sueños. Esculapio, considerado hijo de Apolo, fue un médico de gran renombre al que se divinizó más tarde. Sus templos incluían camas, surgiendo así los primeros hospitales. Como la serpiente era el símbolo de Esculapio (y sigue siendo el símbolo de la medicina actual), los pacientes entraban en el templo con un bastón en forma de serpiente y dormían en sitios donde había serpientes porque se creía que ellas conocían el origen de las enfermedades. Uno de los aspectos más extraños eran las serpientes no venenosas que lamían los párpados de los enfermos para inducir los sueños sanadores. En esa misma época, en Gran Bretaña, las serpientes fueron sustituidas por perros para este fin (Devereux y Devereux, 2011). Tras elaborados rituales, se dice que Esculapio se aparecía en los sueños, y la persona despertaba curada física y espiritualmente (Lee, 2010).

El padre de la medicina occidental, Hipócrates (460-377 a.C.), utilizaba los sueños como un instrumento para diagnosticar las dolencias de sus pacientes, como afirma en su obra *Sobre los sueños*. El médico griego Galeno (siglo II d.C.), fundador de la fisiología experimental, atribuía a los sueños un valor de diagnóstico y sanación. Homero describió personajes que estaban despiertos en sus sueños. **Platón**, dos mil años antes que Freud, teorizó que los sueños eran la expresión de nuestros deseos reprimidos y, en su libro *La República*, afirmó que:

«En todos nosotros, incluso en los más respetables, existe la naturaleza desmandada de una criatura salvaje, que asoma durante el sueño».

La primera referencia sobre los sueños lúcidos en la cultura occidental, aunque sin utilizar ese concepto como tal, se remonta a **Aristóteles** (384-322 a.c.) quien lo menciona en su libro *Sobre los sueños*, escrito hacia el 350 a.c. En él dice así:

> «[…] Si el soñador percibe que está dormido y es consciente del estado de sueño, durante el cual la percepción llega a su mente, Koriskos se representa a sí mismo todavía, pero algo dentro del soñador le dice: "la imagen de Koriskos se representa a sí misma, pero el Koriskos real no está presente". A menudo, cuando uno está dormido, algo en la conciencia afirma que aquello que se representa a sí mismo no es sino un sueño. Sin embargo, si la persona no es consciente de estar dormida, no hay nada que contradiga el testimonio de la representación desnuda. […] Algunas personas, cuando duermen, perciben, en cierta forma, sonidos, luz, sabor y contacto; débilmente, y como si sucediera en un lugar remoto. […] También, algunas personas obtienen respuestas a preguntas planteadas en el sueño».

En el siglo ii d.C., Artemidoro escribió su larga obra en cinco volúmenes, *Oneirocrítica*, donde interpreta los sueños desde una perspectiva no general, sino individual, atendiendo a la historia personal de cada individuo.

Los **romanos**, herederos de la cultura griega, mantuvieron una relación similar con los sueños durante los primeros siglos, pero, conforme el cristianismo pasaba a ser la religión oficial del Imperio, los sueños fueron progresivamente menospreciados y olvidados.

Los sueños en las religiones asiáticas

En Oriente, el uso del concepto de sueño lúcido se pierde en el origen de la historia. Así, las *Upanishads* (1000 a.C.) hacen frecuentes alusiones a ellos. También en el taoísmo (550 a.C.) y en el budismo (500 a.C.) se hace referencia a este fenómeno. Quizá la tradición escrita más antigua que habla sobre el sueño lúcido es la de la religión Bön en el **Tíbet**, con más de mil años de antigüedad. Los tibetanos describieron técnicas específicas para tener experiencias lúcidas en los sueños que aún ahora son muy útiles. Mas allá de alcanzar estos sueños, describen cómo realizar tareas en ellos, comunicarse con seres superiores o adaptar la forma de otros animales. El objetivo final de este proceso era hacerse consciente de que la vida «es solo un sueño» (Evans-Wentz, 1975).

El **hinduismo** cree que nuestro mundo es el sueño del dios Vishnu. Considera que existen tres formas de consciencia: despierto, soñar y sueño profundo, y consideran, al contrario que nuestra visión occidental, que la menos importante es el período de estar despierto. El Yoga-nidra se conoce como el yoga del sueño y es mencionado ya en las *Upanishads* (Saraswati y Hiti, 1984). Se considera que el estado de consciencia durante el sueño profundo conduce a la autorrealización.

Uno de los mayores debates en la filosofía india clásica es si existe consciencia en el estado del sueño sin ensoñaciones. Las escuelas Vedanta Advaita y el Yoga afirman que sí, mientras que la escuela Nyaya asegura que no (Thompson, 2015). Existen estudios con el yogi Swami Rama en los que los científicos comprobaron que, con un EEG que mostraba un 40% de actividad delta, es decir, sueño profundo, era capaz de repetir 9 frases de las 10 que se le recitaron (Ancoli y cols., 2012); es decir, se puede mantener la consciencia en el sueño.

Tenzin Gyatso, decimocuarto Dalái Lama y líder del **budismo tibetano,** afirma que:

> «Existe una relación entre el soñar y los niveles burdo y sutil del cuerpo. Existe un "estado especial del sueño" que es creado por el sueño y por el *prana* (la energía vital) dentro del cuerpo. Este cuerpo del sueño especial puede disociarse completamente del cuerpo físico burdo y viajar a cualquier parte. Una forma de desarrollar este cuerpo es reconocer los sueños como sueños cuando ocurren. Entonces, se descubre que el sueño es maleable y que se puede controlar progresivamente. Gradualmente, se desarrolla una gran habilidad en este tema y se pueden controlar los contenidos del sueño. Eventualmente, es posible disociar el cuerpo del sueño del cuerpo físico burdo».

En el budismo tibetano se considera que existen tres tipos de sueños (Wangyal Rinpoche, 2019): 1) sueños ordinarios, tanto lúcidos como no lúcidos; 2) sueños de claridad, lúcidos o no: son más estables y aparecen indicios de enseñanzas más allá del yo convencional, y 3) sueños de Clara Luz, que son necesariamente lúcidos. Son sueños no duales en los que no existe un observador y objetos observados, sino que todo está integrado en un estado no dual. Para desarrollar sueños lúcidos y aumentar la claridad de los no lúcidos, se recomiendan una serie de prácticas: meditación, rutinas para aumentar la flexibilidad mental, como imaginarse que el mundo es un sueño, tomar consciencia para recordar los sueños, o visualizar antes del sueño imaginerías del budismo tibetano, como deidades, sílabas y otros símbolos.

Los sueños en las religiones monoteístas

El **judaísmo** surgió hace unos 3800 años, cuando Abraham llegó a un acuerdo con Dios. La cultura hebrea siempre dio gran importancia a los sueños. En la Biblia, Jacob, José, Ezequiel y otros profetas reciben sus mensajes en sueños. El Talmud, escrito entre el 200 y el 500 de nuestra era, incluye más de doscientas referencias a los sueños y una especie de diccionario onírico que permite analizar sueños, pesadillas y visiones. Soñar se considera una forma directa de recibir mensajes dc Dios.

El **cristianismo** surge del judaísmo hace 2.000 años, con el nacimiento de Jesús. Ambas religiones comparten el Antiguo Testamento. En ellas, las señales de Dios podían recibirse en visiones, mediante voces y en sueños. Aunque podían tomar diferentes formas, la más habitual era la de la divinidad hablando en sueños al profeta elegido. Entre el Antiguo y el Nuevo Testamento, la palabra sueño aparece más de cien veces. En algunos casos son sueños de interpretación. Por ejemplo, José interpreta el sueño del faraón (Gen 1-41), en el que ve siete vacas gordas y otras siete famélicas, y lo interpreta como siete años de abundancia seguidos por otros siete de hambruna. Daniel hace lo mismo con el sueño del rey babilonio Nabucodonosor (Daniel 2: 43-45), en el que sueña con una estatua gigante que es golpeada por una piedra, y lo interpreta como lo que les ocurrirá a las futuras generaciones.

San Jerónimo (fallecido en el 420 d.C.) fue una figura clave. Tuvo un sueño en el que se le pidió que dejara de leer los textos paganos que le fascinaban. Muchos de ellos se referían al trabajo con los sueños, e interpretó que debía dejar este tema. Él fue uno de los primeros traductores de la Biblia al latín y tradujo muchos pasajes en los que se habla de los sueños y los ligó a la brujería. Desde entonces, la visión del cristianismo sobre los sueños cambió de manera radical y fueron sistemáticamente rechazados.

El **islam**, la otra gran religión monoteísta, fue fundada por el profeta Mahoma, a quien en 610 d.C. le fue revelada por el arcángel Gabriel, en lo que muchos consideran que fue un sueño (Hermansen, 2001). El profeta tuvo varios sueños en los que recibió mensajes divinos. Se dice que el profeta preguntaba a sus discípulos por sus sueños todas las mañanas y que los interpretaba. La llamada a la oración islámica (*adhan*) la instauró cuando uno de sus discípulos soñó con ella. En el islam hay también una práctica formal del sueño que se denomina *ishtikara*: durante el día se recitan oraciones para, por la noche, recibir la instrucción deseada (Morsley, 2019).

En las tradiciones orientales, los sueños eran parte del desarrollo espiritual del individuo y del control sobre la mente y el cuerpo (Mota-Rolim y cols., 2020). Sin embargo, tanto en la Torah judía, en el Nuevo Testamento cristiano, en el Antiguo Testamento compartido por el cristianismo y el judaísmo, así como en el Corán islámico, los sueños son una forma de comunicación entre Dios y los humanos. Dado que este canal funciona, los sueños lúcidos no son necesarios y, por eso, apenas se comentan, ya que los mayores niveles de consciencia en los sueños no son relevantes.

Lo que importa, realmente, es recordar los sueños. En Números 12: 6 se afirma: «Y Él dijo, escuchad mis palabras. Si hubiera un profeta entre vosotros, Yo, el Señor, me haría conocer ante él en una visión, y me revelaría en sueños». Y, como asegura el profeta Mahoma, lo importante es interpretar correctamente su contenido metafórico en relación con las características del soñador y del momento concreto (Bulkeley, 2002). Como afirma Mahoma, el efecto de un sueño depende de cómo es interpretado, ya que un sueño descansa en las alas de un pájaro, y no tiene efecto a menos que se relacione con alguien. Por otra parte, hay sueños evidentes que no necesitan ser interpretados, como el de Alá (Yaveh en la versión judeocristiana) cuando le dice a Abraham que sacrifique a su hijo (Bulkeley, 2020). En el islam, también se recomienda dormir en un estado de pureza ritual para incubar buenos sueños.

En el judaísmo no hay referencia a los sueños lúcidos. En el cristianismo, la primera referencia escrita aparece en una carta de **san Agustín**, en el año 415 d.C. Describe el sueño de un amigo, el médico cartaginés Gennadius, quien dudaba de la eternidad del alma. Gennadius tuvo un sueño en el que un joven hermoso, un ángel, le llevaba a una ciudad donde se oía una música de belleza inigualable. El ángel le dijo que era el canto de los bendecidos y los santos. En ese momento, despertó físicamente y fue consciente de que era un sueño. Pero a la noche siguiente tuvo el mismo sueño. El ángel le preguntó si lo recordaba, este dijo que «sí». El ángel le preguntó si se habían visto despiertos o en sueños. Gennadius contestó que en sueños, y el joven le enfrentó con el hecho de que, en ese momento, seguían en sueños, con lo que, en ese momento, Gennadius alcanzó la lucidez. El ángel siguió preguntándole dónde estaba su cuerpo, y el médico le contestó que en la cama (citado en Berkeley, 2008; pág. 181):

«Mientras estás dormido y reposando en tu cama, los ojos de tu cuerpo no se usan y no hacen nada, pero todavía tienes unos ojos con los que me ves y disfrutas de esa visión. Por eso, tras tu muerte, mientras tu cuerpo esté completamente inactivo, todavía tendrás en ti una vida con la que podrás vivir, y una percepción con la que podrás percibir. Sé consciente, pese a tus dudas, de que la vida del ser humano continúa más allá de la muerte».

San Agustín solo muestra interés por los sueños lúcidos, que obviamente conoce, como demostración de una vida más allá de la muerte. Pero fuera de este interés teológico, no es relevante. En el siglo XIII, **santo Tomás de Aquino** también menciona el tema. Dice que, en los sueños, citando a Aristóteles, los sentidos pueden tener apenas disminución de su funcionamiento, y que la imaginación es libre, pero que el juicio también mantiene parcialmente su libertad. Así, «la persona, estando dormida, puede juzgar que lo que ve es un sueño» (Aquinas, 1947; pág. 430). Aquino asegura que este fenómeno ocurre «hacia el final del sueño, en los hombres sobrios, y en aquellos dotados de una gran imaginación».

Pese a la referencia de estos dos doctores de la Iglesia, ni cristianismo ni judaísmo muestran interés por los sueños lúcidos, ya que la idea general es que son más obra del demonio que de Dios. De hecho, Tomás de Aquino afirmó que: «algunos sueños proceden de los demonios» (Deveraux y Deveraux, 2011).

Hay que resaltar que la cultura occidental creía que lo que se veía en los sueños existía en algún lugar; si no, hubiese sido imposible verlo incluso en sueños. La sofisticación de pensar que lo que ocurre en los sueños solo se produce en la mente del soñador y es obra de este, sin que tenga que existir ninguna relación con la realidad, no se alcanza hasta el yoga del sueño tibetano, en el siglo VIII (Evans-Wentz, 1975).

En el **islam,** el maestro sufí español Ibn El-Arabi (1163-1240), conocido como «el Gran Maestro», afirma tener experiencias visionarias, entre las que se incluye ver al arcángel Gabriel, como el propio Mahoma. Distingue tres tipos de sueños: 1) los ordinarios, producidos por la experiencia diaria y cuyo contenido simbólico representa nuestros deseos: es una visión muy similar a la psicoanalista; 2) los que reflejan el «alma universal»: un razonamiento abstracto que revelaría verdades fundamentales sobre la humanidad, pero que requiere interpretación, y 3) los que representan un mensaje directo de la divinidad, sin simbolismo ni interpretación (Bulkeley, 2020). Ibn El-Arabi afirma que una persona debe controlar sus pensamientos en los sueños. «Todo el mundo debe aplicarse a desarrollar esta habilidad, porque es de gran valor» (Shah, 1964; pág. 141).

La tradición sufí cultivó la preservación de las facultades de observación durante el sueño, mediante técnicas de privación física, como el ayuno y permanecer despierto durante la noche, y ejercicios de autorrecuerdo (Hermansen, 1927). También los movimientos sufíes actuales, como el Golden Sufi Center, inspirado por Vaughan Lee (1990), que incluye trabajos con sueños, mediante interpretaciones individuales y colectivas, así como el desarrollo de sueños lúcidos.

El chamanismo

Las **culturas chamánicas y precolombinas** creían que los sueños eran claves para acceder a otras realidades paralelas al mundo físico que conocemos. Muchas tribus creían en el Tiempo del Sueño, un espacio colectivo donde uno tiene acceso al conocimiento sagrado (Moss, 2009). Para culturas como la de los iroqueses, no estar en contacto con los sueños hace que se pierda el contacto con el alma. Soñar era una actividad muy social, y tanto los iroqueses (Moss, 2005) como los aborígenes australianos (Ellis, 1991) empezaban el día compartiendo los sueños con la tribu. Los sueños eran una fuente de consejos no solo a nivel individual, sino para toda la tribu, y podían utilizarse en la caza, la guerra y la sanación. La tribu india americana ojibwa hacía pasar a sus miembros por un rito en el que debían aislarse de la comunidad y ayunar hasta que tuviesen un sueño que les indicara su función en la sociedad (Delaney, 1992). Es bien conocida, por el trabajo del antropólogo Carlos Castaneda (1984, 1993), la maestría en el control de los sueños del indio yaqui Don Juan. Entre los **xhosa** de Sudáfrica, los chamanes o sangoma realizan prácticas de sueños, que incluyen trabajo rítmico, plantas medicinales y plegarias ancestrales (Morsley, 2019).

Los sueños desde la Edad Media hasta la actualidad

En la **Edad Media europea**, llamada Edad de las Tinieblas, los sueños fueron degradados y menospreciados. Aunque la Biblia está llena de sueños importantes para los profetas, la cristiandad consideró los sueños como algo nocivo y pecaminoso (Dewdney, 2004). Tomás de Aquino decía que los sueños estaban producidos por el diablo y que los mensajes divinos solo podrían llegar mediante la Iglesia. También san Juan Crisóstomo decía que los sueños eran insustanciales (Chrysostom y Roth, 1984). Sin embargo, en la **cultura islámica**, desde el siglo IX, los monjes sufíes, entre ellos el español Ibn El-Arabi, tenían métodos para controlar sus sueños y alcanzar así el conocimiento de Dios.

En el **Renacimiento y la Edad Moderna**, Lee (2010) considera que «los sueños se trataban como subproductos poco destacables atribuidos a molestias psicológicas o a malas digestiones, y que no poseían un valor real».

Pierre Gassendi fue considerado unos de los filósofos más importantes del siglo XVII, a la altura de Descartes o Hobbes. Su propia experiencia con los sueños lúcidos le permitió un gran avance respecto a Aristóteles. El griego creía que la capacidad de darse cuenta de que se está soñando procedía de un sentido externo, mientras que Gassendi afirmaba que la lucidez es un producto del pensamiento, de pensar que estoy soñando, no de los sentidos externos. Decía:

> «Cuando se sueña, se puede reconocer que se está imaginando con la misma facilidad que cuando estamos despiertos. Así, igual que cuando estamos despiertos nos asombramos de las cosas absurdas que soñamos, también durante el propio sueño podemos asombrarnos de las cosas absurdas que están ocurriendo. Eso me pasa cuando veo a una persona que está muerta y recuerdo que está muerta. Inmediatamente, sé que estoy soñando, porque los muertos no pueden volver» (Brush, 1972; pág.195).

Posteriormente, el **marqués Hervey de Saint Denys**, en 1867, escribió un libro de forma anónima, titulado *Los sueños y cómo guiarlos*. En ese libro, elaborado a partir de una experiencia de más de 20 años, explicaba cómo era capaz de controlar sus sueños lúcidos y daba consejos para que otros lo intentaran. En él dice:

> «Ya que las observaciones más valiosas que he sido capaz de hacer parecen deberse a mi capacidad para mantener las facultades de atención y voluntad durante el sueño, pondré, naturalmente, un gran énfasis en convencer al lector de que puede y debe ejercitar ese control sobre sí mismo».

El filósofo alemán de siglo xix **Friedrich Nietzsche** también conocía los sueños lúcidos. Afirmó: «La Divina Comedia de la vida y el Infierno pasan delante del soñador, no como pinturas en la pared, ya que vive y sufre las escenas. Muchas personas, como yo mismo, recuerdan haber chillado con éxito entre los peligros y terrores del sueño: "Es un sueño"» (de Becker, 1965; pág. 139).

El escritor alemán **Thomas Mann**, en 1927, desarrolla su famosa novela *La Montaña Mágica* basándose en un sueño lúcido de su protagonista, Hans Castorp, quien buscaba el Grial, el elixir de la vida, es decir, el más alto conocimiento. Este sueño consciente guiará la vida del protagonista.

El psiquiatra **Sigmund Freud** escribió en 1900 su famoso libro *La interpretación de los sueños*, lo que supuso un antes y un después en la concepción de la sociedad moderna respecto a los sueños, ya que se consideraba una vía regia de acceso al inconsciente. Freud afirmaba que los sueños están relacionados con deseos inconscientes y constituyen un intento de resolver conflictos pasados. Recomendó interpretarlos mediante asociaciones. Aunque algunas de las teorías de Freud están superadas, cambió la concepción del mundo actual sobre este tema. Por otra parte, existe la teoría de que Freud conoció los sueños lúcidos, ya que hizo mención de estas experiencias en *Introductory Lectures on Psychoanalysis* dentro de su obra *The Complete Psychological Works of Sigmund Freud* (New Yok: Hogarth Press, 1916; Vol 15, pág., 222). Los autores Bol Rooksby y Sybe Tenwee discuten el tema en un artículo en *Lucidity Letter* 1990; 9 (2).

En la primera edición de *La interpretación de los sueños*, Freud (1909; 2013) no hace referencia a los sueños lúcidos, pero, en la segunda, habla de Saint Denys y afirma: «Algunas personas están muy conscientes durante la noche y, cuando se duermen, tienen la facultad de dirigir sus sueños. Si, por ejemplo, un soñador de este tipo no está satisfecho con el rumbo que está tomando el sueño, puede cambiarlo, sin llegar a despertarse, y dirigirlo en otra dirección».

Curiosamente, Freud conocía la obra de Saint Denys, pero nunca pudo leer su libro. Aseguró que no pudo encontrarlo «pese a todos los esfuerzos posibles» (Freud, 1900; 1965; pág. 93), por lo que nunca pudo saber, más que de forma superficial, sobre la increíble posibilidad de controlar lo sueños. ¿Habría cambiado Freud su teoría sobre lo sueños si hubiese podido leer el libro del marqués de Saint Denys y haber tenido sueños lúcidos? Nunca lo sabremos.

La expresión «sueño lúcido» fue utilizada por primera vez en Occidente por el psiquiatra holandés **Frederik van Eden** (1860-1932). Hasta ese momento, este fenómeno se denominaba «medio sueño» o «sueño guiado» (Morsley, 2019). En 1913, escribió un artículo sobre los sueños en el que describía así el sueño lúcido:

> «[…] el soñador recuerda la vida diaria y su propia condición, alcanza un perfecto estado de conciencia y es capaz de dirigir su atención e intentar diferentes actos a voluntad».

Uno de los discípulos de Freud, el psiquiatra suizo **Carl Gustav Jung**, que posteriormente renegaría de las enseñanzas de su maestro, consideraba que los sueños no solo tienen que ver con el pasado, sino también con el presente; y que su interpretación no debería ser solo individual, sino también colectiva; por eso describe el concepto de «inconsciente colectivo». Dedica su obra *El libro rojo* a analizar sus propios sueños, fantasías, diálogos surrealistas y dibujos psicodélicos coleccionados a lo largo de su vida.

Por supuesto, no todo el mundo estuvo de acuerdo con la existencia de los sueños lúcidos. Uno de los negacionistas más conocidos fue **Havelock Ellis** (1911; pág. 64), quien afirmaba: «No creo que tal cosa (los sueños lúcidos) sean realmente posibles, pese a que han sido descritos por muchos pensadores, desde Aristóteles hasta la actualidad».

La revisión más completa sobre la historia de los sueños lúcidos fue la realizada por Celia Green (1968). Esta obra, y la posterior *Creative dreaming* de Patricia Garfield, en 1974, pavimentaron el camino para que, en 1975, el profesor Hearne, en la Universidad de Hull, Gran Bretaña, detectase el sueño lúcido mediante un polisomnógrafo, el aparato utilizado para estudiar el sueño.

La función premonitoria de los sueños en todas las culturas (Pérez, 2010)

La Biblia contiene numerosas alusiones a los sueños como premonición. En el Antiguo Testamento destaca el sueño de Jacob. Huyendo de su sanguinario hermano Esaú, Jacob pasó la noche en el desierto y, antes de irse a dormir, pidió perdón a Dios por haber engañado a Esaú y a su padre Isaac. Esa noche tuvo un sueño en el que vio cómo unos ángeles subían y bajaban de unas escaleras procedentes del cielo. En lo más alto estaba Dios que, sonriente, le dijo: «Sé que estás arrepentido, no temas; yo estaré contigo y te daré las tierras en que ahora descansas, y las habitarán tus hijos, porque tu descendencia será numerosa y bendecida por mí». El sueño inspiró pánico a Jacob, pero luego se convirtió en realidad, porque él fue el antecesor de todas las tribus de Israel.

Los antiguos egipcios, unos 1.300 años a.c., pensaban que los sueños eran mensajeros de los dioses. Un egipcio llamado Thothmes soñó que Ra, el dios del Sol, le profetizaba que sería faraón, como así fue. Este sueño fue grabado en una lápida erigida frente a la Gran Esfinge de Gizeh.

Alejandro Magno, mientras asediaba con sus tropas la ciudad fenicia de Tiro, en el año 332 a.C., soñó con un sátiro danzando sobre un escudo. El consejero que interpretaba sus sueños, Aristandro, reconoció este sueño como un juego de palabras: *satyros* (sátiro, en griego), pero lo interpretó como *sa Tyros*, que significaría «Tiro es tuyo». Alejandro prosiguió la campaña y conquistó la ciudad.

Los griegos utilizaban oráculos, como el famoso de Delfos, que eran consultados para asuntos de gran relevancia por los poderosos de la época. En el oráculo, unas jóvenes sacerdotisas se situaban en un trípode al que subían vapores que las hacían entrar en un estado de presueño, en el cual emitían sus profecías.

En la época moderna, un sueño famoso es el de un ciudadano de Cornualles que predijo el asesinato del primer ministro británico Spencer Percival. El filósofo alemán Arthur Schopenhauer experimentó sueños premonitorios y los asoció a la imposibilidad de cambiar lo que nos sucederá en el futuro.

Otro caso de sueño premonitorio fue la visión de su entierro por parte del presidente americano Abraham Lincoln, poco antes de que le asesinaran. Lincoln esperaba noticias de un general a bordo del barco River Queen. Mientras estaba en el barco, soñó que estaba en la Casa Blanca y asistía a un sepelio. Cuando le preguntó a un soldado quién había muerto, este contestó: «el presidente».

El oficial del ejército e ingeniero aeronáutico John W. Dunne fue el primero que recogió en su libro *An Experiment with Time* (Un

experimento con el tiempo) la experiencia de numerosas personas
que habían tenido sueños premonitorios. El psiquiatra John Barker
fundó en Inglaterra la Oficina Británica de Premoniciones, en 1967,
y, un año más tarde, el Registro Central de Premoniciones en Nueva
York. En los seis años que estuvo abierta, la Oficina Británica de Premoniciones recibió 1.206 llamadas. Algunas de ellas se cumplieron,
pero casi todas ellas estuvieron informadas por solo seis personas
que experimentaron la mayoría de estos sueños premonitorios. La
conclusión fue que los objetivos de estas dos oficinas de control de
sueños premonitorios eran un fracaso, por lo que fueron cerradas
(Wiseman, 2011).

3. Sueño lúcido: concepto, tipos, prevalencia, personalidad y correlatos biológicos

> Te dejaré estar en mis sueños
> si me haces un sitio en los tuyos.
>
> BOB DYLAN, *Talkin' World War III Blues*

Historia del estudio científico de los sueños lúcidos

La investigación moderna sobre los sueños empieza con la publicación por Eugene Aserinsky y Nathaniel Kleitman (1953), en la revista *Science*, de la existencia de los períodos REM del sueño. Dicho estudio sugería que las intervenciones presueño podían producir algunos cambios en el contenido del sueño. Posteriormente, estudios como el de Kilton Stewart (1972) sobre los sueños en Malaya, o el libro de Tart (1972) *Altered States of Consciousness* («Estados alterados de consciencia»), permitieron que el gran público conociese este fenómeno que había sido comentado, por primera vez en la bibliografía actual, por Van Eeden (1913).

Un primer intento de explicación científica de este estado lo hizo

Ernest Hartmann en 1975, al considerar los sueños lúcidos como pequeños despertares que podían acontecer en mitad de la fase REM (Hartmann, 1975). Más tarde, se podían acontecer casos de personas despertadas en la fase REM que informaron de sueños lúcidos. Algunos autores concluyeron, sin pruebas empíricas, que el sueño lúcido tenía lugar durante la fase REM (Ogilvie y cols., 1978).

El 12 de abril de 1975, en el Departamento de Psicología de la Universidad de Hull, en Gran Bretaña, el investigador Keith Hearne conectó al soñador lúcido Alan Worsley a un polisomnógrafo (detector de movimientos oculares, ondas cerebrales, tono muscular del mentón y otros signos fisiológicos). A Hearne se le ocurrió que los movimientos oculares, que junto al diafragma eran los únicos músculos que no se paralizaban en fase REM, podían usarse como señales voluntarias que podían emitirse desde el sueño lúcido. Tras 50 noches en el laboratorio de sueños, aquel día, a las 8:07 de la mañana, Worsley hizo ocho señales oculares desde el sueño lúcido y Hearne observó en el polígrafo que coincidían con la fase REM (Hearne, 1978). Es decir, inequívocamente el soñador movió los ojos a voluntad mientras estaba dormido. Entusiasmado Hearne (1990) escribió:

«Las señales llegan de otro mundo, el mundo de los sueños, y era tan emocionante como si llegasen de otro sistema solar en el espacio».

A la par que Hearne y, de forma independiente, sin saberlo, el doctor Stephen LaBerge (LaBerge y cols., 1981), químico-físico de la Universidad de Stanford, se conectó, en su laboratorio de sueños, a un polisomnógrafo. Además de ser investigador, tenía sueños lúcidos con facilidad. LaBerge también utilizó el movimiento de los ojos como alfabeto. LaBerge aprendió una secuencia preestablecida de movimientos oculares: izquierda-derecha-izquierda-derecha. Su intención era confirmar con sus ojos desde el sueño que se encontraba consciente. Cuando tuvo el sueño lúcido recordó que debía efectuar la operación. Comparando los registros tomados durante el sueño comprobó que los cuatro trazos correspondientes a sus movimientos oculares se habían producido al mismo tiempo que el EEG marcaba las ondas dentadas típicas de la fase REM.

Además, también coincidían con el registro del polisomnógrafo correspondiente a la atonía muscular, que se produce sólo durante la fase REM (LaBerge y cols., 1981). Por tanto, los sueños lúcidos existían, tenían lugar durante el sueño REM y no eran «microdespertares», como se creía en un principio. A partir de su descubrimiento, LaBerge aprendió más secuencias de movimientos oculares y de pequeños músculos del cuerpo para enviar señales desde el sueño en alfabeto morse. Así consiguió deletrear sus iniciales mientras se encontraba en un sueño lúcido. Pero no sólo él conseguía estos éxitos: su grupo de colaboradores, a los que llamaba onironautas o viajeros en sueños, consiguieron demostraciones similares utilizando su técnica de inducción mnemónica (LaBerge y cols., 1981). Se hicieron varios estudios más, con diversas personas, y se llegó a la conclusión de que el sueño lúcido ocurre normalmente, aunque quizás no exclusivamente, durante la fase REM. En consonancia con la duración de los períodos REM, se considera que soñamos dos horas al día, divididas en 5-6 períodos en cada noche, progresivamente más largos (Vos y cols., 2013).

Posteriormente, otros laboratorios, en distintos lugares, confirmaron los resultados obtenidos (Ogilvie y cols., 1983). No obstante, existe discusión sobre este tema, siendo varios los autores que defienden la posibilidad de los sueños lúcidos en fase No REM (véase Rechtschaffen, 1973, para una revisión amplia de la época). Así, por ejemplo, el estudio de Brown y Cartwright (1978) confirma que los ocho sujetos del estudio, cuando se les despertaba, describían similar nivel de viveza en el sueño y de lucidez en fase No REM y en REM. Hay autores que consideran que este tema debe ser revisado (Tart, 1988).

¿Qué es un sueño lúcido?

Un sueño lúcido es un sueño en el que el soñador es consciente del hecho de que está soñando y, por tanto, a menudo puede influenciar conscientemente el contenido del sueño (LaBerge, 1985). Aunque este suele considerarse un criterio suficiente, existe una amplia discusión científica sobre el tema (Gillespie, 1984; Tart, 1984, 1985). Tart (1984), por ejemplo, diferencia entre sueños en los que se es consciente de soñar y sueños lúcidos. Este último caso requiere, además, que la claridad global de la consciencia de estar despierto se mantenga de forma continua, no solo durante un momento fugaz.

Tholey (1985) describe siete aspectos de lucidez o claridad:

1. Claridad sobre el estado de consciencia: saber que se está soñando.
2. Claridad sobre la libertad de elección durante el sueño: poder modificar el sueño.
3. Claridad de consciencia: poder pensar de forma lúcida durante el sueño.

4. Claridad sobre la vida despierta, el mundo real: saber que existe un mundo real, despierto, que no se está viviendo en ese momento.
5. Claridad de percepción de lo que ocurre en el sueño.
6. Claridad sobre el significado del sueño.
7. Claridad en el recuerdo del sueño al despertar: es posible olvidar un sueño lúcido, sobre todo si ocurre en las primeras fases REM de la noche.

Según él, los requisitos del 1 al 4 son imprescindibles para que exista sueño lúcido. En general, se usa el criterio inicial de LaBerge (1985), pero hay que entender que el sueño lúcido no es un proceso dual de «todo o nada», sino un continuo, por lo que unos sueños pueden ser más lúcidos que otros (Moss, 1986; Barrett, 1992).

Quizá el estudio más completo sobre el tema es el de Voss y cols. (2013), quienes comparan sueños lúcidos frente a sueños normales no lúcidos. Para ello, han desarrollado un cuestionario, «Lucidity and Consciousness in Dreams scale» (LuCiD), que nuestro grupo está validando en español. A partir de dicho cuestionario, han deducido que existen seis dimensiones que diferencian perfectamente los sueños lúcidos de los no lúcidos y que son las siguientes: el *insight* es la dimensión que más diferencia entre los sueños lúcidos y los normales. Le siguen: a) pensamiento lógico, b) control sobre pensamientos y acciones en el sueño, c) existencia de emociones positivas y euforia, y d) disociación, es decir, sentirse una persona diferente o fuera del cuerpo. También la memoria respecto a actividades y acciones del mundo despierto muestra cierta diferencia pero mínima. No diferencian entre un sueño lúcido y otro normal; ni el realismo, es decir, sentir que las emociones y los pensamientos durante el sueño son iguales que los de la vida real; ni las emociones negativas, como la ansiedad, que se experimentan igual en ambos tipos de sueños.

Niveles de lucidez

Existen muchos parámetros relacionados con la lucidez. Por ejemplo, Holecek (2020) describe los siguientes:

- **Duración**: es frecuente tener sueños lúcidos hiperbreves, que ocurren cuando uno va a dormir. Son una forma sencilla de explorar la lucidez. Se pueden tener y no ser consciente de ellos. Pueden ser un primer resultado del entrenamiento. En el otro extremo, hay sueños que pueden durar hasta una hora: es cuando realmente se cumplen objetivos en el mundo del sueño. Hay músicos que pueden interpretar una obra entera de memoria durante el sueño lúcido. Aunque no sean lúcidos, los sueños largos son muy interesantes. Vale la pena recordar cuáles son los sueños más largos que hemos tenido.
- **Intensidad**: independientemente de la duración, aunque por lo general va asociada, está la intensidad, la brillantez o viveza, a menudo asociada al colorido con que se experimentan los sueños. Un sueño lúcido largo e intenso puede cambiar una vida. Se ha comparado con las experiencias cercanas a la muerte en cuanto a impacto.
- **Recuerdo**: es posible tener un sueño lúcido y no recordarlo hasta días después o nunca. Lo mismo ocurre con los sueños no lúcidos. Hay personas que son conscientes de que hacen mejor alguna de sus tareas diurnas, y no recuerdan por qué, hasta que

son conscientes de que tienen sueños sobre ese tema en los que desarrollan dicha tarea.

Podríamos decir que existen los siguientes niveles de lucidez (modificado y ampliado de Tucillo y cols., 2014):

- **Nivel 1**: no se recuerda ningún sueño. Se sueña, pero no se es consciente. Por supuesto, los sueños no son ni lejanamente lúcidos.
- **Nivel 2**: leve reconocimiento de que se sueña. En ocasiones se recuerdan algunos sueños. En los sueños se es completamente pasivo, porque no se está consciente.
- **Nivel 3**: es habitual que se recuerden los sueños. Se tienen ocasionales sueños lúcidos, pero uno se despierta a los pocos segundos.
- **Nivel 4**: se tienen frecuentes sueños lúcidos. Se mantiene uno en ellos durante algún tiempo en la mayoría de las ocasiones. No existe apenas influencia en los sueños, se es consciente pero como sujeto pasivo.
- **Nivel 5**: casi todas las noches hay sueños lúcidos. Uno siempre sabe que está soñando y, a menudo, puede controlar el sueño a voluntad, creando o haciendo desaparecer lo que se quiera. Se es consciente de que todo lo que aparece no es real, de que está en el subconsciente.
- **Nivel 6**: propio de los maestros del sueño, habitualmente también maestros espirituales. Las proyecciones del mundo de los sueños se disuelven y se alcanza el nivel de pura consciencia plena.

El sueño lúcido: un nuevo estado de consciencia

El sueño lúcido nos confronta con la dicotomía platónica entre mente/consciencia y cuerpo. Cuando tenemos un sueño lúcido, interaccionamos con un mundo distinto al que conocemos, pero, a la vez, pensamos que nuestro cuerpo sigue tendido en una cama. ¿Dónde está la consciencia? ¿Viajando en el mundo de los sueños o en alguna parte de nuestro cerebro en el mundo cotidiano? Se podría considerar el mundo de los sueños como un espacio físico al que nuestra consciencia debería viajar para percibirlo.

El mundo de los sueños es mental, se da en nuestra propia consciencia y tiene algún reflejo en la actividad cerebral, como se ha demostrado con experimentos específicos. Ahora bien, el hecho de que el sueño sea un viaje mental y no físico plantea otra pregunta: ¿es también el mundo cotidiano un viaje mental? Si así fuera, nuestra consciencia sería el universo y podría expresarse de muy diversas formas. Según eso, habría otros estados de consciencia diferentes, entre los que se incluiría el sueño lúcido, susceptibles de consolidarse en un nuevo modelo de realidad mental tras un entrenamiento de generación en generación.

El primer científico que se ocupó de los estados de consciencia fue Charles Tart, psicólogo de la Universidad de California en Davis. En 1972 publicó un libro titulado *Estados alterados de consciencia* (Tart, 1972). La expresión «estado alterado» no es correcta, porque implica la existencia de un estado normal de consciencia. En general, la normalidad se genera a partir del consenso y no es una cualidad intrínseca de un estado. Por tanto, él considera el estado de consciencia habitual como uno más, con la única diferencia de que sabemos más de él y lo dominamos. Para Tart, cada estado de consciencia requeriría una ciencia aparte; es lo que llamó «ciencia de los estados específicos».

Al tener un sueño lúcido, no estaríamos abandonando el cuerpo, sino entrando en un nuevo estado de consciencia que nos permitiría percibir la realidad de manera diferente a la habitual; y ese nuevo estado de consciencia originaría un cambio en nuestra actividad cerebral. Entre los límites «estar dormido» y «estar despierto» podrían darse otros estados de consciencia intermedios que aún no se han caracterizado. Esta gradación de consciencia se relacionaría con una mayor o menor excitación de diferentes grupos neuronales.

Tipos de sueños lúcidos

• **Por el inicio**: la mayor parte de los sueños lúcidos se inician dormidos, desde el período REM. Esto es lo que se ha denominado sueños DILD (*Dream-Initiated Lucid Dream*) y suponen el 72% en algunos estudios. Por el contrario, los que se inician desde el estado de despierto, los llamados WILD (*Wake-Initiated Lucid Dream*), solo suponen el 28% (LaBerge y cols., 1986). Waggoner (2009) considera que en ellos se tiene un nivel de consciencia por encima de la plena lucidez, dando lugar a una experiencia parcial de no dualidad.

• **Por la duración y características**: algunos autores hablan de sueños «hiperlúcidos». Worsley (1988) aplica este concepto de hiperlúcido y lo aplica a sueños multisensoriales, que incluyen sensaciones visuales, auditivas, táctiles y kinestésicas. También dejan un gran impacto en quien los experimenta. LaBerge y Rheingold (2014) describen que pueden durar casi una hora y tienen un simbolismo, una enseñanza y un impacto inmenso en el soñador.

• **Por la relación entre soñadores**: Linda Lane Magallón (1999), autora de *Mutual Dreaming* y miembro fundador de la Asociación para el Estudio de los Sueños, habla de un tipo especial de sueños: los compartidos. Y distingue dos tipos: a) los sueños de reuniones, en los que dos o más soñadores se reconocen entre sí e interactúan como si estuvieran en estado de vigilia, y b) los sueños de engranaje o mallado, en los que «las ideas, imágenes, sentimientos, símbolos, emociones, acontecimientos o el paisaje del ensueño se pueden compartir entre los soñadores». Este segundo tipo de sueños es el más frecuente y, en él, los onironautas ven más o menos «desde el mismo punto de vista, pero por lo general no se dan cuenta de la presencia del otro en el sueño», y las correlaciones aparecen al comparar sus informes. Magallón asegura que los sueños mutuos son más frecuentes en personas que tienen lazos emocionales sólidos, como familiares o parejas. Puede haber un desfase de días entre los sueños mutuos, ya que están libres respecto al espacio y al tiempo.

Prevalencia de los sueños lúcidos y del recuerdo de los sueños

En un estudio inicial de Schredl (2008) se analiza la influencia de las variables sociodemográficas en el hecho de recordar los sueños, sean lúcidos o no. Se realizó en una muestra representativa ($N = 931$) de personas mayores de 14 años reclutadas en Alemania. Los análisis confirmaron que los sueños son recordados mejor por las mujeres que por los varones, y más por los habitantes de ciudades pequeñas que por los de las grandes urbes. Hay un declinar del recuerdo de los sueños con la edad. Pero la varianza explicada para todas estas variables es pequeña.

Pese a que los sueños lúcidos se consideran una habilidad rara, se estima que el 50% de la población general ha experimentado un sueño lúcido en su vida (Blackmore, 1988). De hecho, en otro estudio posterior de este autor (Schredl y Erlacher 2011), realizado en una muestra representativa de adultos de Alemania (N = 919), el 51% de los participantes reportaron que habían experimentado alguna vez un sueño lúcido. Y alrededor de un 20% del total de la población experimenta sueños lúcidos de forma regular, es decir, al menos uno al mes (Snyder y Gackenbach, 1988; Stepansky y cols., 1998).

Este fenómeno es más frecuente en mujeres y se correlaciona negativamente con la edad, siendo más frecuente en jóvenes y en niños, con casos descritos incluso a los 3 años. Otras variables sociodemográficas, como la educación, el estado civil o los ingresos, no se relacionaron con esta experiencia. Estos efectos pueden ser explicados por la frecuencia con que se recuerdan los sueños, lúcidos o no, en la población general, ya que las variables relacionadas son las mismas. De hecho, la correlación entre recordar los sueños y presentar sueños lúcidos es de 0,57. En algunas culturas, como la japonesa, parece que la frecuencia de sueños lúcidos es significativamente mayor en comparación con otros países (Erlacher y cols., 2008).

Personalidad y sueños lúcidos

Algunos estudios de hace varias décadas (Snyder y Gackenbach, 1988) sugieren que los sueños lúcidos ocurren en individuos con sensibilidad a estímulos táctiles-kinestésicos y vestibulares, con límites corporales bien delineados, orientados hacia sí mismos más que hacia fuera y con tendencia a la introversión. Schredl y Erlacher

(2004) hicieron un estudio en una muestra no seleccionada de estudiantes alemanes. De ellos, el 82% describió haber experimentado un sueño lúcido. En esta muestra, los sueños lúcidos no se asocian con ninguno de los rasgos del cuestionario de los Cinco Factores de Personalidad (*Big Five*), por lo que no se sostienen las teorías que ligan la experiencia de los sueños lúcidos con rasgos de introversión y con bajo neuroticismo. Sin embargo, se encuentran correlaciones pequeñas pero sustanciales con dos factores de apertura, «fantasía» e «ideas», y con dimensiones asociadas a la apertura, como son los límites laxos, la capacidad de absorción en lo que se está experimentando y la imaginación. Por otra parte, parece que estas variables se relacionan, sobre todo, con la capacidad de recordar los sueños en general. Este factor, a su vez, se correlaciona con la existencia de sueños lúcidos, por lo que se considera que la asociación entre estos rasgos de personalidad y los sueños lúcidos es escasa.

La frecuencia de las pesadillas se asocia moderadamente con la frecuencia de sueños lúcidos, pero se asocia aún más con la capacidad de recordar los sueños en general. Según algunos estudios (Gackenbach, 1982), el 15% de los sueños lúcidos, sobre una muestra de 313 sueños, se inicia al hacerse consciente de una pesadilla. Las pesadillas parece que podrían aumentar la capacidad de experimentar sueños lúcidos, por lo que se requerirían estudios específicos en este sentido. Por último, otras variables, como la experiencia meditativa, la independencia del campo a nivel perceptivo o el funcionamiento del sistema vestibular, deben ser incluidas en futuros modelos de estudio de los sueños lúcidos, porque se sugirieron como factores asociados en estudios anteriores (Snyder y Gackenbach, 1988).

Soñadores naturales

Se considera que sólo una de cada diez personas es un soñador lúcido natural (Gackenbach y LaBerge 1988). Pero todos podemos aprender diferentes técnicas que inducen sueños lúcidos, aunque no tengamos una capacidad intrínseca para ello. Según la psicóloga Jayne Gackenback, de la Universidad de Iowa del Norte (Gackenbach y LaBerge 1988), los soñadores lúcidos naturales tienden a ser algo neuróticos, menos depresivos de lo habitual y con un equilibrio emocional muy estable. Además, el equilibrio físico y los reflejos también son superiores a los de otras personas (Hooper y Teresi, 1986). Otros estudios no han demostrado que el sueño lúcido sea exclusivo de algún factor de la personalidad ni que existan diferencias en términos de edad, sexo o educación (Gackenbach y LaBerge 1988). Lo que sí incrementa las probabilidades de tener sueños lúcidos es la capacidad para recordar los sueños normales (The Lucidity Institute, 1989). Los altos niveles de actividad física y emocional durante el día también favorecen la lucidez en sueños (Blackmore, 1991).

Meditación y sueños lúcidos

Existe una clara relación entre la práctica de la meditación y los sueños lúcidos (Gackenbach 1981, 1990; Mota-Rolim y cols., 2013). Una posible explicación se halla en que los meditadores muestran un incremento de la densidad de movimientos rápidos oculares en la fase REM (Mason y cols., 1997). Esto podría aumentar los sueños lúcidos, porque el período en el que se producen estos movimientos se asocia al período activado o fásico del sueño REM (LaBerge 1980,

1986). El mecanismo neurofisiológico subyacente no está claro, pero podría explicarse porque el sueño REM fásico presenta una activación autonómica que se asemeja al despertar. De hecho, se cree que el sueño lúcido es una mezcla de sueño y despertar (Voss y cols., 2009) o una fase transicional entre el REM y el despertar (Mota-Rolim, 2020). Otra posible explicación apuesta por que los sueños lúcidos incrementan la potencia de la banda alfa (8-12 Hz) (Ogilvie y cols., 1982; Tyson y cols., 1984; Mota-Rolim y cols., 2008), algo que también se observa en el estado despierto con los ojos cerrados y durante la meditación (Mota-Rolim y cols., 2020). Por último, los estados meditativos, como atención focalizada, monitorización abierta y consciencia abierta, producen un aumento de la coherencia global de la banda gamma (Vivot y cols., 2020), proceso que también ocurre en los sueños lúcidos (Mota-Rolim y cols., 2008; Voss y cols., 2009). Tanto los meditadores experimentados como los soñadores lúcidos (Blagrove y Tucker, 1994; Blagrove y Hartnell, 2000) presentan mayor salud mental, locus de control interno y autoestima. Finalmente, existe una conexión entre meditación y sueños lúcidos, porque ambos desarrollan habilidades metacognitivas, es decir, la capacidad de observar los procesos mentales (Filevich y cols., 2015; Stumbrys y cols., 2015). Estas diferentes explicaciones alternativas no tienen por qué ser excluyentes (Mota-Rolim y cols., 2020).

Características del sueño lúcido

Los sueños lúcidos suelen ser muy vívidos, es decir, con una gran claridad, alto realismo e intenso colorido. Las experiencias visuales predominan en los sueños, mientras que las auditivas aparecen en solo un 40%-50% de ellos, quedando el tacto, el gusto, el olor y el dolor en un porcentaje mucho más pequeño (Hartmann, 1994).

Cuando miramos un objeto, nuestros ojos siguen un movimiento muy preciso, a modo de escáner. Este patrón de movimientos es muy difícil de conseguir en ausencia de estímulo exterior. Sin embargo, en el sueño lúcido, los movimientos oculares al observar un objeto siguen el mismo patrón de movimientos que ante un estímulo externo (Schatzman y cols., 1988).

Podríamos hablar de diferentes tipos de sueños según la lucidez:

- Sueño no vívido: sueño normal en el que lo que vivimos no es intenso. El color puede ser incluso en blanco y negro, pero ni los caracteres ni el entorno están bien definidos. La inconsciencia es total.
- Sueño vívido: sigue existiendo nula consciencia, pero el colorido, la forma, la intensidad de lo vivido son elevados.
- Sueño lúcido pasivo: somos conscientes de que estamos soñando, pero no podemos influir en el sueño. Lo vivimos de una forma pasiva y la posibilidad de caer en la inconsciencia es grande.
- Sueño lúcido activo: nosotros vamos gestionando y dirigiendo un sueño del que sabemos que somos el soñador y que lo está produciendo nuestra mente.

Los sueños lúcidos ocurren en la fase REM, pero se han descrito casos en fases No REM de forma excepcional (Stumbrys y Erlacher, 2012).

Diferencias en sensación y contenido entre sueños lúcidos y no lúcidos

Gackenbach (1983) resume a fondo este tema. La percepción más importante cuando estamos despiertos es la visual, y analiza la semejanza entre sueños lúcidos y no lúcidos, valorando cuatro parámetros: visión general, color, brillantez y claridad de la imagen. Aunque existen diferencias en los resultados, sobre todo en los estudios no controlados, la conclusión es que no hay diferencias en los aspectos visuales entre ambos tipos de sueños. La segunda sensación sensorial más importante es la auditiva. En general, los sueños lúcidos se considera que son más auditivos (Hearne, 1983). Respecto a las otras modalidades sensoriales menos importantes, como sabor, olor, tacto, kinestesia, dolor y temperatura, no se observan diferencias en gusto, olfato ni temperatura entre ambos tipos de sueños. El dolor se percibe mejor en los sueños no lúcidos, mientras que, por el contrario, la kinestesia y el tacto se perciben más en los sueños lúcidos, lo que estaría relacionado con una mayor capacidad de equilibrio corporal cuando hay lucidez.

Respecto a los contenidos, en los sueños lúcidos hay menos interacciones verbales amistosas y menos emociones felices que en los sueños no lúcidos. Por otra parte, los sueños lúcidos muestran más actividades auditivas y cognitivas que los no lúcidos. Por último, los sueños lúcidos son más extraños en contenido que los no lúcidos, algo curioso, porque se sabe que los sueños lúcidos en un laboratorio, donde se han realizado estos estudios, son menos extraños que los que se tienen en casa (Catwright y Kaszniak, 1978).

Relación entre el sueño lúcido y la realidad del mundo despierto

LaBerge y su grupo llevaron a cabo muchos experimentos basados en la señalización ocular iniciada desde el sueño lúcido. Su objetivo era relacionar la realidad de los sueños lúcidos con la del mundo cotidiano. La correlación entre las señales oculares voluntarias y los registros fisiológicos del polisomnógrafo fue muy superior a la que se habría encontrado si la persona sólo estuviera siguiendo las imágenes del sueño con sus ojos. Algunos ejemplos fueron los siguientes:

• **Correlación de la duración del sueño con el tiempo real**: la duración de los sueños y su correlación con el tiempo real ha originado siempre una gran curiosidad. Las primeras investigaciones a este respecto se realizaron despertando a los soñadores en distintas etapas de la fase REM. Se demostró que las personas que habían estado más tiempo en fase REM informaban de sueños más largos. Pero la precisión en la medida del tiempo objetivo en los sueños llegó gracias a la utilización de señales oculares. Se demostró que el tiempo en el sueño es equivalente al tiempo en el mundo cotidiano en muchas ocasiones (LaBerge, 1985). En otro estudio, se pidió a la soñadora lúcida Beverly Kerdzieski que contara hasta diez en el sueño y marcara el inicio y el final de la cuenta con señales oculares. El tiempo real medido entre las señales oculares fue muy similar al que había estimado dentro del sueño lúcido. El error fue de dos segundos, el mismo que había cometido en la estimación mientras estaba despierta. Alan Worsley, otro conocido soñador lúcido experto, obtuvo resultados similares (Schatzman y cols., 1988). Por supuesto, esto no implica que el tiempo en el sueño sea siempre equivalente al del mundo real. Parece que el tiempo subjetivo medido en los sueños suele ser mayor que el tiempo objetivo medido por el intervalo entre señales oculares (Schatzman y cols., 1988).

• **Movimiento de los músculos respiratorios**: en uno de los experimentos, se pedía al soñador lúcido que respirara rápidamente, o que contuviese la respiración dentro del sueño, marcando el comienzo y el final de la acción con señales oculares (LaBerge y Dement, 1982). Los registros de incremento o descenso de la tasa respiratoria se relacionaban con gran precisión con el inicio y el final de las señales oculares. Asociado a este estudio se descubrió también que, al hablar la persona en el sueño, los registros fisiológicos marcaban una espiración al iniciar el golpe de voz, como ocurriría en un discurso real (LaBerge y Dement, 1982).

• **Movimiento de otros músculos**: aunque en la fase REM todos los músculos, excepto los de la respiración y los oculares, están paralizados, en el sueño lúcido se podría intentar mover algunos músculos y comprobar qué respuestas fisiológicas se obtenían. Schatzman y Fenwick (Schatzman y cols., 1988) realizaron una experiencia de este tipo con el soñador lúcido Alan Worsley para analizar el correlato de mover los brazos en el sueño lúcido. Así, Worsley dibujó grandes triángulos y señalizó sus acciones con movimientos oculares. Al observar los registros del electromiograma, un aparato que registra el movimiento de los músculos, estos presentaban las señales oculares y, además, unos picos de actividad eléctrica en el antebrazo derecho justo después. Otros experimentos posteriores mostraban que los movimientos en el sueño se traducían en una pequeña actividad eléctrica en los músculos implicados.

• **Actividad hemisférica cerebral**: según estos y otros experimentos, la realidad del sueño estaba conectada con la realidad cotidiana.

Tanto los estudios de Fenwick en Londres como los de LaBerge en Estados Unidos llegaban a esa misma conclusión. Sabemos que nuestro cerebro está dividido en dos hemisferios simétricos que determinan diferentes capacidades. En el hemisferio izquierdo están los centros cerebrales que determinan las destrezas numéricas y científicas, las operaciones lógicas, la escritura, el habla, el razonamiento y el control de la parte derecha del cuerpo. En el hemisferio derecho están los centros encargados de la emoción, la capacidad espacial, el arte, la imaginación, la música y el control de la parte izquierda del cuerpo. Partiendo de este hecho, LaBerge y William (1982) investigaron si esta lateralización también ocurría durante el sueño lúcido. Cuando un individuo contaba números en el sueño lúcido, la actividad eléctrica registrada en el electroencefalograma era mayor en el hemisferio izquierdo que en el derecho, a partir de la señal ocular, al igual que ocurriría si contara números en la realidad cotidiana. Si el individuo cantaba en el sueño, entonces las ondas de mayor actividad correspondían al hemisferio derecho a partir de su señal ocular. Sin embargo, cuando la persona se imaginaba a sí misma contando o cantando no se producían los cambios de actividad en los hemisferios. Así pues, las relaciones entre hemisferios también se producen dentro del sueño lúcido. Este experimento demostraba, asimismo, que el sueño lúcido no presenta las respuestas cerebrales típicas de una simple imaginación, sino las de una especie de realidad alternativa.

• **Otros aspectos medibles durante el sueño**: el capítulo de Schatzman, Worsley y Fenwick (1983) sobre los estudios que se realizaron durante el período de diciembre de 1980 hasta enero de 1982 al psicólogo de algo más de 40 años Alan Worsley es apasionante. Se intentan analizar aspectos como si había correlación ente movimientos, sensaciones y consciencia del «cuerpo del sueño» con el cuerpo físico. Se proponía como objetivo mover alguna parte del cuerpo, como los dedos, andar o hablar. El individuo percibía que se movía y mandaba la información a los científicos mediante movimientos oculares, pero los sensores puestos en los músculos que se movían no detectaban movimiento. Por tanto, se movía y se percibía ese movimiento en el cuerpo del sueño, pero el cuerpo físico no se movía. Respecto a las sensaciones, fue capaz de detectar que un estímulo eléctrico recibido procedía de una máquina fuera del sueño, en el mundo real, y no de la máquina que estaba soñando. En relación con la consciencia, cuando se volvió lúcido, se vio en la habitación con los cables puestos, teniendo una imagen bastante exacta de la habitación en que estaba. Pero al mover, supuestamente, el «cuerpo del sueño», porque no se detectó movimiento en el cuerpo real, sintió que le apretaban los cables, pero tuvo que percibirlo en el cuerpo del sueño, porque no ocurrió en el mundo real.

¿Es posible comunicarse con un soñador lúcido?

Uno de los estudios más potentes sobre el tema es el de Konkoly y cols. (2021), en el que se describe el trabajo de cuatro grupos de Estados Unidos, Francia, Alemania y Países Bajos con 36 individuos. En él se analiza cómo se contacta con soñadores lúcidos y se les pregunta cuestiones matemáticas, como: «¿Cuánto es 4 menos 0?» o similares, y ellos responden mediante movimientos oculares izquierda-derecha, significando cada par de movimientos el número uno. Así respondían: «IDIDIDID» que significaba 4. El resultado es que, durante el sueño REM, en el 26% de las 57 sesiones estudiadas, los participantes podían transmitir de forma eficaz que estaban en un sueño lúcido. En el 47% de esas sesiones en que se sabía que el soñador estaba lúcido, se pudo recibir una respuesta correcta a una pregunta.

Bases biológicas del sueño lúcido

Existe abundante y compleja bibliografía sobre este tema, cuya amplitud y profundidad excede el objetivo de este libro. Para los interesados existen interesantes revisiones como la de Voss y Hobson (2015) y la más reciente y completa de Baird y cols. (2019), en la que revisa la electrofisiología, la neuroimagen, la inducción mediante estimulación eléctrica transcraneal o la farmacología del sueño lúcido, así como su aplicación terapéutica. Quizá el hallazgo más interesante es que las personas con alta frecuencia de sueños lúcidos, comparadas con quienes no los tienen, muestran un aumento del volumen de materia gris en el córtex frontopolar (áreas cerebrales 9 y 10). Esta zona cerebral está involucrada en la autorreflexión; por tanto, ejercitar el nivel de autoconsciencia se relacionaría con los sueños lúcidos (Vos y cols., 2013).

Además, la señal dependiente del nivel de oxígeno sanguíneo está incrementada en estas áreas cerebrales durante la monitorización de pensamientos, sobre todo en quienes tienen sueños lúcidos (Filevich y cols., 2015). Estos autores sugieren que las prácticas metacognitivas y los sueños lúcidos comparten las mismas áreas cerebrales, y que la lucidez se asocia más a la presencia *mindful* que a la aceptación. Pero no está claro si esta relación depende del entrenamiento en la práctica de *mindfulness* o de predisposiciones individuales (Stumbrys y cols., 2015).

Hay que ser conscientes de que cualquier estudio sobre los sueños en un laboratorio, no solo sobre los sueños lúcidos, está sometido a múltiples variables que lo condicionan. Tart (1988) describe algunas de ellas:

1. **Contexto cultural**: las creencias predominantes sobre los sueños en la cultura del sujeto de experimentación tendrán influencia sobre él.

2. **La demanda**: hay una presión inconsciente del investigador para que el sujeto de experimentación confirme la demanda, el tema que se está investigando.

3. **Aspectos situacionales**: por ejemplo, la primera noche de estudio en el laboratorio debe considerarse de adaptación y muchos investigadores no la incluyen en el estudio. O el hecho de que el contenido de los sueños en el laboratorio a menudo es diferente de lo que se produce en casa, porque el soñador tiene mayor sensación de seguridad.

4. **Residuo del día**: los fenómenos experimentados durante el día, no solo 24 horas sino varios días antes, pueden modificar el sueño, lo cual es relevante, dado que en muchos estudios el tamaño muestral es mínimo.

5. **El proceso interno del sujeto estudiado**: la consciencia no es un fenómeno pasivo que se influencia por la intervención externa, sino que es activo y responde de diferente forma al mismo estímulo. La forma en que cada individuo procesa la misma información puede ser muy distinta.

6. **El tipo de pregunta**: cuando se despierta al sujeto se le deben hacer preguntas generales y abiertas, como: «¿Qué ocurría en su mente antes de que le despertase?». Hace años se utilizaban preguntas más cerradas, como: «¿Estaba soñando?». Con la

primera, el número de sueños lúcidos que reportan los sujetos en fase No REM es mucho más elevada, por ejemplo.

¿Por qué no identificamos los sueños lúcidos?

Para Rechtstaffen (1978), la gran pregunta no es «¿cómo tener sueños lúcidos?», sino «¿por qué no son lúcidos todos nuestros sueños?», dado que el contenido nos parece discordante cuando estamos en vigilia. Muchos sueños se caracterizan por una no reflexión persistente, lo que este autor denomina falta de *single-mindedness*, que podríamos traducir como «determinación». Klinger (1978) usa lenguaje skinneriano para describir estos dos tipos de pensamiento:

PENSAMIENTO OPERANTE (PO): se asocia a atención deliberada focalizada, gobernada por las reglas de la realidad y la lógica, generalmente conducente a una meta.

PENSAMIENTO RESPONDIENTE (PR): se experimenta como una corriente continua, que fluye sin esfuerzo, de percepciones alucinatorias, principalmente visuales y auditivas, en las que no se busca ninguna meta. Aparece en el ensoñamiento diurno y en los sueños nocturnos.

Incluso realizando actividades que requieren PO, como leer un libro, aparecen momentos de ensoñación (PR). La relación entre ambos no está clara. Existirían dos hipótesis:

LA DEL CAMBIO: se alternan uno y otro, ya que ambos tipos de pensamientos simultáneamente no son posibles.

LA DE SUPRESIÓN O ENMASCARAMIENTO: siempre funciona el PR de forma basal y, en algunos momentos en que se requiere mayor claridad, se activa el PO. Es la que se considera más probable.

El sueño sería un ejemplo de la hipótesis de supresión: sistemáticamente funciona el PR y, cuando el individuo alcanza la lucidez, se activa parcialmente el el PO. Preguntarse «¿estoy soñando?» es un momento prelúcido (Tholey, 1983). Si el soñador confirma que es un sueño, aparece un estado de consciencia diferente, porque se activa el PO. Pese a ello, el individuo no puede cambiar, en general, todo el sueño a voluntad. Si tiene suficiente lucidez para intentar dirigirlo y no ser un simple espectador, a menudo el sueño produce sucesos inesperados e incontrolables. La dificultad está en la regulación de la intensidad del PO: si es muy débil, el sueño pierde la lucidez, y si la activación del PO es intensa, tendemos a despertarnos físicamente, un desenlace muy frecuente.

4. Beneficios y utilidades mundanos y espirituales de los sueños lúcidos. Contraindicaciones

> Yo, que soy pobre, tengo sólo mis sueños;
> he extendido mis sueños bajo tus pies;
> pisa con suavidad porque pisas sobre mis sueños.

W.B. YEATS, *He Wishes for the Cloths of Heaven*

En este capítulo revisamos los beneficios, desde los más mundanos hasta los más espirituales, generales o específicos, así como los principales miedos y contraindicaciones, que puede tener el desarrollo de sueños lúcidos.

Beneficios mundanos (Holecek, 2020)

Se dividen en:

Generales

- DORMIR MEJOR: al seguir las normas de higiene del sueño, por las meditaciones que apoyan el sueño lúcido y calman la mente, se mejora la cantidad y calidad del sueño. Es más evidente en las personas que tenían previamente problemas de sueño, pero puede observarse en todo el mundo

- DISMINUYE EL MIEDO A LA OSCURIDAD: el miedo a la oscuridad, realmente miedo a lo desconocido, que afecta a algunas personas, también mejora con los sueños lúcidos. Una forma interesante de trabajar con la oscuridad es haciendo «retiros de oscuridad», una práctica habitual en algunas tradiciones tibetanas. Se llevan a cabo en cabinas que eliminan cualquier luminosidad, produciendo gran concentración.

- IMPACTO POSITIVO EN EL ESTADO DE ÁNIMO DE VIGILIA: cuando tenemos pesadillas, el impacto negativo de ese sueño suele permanecer en vigilia un tiempo. Por el contrario, los sueños lúcidos, que, en general, representan una experiencia positiva y alegre en la enorme mayoría de los casos, producen un efecto muy agradable y positivo en la vigilia (Stocks y cols., 2020). No deberíamos desaprovechar ese potencial.

Específicos

- DIVERSIÓN: inicialmente, esta suele ser la principal función de los sueños lúcidos para mucha gente. De hecho, tener relaciones sexuales o volar tienden a ser las más frecuentes acciones que se desarrollan en los sueños lúcidos. Según un estudio (American Academy of Sleep Medicine, 2007), el 8% de los relatos de sueños incluían alguna forma de actividad sexual. Y según Garfield (1974), el 75% de los sueños lúcidos se inician en un orgasmo o actividad sexual, o se orientan hacia esta actividad.

- ENSAYAR ALGO: es uno de los usos más comunes. Desde una actuación artística (musical, teatral) o deportiva (Schädlich y Erlacher, 2018; Bulkeley, 2015) hasta una charla, pasando por cualquier actividad que mejore con el entrenamiento, en un sueño lúcido puedes aumentar tus habilidades, disminuir el miedo escénico y aumentar la confianza (Erlacher, 2012). A veces, estos sueños lúcidos no se recuerdan, y uno solo puede comprobar que mejora su rendimiento sin saber por qué, y es porque ha ensayado en sus sueños lúcidos. En el caso concreto del deporte, algunos aspectos positivos de los sueños lúcidos son (Burkeley, 2015): 1) es un entorno seguro en el que los atletas de élite pueden probar rutinas arriesgadas, 2) los atletas lesionados pueden continuar entrenando en ellos y desarrollando habilidades, y 3) los atletas con escaso acceso a instalaciones de alto rendimiento pueden entrenar en ellos.

• RESOLVER CONFLICTOS INTERPERSONALES: si tienes problemas interpersonales de cualquier tipo y estás tratando de resolverlos, enfrentarte a esa persona en un sueño lúcido puede traerte mucha comprensión y curación respecto a ese conflicto. Puedes desarrollar un *role-play* o crear escenarios (en ambos casos, se ensaya lo que se va a decir en un pequeño teatrillo), o trabajar con la silla vacía (en la que se pone mentalmente a la otra persona y se le habla). Puede resultar tan intenso, desde el punto de vista emocional, como la misma terapia en la vida real, e igual de terapéutico. Algunos terapeutas conocedores del sueño lúcido, si sus pacientes tienen esta experiencia con cierta frecuencia, pueden utilizarla en terapia.

• RESOLVER PROBLEMAS: habitualmente, no encontramos soluciones a los problemas porque estamos muy involucrados en ellos. El sueño permite una distancia que facilita esa solución. Se le puede preguntar un problema al sueño incubándolo (Barret, 1993).

• C REATIVIDAD : muchos artistas, como Dali, inventores, como Thomas Edison, u otros muchos personajes famosos usaron el sueño, lúcido o no, para incrementar el éxito de sus creaciones. De nuevo, la forma de hacerlo es incubándolo (Barret, 2001).

• S ANACIÓN : son muchos los aspectos curativos de los sueños. Las conexiones neurológicas que se activan cuando mueves el cuerpo en el sueño lúcido son casi las mismas que las que se activan en el mundo real. Algunos de los aspectos más importantes de esta función son:

• **Mejoría de la salud general**: la conexión entre el cuerpo del sueño y el real podría permitir esta curación e influencia. Las técnicas orientales, como la acupuntura o la moxibustión (actuar sobre los puntos de acupuntura mediante producción de calor en ellos), actuarían sobre este cuerpo sutil. También la imaginería o la visualización, técnica bastante usada en Occidente (Jaffe y Bresler, 1980), se ha demostrado que pueden mejorar la salud: puedes visualizar tu cuerpo estando sano y, posteriormente, desarrollar la intención de visualizarlo así en los sueños. Si tienes un sueño lúcido, puedes hacer que en el sueño esté tan sano como sea posible.

• **Trabajar con el duelo**: las personas queridas van a aparecer en nuestros sueños, incluso años después de muertos. Este es un claro signo de que es un sueño. Identificar a las personas fallecidas es una gran ayuda para hacerse consciente de que estamos soñando. Podemos desarrollar la intención de que cada vez que veamos una persona querida fallecida seamos conscientes de que estamos en un sueño; y podemos hablar con ella en el sueño y facilitar aspectos del duelo.

• **Afrontar las pesadillas y tratar la narcolepsia**: las pesadillas afectan al 85% de la población. En general, representan aspectos temidos y negados de nosotros mismos que aparecen en el sueño. De ordinario, en los sueños no lúcidos salimos corriendo o despertamos físicamente, lo que no resuelve el problema. Lo que nos aterra hace que el sueño sea lúcido, y, en vez de escapar despertando, tendríamos que quedarnos en el sueño y afrontarlo como explicaremos en un capítulo posterior. Los estudios sugieren que el sueño lúcido podría ayudar al manejo adecuado de las pesadillas (Baird y cols., 2019; Freitas de Macedo y cols., 2019). También existen estudios acerca de que la narcolepsia, una patología relacionada con las pesadillas en la que el individuo queda paralizado durante la vigilia por la aparición demasiado precoz de la fase REM, se beneficiaría del tratamiento con sueños lúcidos (Baird y cols., 2019).

• **Fobias y otros trastornos**: las fobias, o miedos irracionales, pueden ser afrontadas mediante el sueño lúcido, ya que es un entorno seguro y sus beneficios se trasladan al mundo real. Afrontarlas constituiría una desensibilización sistemática, terapia usada en el mundo real, pero realizada en el sueño lúcido. Aunque resulte extraño porque el sueño lúcido parecería que podría producir una cierta desconexión de la vida real, se ha empleado para aumentar el *insight* en algunos trastornos psiquiátricos como las psicosis (Baird y cols., 2019), ya que aumenta la consciencia general en la vida diaria.

Beneficios espirituales

Son muchas las tradiciones espirituales que insisten en este tema. Así, el maestro sufí Idries Shah decía que «un error fundamental del ser humano es pensar que está vivo, cuando simplemente se ha quedado dormido en la sala de espera de la vida». Thoreau afirmaba: «Nuestra vida más auténtica tiene lugar cuando soñamos despiertos». Algunos de los beneficios serían estos:

- APROVECHAR LA VIDA: nuestra vida es corta. Con mucha suerte podremos vivir cien años. De ellos, más de una tercera parte nos la pasamos durmiendo. Ese período es un tiempo de vagar sin consciencia por mundos no controlados. El aprendizaje y el disfrute suelen ser escasos. ¿No estamos desaprovechando una enorme fuente de riqueza y conocimiento?
- SUEÑOS PREMONITORIOS: son múltiples las historias de sueños premonitorios e inspiradores que han sido referidos a lo largo de la historia de la humanidad. Muchos de los profetas del antiguo Testamento, Mahoma, el fundador del islam, y otros sabios o líderes religiosos de otras tradiciones contemplativas han recibido enseñanzas de Dios o de sus maestros durante los sueños.
- SUEÑOS INCUBADOS: aquí, los sueños no aparecen de forma espontánea, como en el caso anterior. Es el propio individuo quien los «incuba», los provoca, siguiendo antiguas tradiciones, para recibir enseñanzas de los maestros. Se ha descrito este fenómeno en el antiguo Egipto, la Grecia clásica, Mesopotamia, o en la tradición budista tibetana. Otro tipo de sueños, los subrogados, son una práctica frecuente en el chamanismo y en el budismo tibetano. Consiste en incubar sueños para responder preguntas para otros. Por ejemplo, el reconocimiento de lamas reencarnados se realiza de esta forma. Un gran maestro como el Dalái Lama incuba esta pregunta y, a los pocos días, suele surgir el sueño que la responde.

- LIBERAR KARMA: en las tradiciones orientales se dice que se puede liberar karma mediante el sueño, de forma que las semillas negativas pueden madurarse en los sueños y así evitar que generen karma en el estado despierto (Wallace, 2019). En general, maestros como el vedanta advaita Sesha aceptan que el sueño es un estado que no produce karma. Aunque otros, como Wallace (2019), recomiendan que los sueños no contengan actos violentos o negativos, porque generarían una semilla negativa en la mente, con el correspondiente karma.
- PRACTICAR: meditar durante el sueño lúcido es mucho más eficaz que hacerlo despierto. Wallace (2019) dice que un minuto meditando en el sueño lúcido equivale a un retiro de una semana. Namkhai Norbu (2002), el maestro tibetano, considera que es mucho más fácil meditar en el sueño, porque no existen los impedimentos asociados al cuerpo físico que sí encontramos en la vida real.
- PREPARARSE PARA LA MUERTE: en la antigua Grecia, Hypnos, el dios del sueño, y Thanatos, el dios de la muerte, no eran hermanos, sino gemelos. En el budismo tibetano, la finalidad del yoga del sueño (Evans-Wetz, 1975; Gyatrul Rinpoche, 1998) es entrenarse para el proceso de la muerte. También es así en la cultura tolteca, en la que Magaña (2015) afirma: «Sabrás que te has liberado del miedo a la muerte cuando te despiertes sistemáticamente en los sueños, porque es como morir». Nosotros mismos hemos descrito cómo se pueden utilizar las experiencias cercanas a la muerte autoinducidas para el crecimiento espiritual (Van Gordon y cols., 2018).

Miedos de los practicantes (LaBerge y Rheingold, 2013)

Algunos de los principales son:

MIEDO A QUE TODOS LOS SUEÑOS SEAN LÚCIDOS: este es un temor frecuente. Le ocurrió, incluso, al filósofo Ouspensky (1931; 1971), quien empezó a tener sueños lúcidos (los llamaba «estados de medio sueño») y, como cada vez eran más frecuentes, temió que no pudiese controlar el fenómeno. Lo mismo relata LaBerge (LaBerge y Rheingold, 2013), asegurando que, cuando apareció este miedo, inmediatamente cesaron los sueños lúcidos. Afirma que hay que hacer un esfuerzo continuo para tener sueños lúcidos, porque, de lo contrario, desaparecen. LaBerge afirma que, tras una década en la que tuvo más de mil sueños conscientes, posteriormente se estabilizó en una cifra de varios al mes, a menos que, en un período concreto, tuviese un enorme deseo de experimentarlos.

MIEDO A NO DESPERTARSE DE UN SUEÑO LÚCIDO: es una expresión del miedo a lo desconocido. No se conoce ningún caso de alguien que no haya podido despertarse. Como mucho, un sueño lúcido duraría lo que dura una fase REM, es decir, una hora aproximadamente.

MIEDO A QUE DESPERTARSE EN LOS SUEÑOS IMPIDA QUE PODAMOS INTERPRETARLOS: la interpretación de los sueños es una técnica usada en psicoanálisis con frecuencia. No es fácil interpretar los sueños, ya que debe basarse en las creencias y el contexto específico de cada persona, no siendo útiles las interpretaciones generales. En cualquier caso, un sueño lúcido no se controla al completo, existen muchos temas inconscientes que pueden seguir siendo interpretados.

MIEDO A ALTERAR EL SUEÑO: algunos practicantes sienten que manipular el sueño para despertarse puede hacer que durmamos menos horas y que el sueño sea de peor calidad. De nuevo, no hay ninguna evidencia de que los sueños lúcidos sean más agotadores que los no lúcidos. El cansancio suele producirse si la escena del sueño es desagradable y requiere esfuerzo o produce tensión, pero no por el hecho de la lucidez como tal. Al principio, la excitación y el esfuerzo para intentar tener sueños lúcidos pueden hacer que disminuya ligeramente el tiempo total de sueño. Se debe considerar si en ese momento de la vida se puede dedicar tanta energía a este tema o no. Con el entrenamiento, los sueños lúcidos aparecen con mucho menor esfuerzo y apenas producen cambios en las rutinas del sueño.

Miedo al escapismo: dado lo agradable que es el sueño lúcido, si las personas tienen una vida monótona o insatisfactoria podría existir el riesgo de que usasen el sueño lúcido como forma de escape. Aunque esa posibilidad teórica podría ocurrir, en la realidad no suele ser así. Los esfuerzos que requiere el sueño lúcido implican hacerse mucho más consciente de la vida de vigilia, lo que la convierte en más satisfactoria y plena.

Contraindicaciones

Los sueños lúcidos no son peligrosos para los practicantes, sino muy seguros. La mayoría son experiencias positivas y enriquecedoras. Ocasionalmente, puede haber pesadillas lúcidas, que pueden manejarse como describiremos y que, en cualquier caso, siempre se pueden interrumpir despertando, proceso que también analizaremos. No está contraindicado en ninguna patología específica, aunque hay que ser prudente en el caso de las psicosis, porque pueden facilitar el pensamiento de que este mundo no es real y reagudizar los síntomas psicóticos previos. No hay ninguna contraindicación con otras psicoterapias, ya que pueden asociarse, aunque siempre recomendamos informar al terapeuta. Por desgracia, a menudo los terapeutas desconocen este abordaje psicológico.

En cualquier caso, dado que puede haber personas que se sientan inquietas con este tema, por eso no se puede recomendar a todo el mundo el entrenamiento en sueños lúcidos; cada uno debe seguir su instinto. Si el individuo se encuentra en tratamiento psiquiátrico, se debe consultar con su terapeuta. Si tiene tendencias disociativas o escapistas (quieren escaparse de una vida que les resulta insatisfactoria), se pueden reforzar esas tendencias. Si se sigue el sentido común, es excepcional tener problemas.

5. Tradiciones que han estudiado los sueños lúcidos

Los sueños son analizados por su significado,
o son considerados como indicaciones proféticas,
pero nunca son valorados como un reino de eventos reales.

CARLOS CASTANEDA, *El arte de ensoñar*

Las tres tradiciones que han ahondado en los sueños lúcidos son la tradición occidental, el budismo tibetano (fuertemente influido por la tradición Bön, originaria del Tíbet) y el chamanismo yaqui-tolteca.

La tradición occidental

En general, el desarrollo de los sueños lúcidos, en nuestra tradición occidental, ha sido laico, no ligado a ninguna religión ni a la espiritualidad. En este contexto, nunca se planteó su uso para el desarrollo espiritual, siendo su utilidad principal la diversión y el disfrute de manipular el sueño, que se asociaba a una gran sensación de poder y libertad. Junto a esta función lúdica, se sugería una utilidad de aprendizaje, sobre todo del inconsciente, muy en la línea del psicoanálisis. Se pensaba que el sueño lúcido nos permitiría conocer aspectos negados por nuestro inconsciente, así como «la sombra», los aspectos negativos o que rechazamos de nosotros mismos. En los últimos años, los sueños lúcidos se han empleado para el tratamiento de fobias, traumas y otros trastornos psicológicos, como hemos revisado en el capítulo anterior.

Aunque no se tenga ninguna creencia espiritual y el sueño lúcido vaya a emplearse, exclusivamente, con una función lúdica, es importante que, como mínimo, hayamos trabajado nuestros valores y sentido de la vida, para incorporar este saber en un contexto valioso como es el sentido de la vida. Para una mayor información sobre este tema se puede leer García-Campayo (2018; págs. 243-256). Existen varias prácticas para identificar y desarrollar los valores. Solemos usar la práctica del anciano, porque permite trabajar los valores sin quedarse bloqueado por la angustia ante la muerte. El principal problema de esta práctica es la dificultad para las personas jóvenes, de menos de 30 años, de situarse mentalmente en el período final de la vida. Pero es la técnica más sencilla y eficaz para trabajar con este tema.

Práctica para conectar con los valores
y el sentido de la vida: el anciano

Adopta tu postura de meditación habitual. Toma consciencia del cuerpo de forma global y haz unas cuantas respiraciones conscientes. Imagina delante de ti una pantalla de cine negra, gigante, donde se van a empezar a proyectar imágenes.

- **Tienes 10 años**. Recrea de la forma más fidedigna posible el aspecto físico que tenías a esa edad, la casa donde vivías, los amigos que tenías, etcétera. Permanece unos segundos reconstruyendo esa escena y tus sentimientos de entonces. Intenta recordar cómo imaginabas que serías de mayor, cómo querías que fuese tu vida de adulto. Quédate unos segundos intentando recordar ese período. Poco a poco, la imagen va desapareciendo.

- **Tienes 20 años**. Estabas empezando en la universidad o en el trabajo. Recrea tu aspecto físico a esa edad, la casa donde vivías, los amigos que tenías. Permanece unos segundos reconstruyendo esa escena. Recuerda: ¿qué querías hacer entonces con tu vida, qué era lo importante para ti a esa edad? Permanece unos segundos reconstruyendo la escena e identificando esos pensamientos. La imagen va desapareciendo.

- **Tienes 30 años**. A esa edad ya empiezas a estar instalado en tu vida laboral y, a nivel personal, es probable que tengas ya una relación estable e incluso hijos. Recuérdate a esa edad y recrea cómo eras entonces, así como el lugar donde vivías y las personas más cercanas de tu entorno. Permanece en esa escena unos segundos. Recuerda: ¿cuáles eran tus valores entonces, qué era lo más importante para ti en tu vida? Mantente unos segundos identificándolos. Poco a poco, la escena se va diluyendo.

- **Tienes 45 años**. A esa edad, uno es consciente de que muchas cosas que querías alcanzar en la vida no podrás tenerlas nunca. En parte, ese es el origen de la crisis de los 40 años. Recuerda ese período o imagina cómo será si aún no tienes esa edad. Piensa cuáles eran tus valores, o qué será lo importante para ti en ese momento. Nos mantenemos algún tiempo pensando en ello hasta que la imagen desaparece.

- **Tienes 65-67 años**. Acabas de jubilarte, tu vida laboral ha terminado. Lo más habitual es que el trabajo deje de ser uno de los valores principales, y mucha gente no tiene claro con qué sustituirlo. Imagina cómo será ese momento de tu vida: dónde vivirás, con qué personas estarás. Piensa en tus valores en ese momento. Elaboramos esas ideas durante algún tiempo hasta que todo desaparece.

- **Tienes 85 años**. Has llegado al final de tu vida, sabes que no vivirás mucho más tiempo. Ahora puedes tener una perspectiva global de todo lo que has hecho en este mundo. Piensa cómo será tu vida entonces. Dónde estarás viviendo y con quién, qué personas serán importantes para ti en ese período. Piensa, desde la perspectiva de toda tu vida, qué será lo más importante en tu vida entonces, cuáles serán tus valores. Nos mantenemos un tiempo pensando en cómo veremos, desde ese momento único, toda nuestra vida. Esos serán los valores más importantes. Nos quedamos algunos segundos reflexionando sobre eso y pensando hasta qué punto son diferentes esos valores de la vida que llevamos en la actualidad. También podríamos pensar en cómo el conocimiento de los sueños lúcidos puede ayudarnos a ser coherentes con nuestro sentido de la vida. Poco a poco, la imagen desaparece.

Percibimos la respiración durante unos segundos y sentimos el cuerpo de forma global. Cuando queramos, abrimos los ojos y nos movemos.

El budismo tibetano (Evans-Wentz, 1975; Namkhai Norbu Rimpoche, 2002; Padmasambhava, 1998; Wallace, 2018; Wangyal Rimpoche, 2019)

El lugar del yoga del sueño en el budismo

El budismo se originó hace 2.500 años en la India; en la actualidad está dividido en tres escuelas: Theravada (budismo antiguo), Mahayana (el Gran Vehículo) y Vajrayana (Vehículo de Diamante). La escuela Vajrayana se estableció en el Tíbet alrededor del siglo VIII, dando origen al llamado budismo tibetano, intensamente relacionado con la religión original local denominada Bön. La mayoría de las tradiciones budistas comparten el objetivo de superar el sufrimiento (*dukkha*) y el ciclo de muerte y renacimiento (*samsara*), ya sea por el logro del nirvana o por el camino de la budeidad. Algunas de las enseñanzas claves del budismo son las Cuatro Nobles Verdades, el Noble Óctuple Sendero o las ideas de nirvana, karma o surgimiento condicionado. No las describimos aquí porque no son el objeto de este libro, pero son clave para entender los fundamentos de la tradición budista.

El budismo tibetano considera que existen dos consciencias (Wallace, 2018): 1) la consciencia primordial o prístina, que es no dual y equivale a la consciencia universal y a la naturaleza de Buda, de ella emana la consciencia substrato, y 2) la consciencia sustrato (*alaja vigñana*), donde se encuentran todos los recuerdos, de esta y otras vidas, así como las semillas kármicas. Esta última es la consciencia individual y base de las reencarnaciones, y es única para cada individuo; d ella emana la psique. El yoga del sueño daría acceso a la consciencia sustrato

El yoga del sueño es uno de los seis yogas de Naropa, un budista tántrico hindú de los siglos x (Tucci, 1980) u xi (Guenther, 1963), según los autores. Naropa fue discípulo de Tilopa, quien le transmitió estas enseñanzas. Se dice que dos de estos seis yogas, el del calor interno (*tum.mo*) y el del sueño, los recibió de Krsnacarya, que era profesor en la universidad budista de Nalanda. Los seis yogas de Naropa son:

1. **Yoga del calor interno**: creación de calor corporal mediante prácticas yóguicas, como posturas, respiración y visualización.
2. **Yoga del cuerpo ilusorio**: posturas y visualizaciones diseñadas para sentir todos los fenómenos vacíos como un sueño.
3. **Yoga del sueño**, sobre el que profundizaremos.
4. **Yoga de la clara luz**: prácticas realizadas durante el período del sueño o el estado despierto para experimentar la «clara luz».
5. **Yoga del momento de la muerte**: enseña cómo proceder cuando morimos: cómo reconocer que uno ha muerto, elegir un útero adecuado para el siguiente renacimiento y progresar hacia la liberación después de muerto.
6. **Yoga de la transferencia de la consciencia**: enseñanzas sobre cómo transferir nuestra consciencia a un reino puro o a otro ser vivo o muerto.

Todos estos yogas permiten alcanzar la «clara luz», que sería equivalente al nirvana.

Naropa transmitió estos yogas a Marpa, el traductor y primer discípulo tibetano, quien, a su vez, lo enseñó a Milarepa, el famoso yogui y santo tibetano. La transmisión era oral, ya que se consideraban enseñanzas secretas. El tema de los sueños lúcidos se transmitió a las diferentes escuelas tibetanas. Así, Longchema (1308-1363), de la escuela Nyngmapa, describe estos yogas en un texto que se ha traducido como *Wonderment* (Guenther, 1976). Tsongkhapa (1357-1410), el fundador de la escuela Gelugpa, escribió también un comentario sobre el tema (Musès, 1961), que es considerado uno de los mejores (Tucci, 1935). El yoga del sueño es desconocido en la literatura budista hasta Tilopa, pero la discusión sobre los signos para reconocer la vacuidad y la clara luz son constantes en la literatura tántrica y se remontan al tantra de Guhyasamaja (Shastri, 1984; Wayman, 1977). Este tantra se considera clave en el budismo tibetano.

Práctica del yoga del sueño

La práctica del yoga del sueño consta de cuatro etapas y de dos prácticas preliminares (LaBerge, 2003). La primera práctica preliminar consiste en reconocer el sueño en la forma en que aparece. Para ello, técnicas como la meditación son especialmente importantes, ya que, desde la perspectiva budista, el mundo tiene la característica de los sueños. Por ello, una práctica habitual es repetirse continuamente a uno mismo: «Esto es un sueño». La segunda práctica preliminar consiste en perder todo miedo que pueda aparecer cuando surja el sueño lúcido, ya que una consecuencia indeseable del miedo en los sueños lúcidos es despertarse físicamente (Mota-Rolim y cols., 2013).

Una vez que se ha avanzado en estos preliminares, las cuatro fases del yoga del sueño serían las siguientes: primero, comprender que el sueño es similar a la vida despierta, ya que ambos son fenómenos en constante cambio, impermanentes, un concepto fundamental en el budismo; segundo, controlar el entorno onírico, una fase clave si se sufren pesadillas, ya que permite comprender que no se puede recibir ningún daño en el sueño; la tercera fase consiste en comprender que el cuerpo del sueño no tiene sustancia real, y la misma idea se aplica al resto de objetos y personajes del sueño, y el cuarto y último estadio consistiría en que el soñador intenta, durante el sueño lúcido, visualizar una deidad del panteón tibetano (LaBerge, 2003). En esta tradición se cree que el sueño lúcido ocurre, principalmente, al final del período del sueño, cerca del amanecer, algo coherente con los conocimientos científicos actuales.

Considerar el mundo como un sueño es una forma de disminuir el apego a todo lo que sucede en él y, por tanto, una forma de «ahorrar energía psíquica», algo muy similar a lo que enseña la tradición chamánica. Por otra parte, el yoga del sueño forma parte del yoga del sueño ilusorio. Una de las prácticas clave en este yoga es mirarse al espejo y disminuir el apego por nuestro propio cuerpo con diferentes técnicas. Algo, de nuevo, muy similar a la práctica de las máscaras en la tradición tolteca. Todas estás técnicas las aprenderemos más tarde. Resulta impresionante la semejanza entre dos culturas, tan distantes y que no podían tener contacto entre sí, en este tema tan específico como es el desarrollo de los sueños lúcidos.

El chamanismo yaqui y tolteca

A continuación, expondremos algunos de los grandes temas según esta tradición. Están resumidos en los libros de Carlos Castaneda, sobre todo *Viaje a Ixtlán* (Castaneda, 1984) y *El arte de ensoñar* (Castaneda, 1993), que nos descubren los fundamentos de la visión yaqui. La visión tolteca en general, y de los sueños en particular, está ampliamente descrita en el libro *El secreto tolteca* (Magaña, 2015):

• El universo: según la tradición chamánica, el universo está compuesto por energía. El lenguaje no alcanza a describirlo en toda su complejidad; por eso, los antiguos brujos decían que era semejante a hilos incandescentes que se extienden en el infinito en todas las direcciones concebibles, filamentos conscientes de sí mismos, en formas imposibles de comprender. El universo se compone de elementos físicos y energéticos. Los elementos físicos son parte de nuestro sistema de interpretación, pero los elementos energéticos no lo son. En nuestro mundo existen elementos energéticos, como la consciencia, pero nosotros, como gente común y corriente, percibimos únicamente los elementos físicos, porque así nos enseñaron a hacerlo. Los ensoñadores perciben los elementos energéticos por la misma razón, porque así les enseñaron a hacerlo.

• El ser humano: la humanidad percibe el mundo que conocemos, en los términos en que lo hacemos, solamente porque compartimos cohesión y uniformidad energética. Adquirimos estas dos condiciones automáticamente, en el transcurso de nuestra crianza, y las tomamos a tal punto por supuestas que no nos damos cuenta de su importancia vital, hasta el momento de enfrentarnos con mundos distintos del habitual. Es entonces cuando se hace evidente que, para percibir de una manera coherente y total, necesitamos una apropiada cohesión y uniformidad energética.

El punto de encaje es donde la percepción tiene lugar. El punto de encaje se puede desalojar del punto donde normalmente se localiza. Cuando está en su posición habitual, el comportamiento y percepción son los usuales, pero cuando se consigue desplazar, la consciencia de ser es diferente, y percibe de una manera que no es familiar. A mayor desplazamiento, más insólita es la percepción del mundo y la consciencia del ser. Según los brujos, la localización habitual de nuestra percepción cotidiana se encuentra entre los omoplatos.

La segunda atención es el estado de consciencia que pone en tela de juicio la idea del mundo y de uno mismo. Se puede entrar en la segunda atención reteniendo el punto de encaje en una nueva posición, previniendo que este se desplace de regreso a su sitio original. La segunda atención se define, entonces, como el resultado de fijar el punto de encaje en nuevas posiciones. Nuestra manera de percibir es la de un predador, una manera eficaz de evaluar y clasificar la comida y el peligro. Pero hay otro modo: el acto de percibir la energía misma, directamente. Percibir de esta manera nos hace comprender, clasificar y describir el mundo en términos mucho más incitantes y sofisticados.

• El tonal y el nagual: tonal viene de *tonatiuh*, «el Sol», generador de calor. El tonal es nuestro cuerpo energético que produce calor. Puede percibirse como un halo ámbar alrededor de la cabeza y rige nuestra percepción del estado de vigilia. Es la percepción ligada a la materia y a los cinco sentidos físicos, crea nuestra identidad y nuestra percepción del tiempo.

Nagual procede de dos palabras: *nehua*, que significa «yo», y *nahualli*, que quiere decir «lo que se extiende» (más allá del tonal). Está regido por la energía del universo, sobre todo de la Luna, Venus y las Pléyades. Se percibe como un resplandor gris azulado (como la luz fría de la Luna) alrededor del ombligo, cuando estamos despiertos, pero asciende a la cabeza cuando estamos dormidos. Es el cuerpo energético, que viaja por el mundo onírico y otros mundos. Por eso percibimos las cosas de distinta forma cuando soñamos que cuando estamos despiertos, porque predomina uno u otro. La mayor desgracia, según la tradición tolteca, es que tonal y nagual se separen. Actualmente, cuando estamos despiertos, la energía del tonal se mueve alrededor de la cabeza y la del nagual, alrededor del ombligo, y giran en direcciones opuestas y nunca se encuentran. Si no recordamos lo que soñamos, nuestros sueños se convertirán en nuestro futuro, y esto se denomina «la prisión invisible de la Luna».

• El sueño: ¿por qué es tan importante el sueño en esta tradición? Según los toltecas (Magaña, 2014), el estado de sueño produce cuatro veces más energía que el de vigilia. El problema es que, para controlar los sueños, necesitamos cuatro veces más energía que la que necesitaríamos si en ambos períodos la energía fuese la misma. Esto explica la gran necesidad de redireccionar la energía en vigilia para usarla en los sueños, lo que se conoce como «el camino del guerrero».

El punto de encaje se desplaza muy fácilmente durante el sueño. Cuanto mayor es el desplazamiento, más inusitado es el sueño, y viceversa. Sabiendo esto, los antiguos crearon el arte de ensueño. Ensoñar permite desplazar el punto de encaje a voluntad a fin de expandir y acrecentar la gama de lo que se puede percibir. También se puede describir como un proceso mediante el cual los ensoñadores aíslan condiciones del ensueño en las que pueden encontrar elementos que generan pura energía. Ensoñar es el proceso por medio del cual intentamos encontrar posiciones adecuadas del punto de encaje, posiciones que nos permitan percibir elementos que generan energía en el estado onírico.

El cuerpo energético es la contraparte del cuerpo físico: una configuración fantasmal hecha de pura energía. Al ser pura energía, puede llevar actos que van más allá de las posibilidades del cuerpo físico. Ensoñar es el arte de templar el cuerpo energético hasta convertirlo en una unidad capaz de percibir. Llegar al cuerpo energético es llegar a «la primera puerta del sueño».

• EL CAMINO DEL GUERRERO: todos tenemos una cantidad determinada y limitada de energía básica. Esa cantidad es nuestro acervo energético y lo usamos todo para percibir y tratar con nuestro absorbente mundo. No hay más energía disponible para nosotros en ningún sitio, y como la energía de que disponemos está siendo usada en su totalidad en el día a día y en los sueños ordinarios, no nos queda ni un ápice para percepciones extraordinarias, como el ensueño o sueño lúcido. Para rebuscar energía, los brujos reorganizan ingeniosamente la distribución de su energía básica, descartando cualquier cosa que consideren superflua en sus vidas. Llaman a este método el «camino del guerrero» o el «camino de los brujos». Este camino es una cadena de conductas alternativas que se puede usar para tratar con el mundo diario. Hay dos maneras de encarar el mundo: una es rindiéndose a él, bien sea resignándose a sus demandas o peleando, y la otra es moldeando los aspectos particulares de nuestra situación vital a fin de que encajen en el «camino del guerrero» y podamos conservar la energía.

De todas las premisas del camino del guerrero, la más efectiva es la de **perder la importancia personal** (Castaneda, 1984; 1993). Empleamos la mayor parte de nuestra fuerza en sostener nuestra importancia, y nuestro desgaste más pernicioso es la compulsiva presentación y defensa del Yo: la preocupación acerca de ser o no admirados, queridos o aceptados. Si es posible perder algo de esa importancia, dos cosas extraordinarias nos ocurrirían: primero, liberarnos de nuestra energía de tener que fomentar y sustentar la ilusoria idea de nuestra grandeza, y segundo, nos proveeríamos de suficiente energía para entrar en la segunda atención y vislumbrar la verdadera grandeza del universo.

Puesto que los sueños utilizan las experiencias que hemos tenido desde nuestro nacimiento, una forma de liberarlos de ellas, para dejar paso a la consciencia, es la recapitulación o rememoración de la vida. Consiste en traer al recuerdo cada uno de los momentos de nuestra vida con el máximo detalle posible. Este proceso permite que nos liberemos de bloqueos emocionales, nos deshagamos de la pesadez de nuestras vidas y nos volvamos más y más vaporosos. Describiremos esta técnica y el resto de enseñanzas chamánicas para el control del sueño en un capítulo específico.

La consciencia, como elemento energético de nuestro ambiente, es la esencia de la brujería. En primer lugar, se busca liberar la energía existente en nosotros mismos, mediante la recapitulación y la disciplina del camino del guerrero. En segundo lugar, se usa esa energía para desarrollar el cuerpo energético por medio del ensueño. Y, en tercer lugar, se usa la consciencia como un elemento del medio ambiente para entrar en otros mundos no solo con el cuerpo energético, sino también con el cuerpo físico.

• EL ARTE DEL ENSUEÑO: los antiguos brujos crearon el arte de ensueño basándolo en cinco condiciones:

1. Vieron que solo los filamentos energéticos que pasan directamente a través de los puntos de encaje pueden ser transformados en percepción coherente.
2. Si el punto de encaje se desplaza a cualquier otra posición, sin importar cuán grande o diminuto sea el desplazamiento, otros filamentos energéticos que no son habituales comienzan a pasar a través de este. Ello hace entrar en juego el fulgor de la consciencia, lo cual fuerza a estos filamentos energéticos a transformarse en percepción coherente y estable.
3. En el transcurso de los sueños normales, el punto de encaje se desplaza fácilmente por sí solo a otras posiciones en la su-

perficie o en el interior del huevo luminoso, que es la forma energética del ser humano.

4. Por medio de la disciplina es posible cultivar y ejecutar en el transcurso de los sueños normales un sistemático desplazamiento del punto de encaje.

5. Se puede hacer que el punto de encaje se desplace a posiciones fuera del huevo luminoso y entre en el reino de los filamentos energéticos del universo fuera de lo humano.

La atención de ensueño se adquiere al fijar el punto de encaje en cualquier nueva posición a la cual se haya desplazado durante los sueños normales. Es una faceta incomprensible de la consciencia, que está esperando el momento en que la convoquemos y le demos propósito. Es una facultad velada que tenemos en reserva, pero que nunca nos atrevemos a usar. Insistimos en tomar los sueños como algo conocido: lo que ocurre mientras dormimos. El nagual insiste en otra versión: es una compuerta a otros reinos de percepción. A través de esa compuerta, se filtran corrientes de energía desconocidas. La mente se apodera de esas fuentes de energía y las convierte en parte de nuestros sueños.

Parte II. La práctica

II. 1. Condiciones básicas para facilitar los sueños lúcidos

6. Higiene del sueño

La sociedad a menudo perdona al criminal;
nunca perdona al soñador.

OSCAR WILDE, *La crítica como artista*

Para despertarse en los sueños es necesario tener un sueño adecuado. Hay que dormir suficientes horas y con un sueño de calidad, ya que, de lo contrario, no es posible tener sueños lúcidos. Solemos irnos a la cama con preocupaciones, sin tomar consciencia de la importancia del sueño para nuestra salud y sin la preparación psicológica adecuada, tan necesaria si queremos convertir los sueños en momentos de meditación, en los que intentaremos desarrollar sueños lúcidos. Si hubiésemos hecho deporte intenso antes de ir a dormir, no se nos ocurriría echarnos a la cama sin una ducha previa. Sin embargo, a menudo, hemos trabajado o resuelto temas complicados por la noche y no hemos hecho una «limpieza mental» previa.

Elementos que se deben evitar

Algunos elementos básicos que debemos evitar para una adecuada higiene del sueño son (Merino *et al.*, 2016):

1. No TOMAR CAFÉ, TÉ U OTROS ESTIMULANTES: el café es el psicoestimulante más usado en el mundo, del que casi no somos conscientes. La cafeína, aparte de en el café, puede encontrarse en el té, en el chocolate negro, en las pastillas para adelgazar, en los analgésicos, o en las bebidas energéticas y de cola. El café descafeinado sigue teniendo café. La vida media de la cafeína es de 5-7 horas, por lo que conviene no tomar nada de café a partir del mediodía. Con la edad, uno es más sensible a la cafeína.

2. No CONSUMIR ALCOHOL O DROGAS DE ABUSO: aunque pueda parecer que el alcohol facilita el sueño, es uno de los más potentes supresores del sueño REM, que es la fase del sueño en la que aparecen los sueños. Lo mismo ocurre con la mayoría de drogas de abuso como la heroína, la cocaína, la marihuana, anfetaminas, etcétera. El uso de algunas sustancias psicodélicas en el desarrollo de los sueños lúcidos lo comentaremos en la sección de complementos.

3. EVITAR CENAS COPIOSAS ANTES DE DORMIR: también parece que una cena copiosa facilitaría dormir, pero tiende a producir un sueño alterado e inquieto. Se debería dejar más de 2 horas entre la cena, que debe ser ligera, y el sueño. Habría que evitar también los picantes y las comidas indigestas. Tampoco habría que echarse a dormir con hambre.

4. EVITAR HACER EJERCICIO FÍSICO INTENSO ANTES DE DORMIR: por supuesto, el ejercicio físico es muy recomendable, pero puede facilitar el insomnio. Por ejemplo, un paseo ligero después de cenar puede ayudar a la digestión y al sueño posterior, pero debe evitarse la actividad física intensa hasta 4 horas antes de dormir, porque produce excitación y agotamiento, pudiendo afectar al sueño.

5. EVITAR LA MULTITAREA ANTES DE DORMIR: una actividad mental intensa, que produzca preocupación o gran gasto energético, no es recomendable hasta 3 horas antes de dormir, porque los pensamientos

de preocupación que genera pueden mantenerse a la hora de dormir e impedir el sueño. Si no se puede evitar por nuestro funcionamiento laboral, como mínimo habría que hacer alguna práctica de relajación/ meditación antes de dormir, para intentar neutralizar este fenómeno.

6. EVITAR LAS PANTALLAS ANTES DE DORMIR: intenta no usar ordenadores, móviles o cualquier otro tipo de pantallas hasta 2-3 horas antes de dormir. La «luz azul» que producen estos dispositivos imita la luz solar y puede alterar la liberación circadiana de melatonina. Si no es posible evitar esto, se puede usar gafas que bloquean la luz azul, o aplicaciones móviles que filtran la longitud de onda de esta luz.

7. NO ABUSAR DE LA SIESTA: los estudios demuestran que una siesta breve, de 20 a 30 minutos, posee un efecto favorable para la salud. Las duraciones superiores a ese margen pueden disminuir el tiempo de sueño nocturno y resultar perjudicial para el sueño de la noche siguiente.

8. UTILIZAR LA CAMA SOLO PARA DORMIR: no hay que leer ni comer, ni ver la televisión o jugar al ordenador en la cama. La única actividad diferente a dormir que puede hacerse en la cama es tener relaciones sexuales, que además producen un efecto relajante y ayudan a dormir.

9. EXPONERSE A SUFICIENTE LUZ SOLAR: la tendencia a estar siempre dentro de edificios nos aísla de la luz solar y puede reducir la secreción de la melatonina y alterar nuestros ritmos circadianos, ya que los relojes biológicos se alteran.

Elementos que se deben reforzar

Por el contrario, ciertos aspectos que debemos potenciar para facilitar la higiene del sueño son (Merino *et al.*, 2016):

1. Cuidar el entorno del sueño: las condiciones ambientales influyen mucho en la calidad y cantidad del sueño. Se debe dormir en un colchón cómodo y una almohada adecuada. La habitación debe ser oscura, para que la liberación de la hormona melatonina funcione adecuadamente. Si hay luz en el entorno, será más difícil dormir, por lo que, si es necesario, se puede usar un antifaz. También el entorno debe ser lo más silencioso posible. Si hay muchos ruidos y son continuos, quizá tengamos que utilizar algodones para los oídos o algo similar. Por último, la temperatura debe ser de alrededor de 19 grados centígrados. Con más calor o más frío, el sueño es peor. Es conveniente tener el televisor apagado y no tener móviles u otros aparatos electrónicos encendidos ni cargándose cerca de la cama.

2. Seguir las mismas pautas horarias: hay que intentar ir a dormir siempre a la misma hora aproximadamente, con variaciones de más/menos media hora como máximo. Esto estructura el reloj interno y aumenta la calidad del sueño.

3. Crear un ritual: si no se puede dormir de forma habitual, podemos crear un ritual, como preparar un baño caliente, con algo de música relajante, y después tomar una infusión de tila u otra planta tranquilizante antes de ir a la cama.

4. Relajarse antes de dormir: es importante estar relajado antes de acostarse. Si se ha llevado a cabo alguna actividad excitante, es recomendable practicar relajación/*mindfulness*.

5. Levantarse de la cama si no se duerme: si no se puede dormir, no hay que quedarse en la cama, porque aumenta la ansiedad al ver pasar el tiempo. Se recomienda hacer actividades que ayuden a dormir, como leer o practicar *mindfulness* o relajación. No hay que hacer actividades que requieran mucha actividad física y mental ni exponerse a demasiada luz.

La bidireccionalidad

Cualquier cambio que introduzcamos en nuestra vida despierta producirá un efecto, más tarde o más temprano, en el mundo onírico. Los aspectos positivos o negativos que desarrollemos en el día a día facilitarán o dificultarán el proceso de despertar en los sueños. Debemos tener siempre en cuenta esta bidireccionalidad y que la forma más sencilla de influir en nuestros sueños es modificar aspectos de la vida diurna, como comentaremos más adelante.

7. Postura y condiciones psicológicas básicas

Soñar relaciona colectivamente a toda la humanidad.

JACK KEROUAC, *El libro de los sueños*

Para iniciarse en el mundo del sueño lúcido, aparte de una adecuada higiene del sueño, como ya hemos descrito, y del uso de un diario de sueño, para aumentar el recuerdo de los sueños, algunos de los requisitos necesarios son:

1. Dar importancia a los sueños.
2. Desarrollar el poder de la intención.
3. Practicar algún tipo de meditación o técnica similar.

Junto a todo ello, en este capítulo describiremos, también, las posturas recomendadas para dormir y desarrollar sueños lúcidos.

Dar importancia a los sueños

Una buena capacidad de recordar los sueños se inicia con una actitud abierta hacia los sueños, otorgándoles la importancia que tienen: creyendo que tienen que ser un aspecto relevante en nuestra vida. Si para nosotros no es clave tener sueños lúcidos, no los tendremos.

En el capítulo de obstáculos, insistimos en que, en nuestra sociedad moderna, que constituye una sociedad monofásica según los criterios de Tart (1972) ya descritos en el capítulo 3, existe un menosprecio hacia la importancia y la utilidad de los sueños. Para remontar este problema, es bueno leer o escuchar charlas periódicamente sobre el tema de los sueños lúcidos, manteniéndolo como uno de nuestros temas importantes, a los que dedicamos energía. La mejor forma de valorizarlos es, como describiremos más adelante, llevando un diario de sueños para recordarlos y escribirlos diariamente. Este paso previo es clave; si no recordamos casi a diario los sueños, es difícil que nuestra práctica de sueños lúcidos tenga éxito.

El poder de la intención

Nada se consigue sin un fuerte deseo, sin la intención, sin un pensamiento fuertemente dirigido a llegar a algo. En la tradición tibetana del yoga del sueño, se considera que esta es la herramienta más importante para desarrollar sueños lúcidos: tener la intención de hacerlo. La razón es simple si se conoce su base filosófica: lo que subyace debajo del karma, la ley de causa y efecto, es siempre el deseo. Si deseas algo intensamente, lo habitual es que surja en tu vida.

Muchas personas son capaces de despertarse a una hora concreta, sin poner ningún despertador, tan solo porque es muy importante para ellos, porque no pueden llegar tarde ese día. En nuestra vida despierta, continuamente tenemos objetivos como tener un trabajo, seguir una dieta o aprender un idioma. Cuando tenemos claro qué queremos, es mucho más fácil conseguirlo.

La ciencia también ha comprobado este efecto. Se planteó un estudio con esquiadores a los que se les pedía que ensayasen mentalmente que esquiaban mediante una visualización. Y se comprobó que los impulsos eléctricos de sus músculos durante el proceso de visualización eran los mismos que cuando esquiaban de verdad (McTaggart, 2007). Existen diferentes estudios similares que demuestran que el cerebro no distingue entre un pensamiento y un acto en la vida real (Suinn, 1985).

¿Cómo desarrollar una intención eficaz? Esta técnica es descrita también por Tholey (1983), aunque él sugiere realizarla unos segundos antes de caer dormido. Estos serían los pasos recomendados (Tucillo y cols., 2014):

Técnica: desarrollar una intención

1. **Definirla claramente y repetirla durante el día**: debemos describir nuestra intención de forma muy específica y directa, con frases cortas y claras, en forma de afirmaciones. Por ejemplo: «Voy a estar lúcido y consciente en mi sueño». Una vez que la tengamos definida, hay que repetírsela durante el día, al menos 21 veces cada día.

2. **Al ir a dormir, sentirla**: cuando vayamos a dormir, tumbados en la cama, debemos visualizar el deseo, escucharnos a nosotros mismos, sentirlo con todo el cuerpo. Imaginarnos en un sueño, dándonos cuenta de que es un sueño. Podemos elegir un sueño o tema recurrente, o algo que queramos trabajar, y podemos visualizarlo de la forma más precisa que podamos. Hay que sentirlo con los cinco

sentidos, percibiendo el color, que ocupe todo el espacio de nuestra mente, e imaginar que despertamos en ese sueño.

3. **Generar la expectativa**: no solo hay que pensarlo, sino desarrollar la expectativa, la esperanza de que será así. Cada noche sentimos que esa va a ser la buena, que es posible.

4. **Convertirlo en nuestro pensamiento dominante**: que sea lo último y más importante en nuestra mente antes de dormirnos. Si aparecen otros pensamientos, debemos practicar *mindfulness* y dejarlos pasar. Tenemos que dormir pensando: «Voy a estar lúcido y consciente en mi sueño». Así, nuestra intención pasará del mundo real al mundo del sueño y se ejecutará.

5. **Agradecer**: incluso antes de que ocurra, agradecemos en nuestra mente al mundo el sueño lúcido. Es una fuerza poderosa y creativa. Imaginamos que está ocurriendo mientras damos las gracias. Si ya ha sucedido en nuestra mente, eliminaremos las tensiones y dudas que dificultan el camino.

Es muy frecuente que, basándose en esta práctica, las personas desarrollen un sueño lúcido. A menudo, debido a la gran excitación, a los pocos segundos de alcanzar la lucidez despiertan y sufren una gran decepción. No debe ser así. Han conseguido el objetivo que han pedido: tener un sueño lúcido. Si queremos que el sueño dure más o realizar alguna actividad concreta, la frase debería alargarse (y la práctica entera también). Por ejemplo: «Voy a estar lúcido en mi sueño y voy a volar». Con el tiempo hay que ir modificando la intención y ampliándola.

La utilidad de la meditación

Existe una clara relación entre estar despierto en vigilia y estarlo en sueños. Para ello, prácticas como la meditación o el entrenamiento en *mindfulness* son muy útiles: se ha demostrado la relación entre ambas actividades. Así, se sabe que los meditadores de larga duración presentan sueños lúcidos con más frecuencia, capacidad que se relaciona con las subescalas de observación y descentramiento del cuestionario FFMQ (*Five Facet Mindfulness Questionnaire*) (Baird y cols., 2019). Sin embargo, el simple hecho de recibir un entrenamiento en *mindfulness* como la de los programas MBSR (*mindfulness-based stress reduction*) o similar no aumenta la frecuencia de sueños lúcidos (Baird y cols., 2019). También se ha reportado incremento de los sueños lúcidos después de una meditación (Sparrow, 1976), o después de un día que incluya una meditación (Reed, 1977), aunque la correlación es baja. Por otra parte, los soñadores lúcidos habituales no meditan más que los no soñadores (Gackenbach, 1978), ni los meditadores tienen más sueños lúcidos que los soñadores lúcidos habituales no meditadores (McLeod y Hunt, 1983).

Para pasar de un sueño normal a uno lúcido, hay que desarrollar capacidad de atención, de memoria prospectiva y ser capaz de no quedarse atrapado en el sueño. Es lo mismo que tenemos que desarrollar en la vigilia: la capacidad de no quedarnos atrapados por nuestros pensamientos. Es recomendable hacer meditación formal sentado en una silla o en una postura tradicional de meditación. Un mínimo recomendable sería 10 minutos al día, pero si estás comprometido con la meditación y los sueños lúcidos, de 30 a 60 minutos al día, mínimo 5 días a la semana, es lo ideal. La meditación informal, es decir, la realizada en cada momento del día a día, es aún más importante. Debemos intentar sentir la respiración o la postura en cada actividad que hagamos y, sobre todo, intentar hacernos conscientes del diálogo interno, de forma que disminuya al máximo y que desarrollemos la sensación de observador, que no nos quedemos atrapados continuamente por nuestros pensamientos y emociones.

Wallace (2018) destaca que, en el camino espiritual, existen tres formas de meditación:

Shamatha

Su objetivo es alcanzar el estado natural de la mente, la atención relajada. Se atiende a la respiración, al cuerpo o al espacio vacío de la mente, dejando ir amablemente las formaciones mentales que van apareciendo, sin aferrarse ni identificarse. Ayuda a disminuir la sensación del yo.

Vipassana

Su función es indagar y comprender las tres marcas de la existencia: 1) insustancialidad de cualquier fenómeno; 2) impermanencia y cambio continuo de todos ellos, y 3) sufrimiento debido a la no aceptación de esta realidad.

Dzogchen

Permite alcanzar la comprensión del vacío y la forma, que muestran una identidad total, y, por tanto, alcanzar la no dualidad.

Si no practicamos meditación o *mindfulness* de forma habitual, al menos deberíamos entrenarnos periódicamente en sentir a fondo las experiencias del día a día, lo que hemos llamado meditación informal. Para ello, se recomienda el siguiente ejercicio propuesto por LaBerge y Rheingold (2013):

Práctica: aumentar la consciencia

Intentaremos hacer este ejercicio cada día. Todos los pasos son importantes, porque son experiencias individuales. Debemos dedicar a cada uno al menos un minuto. Para los que conocen *mindfulness*, sería hacer estas actividades en lo que se denomina modo ser (en la mente no hay diálogo interno) y no en el modo hacer habitual (cargado de continuos pensamientos sobre diferentes temas).

1. **Mirar**: tomar consciencia de lo que vemos alrededor, con aspectos como el colorido, la tridimensionalidad, el espacio vacío entre los objetos, el movimiento, el efecto de la luz sobre los objetos. Admirarnos de la belleza del mundo

2. **Escuchar**: percibir los sonidos y sus características. El distinto timbre de cada uno, su geolocalización, la intensidad, cómo se sobreponen unos a otros, cómo surgen y desaparecen continuamente.

3. **Tocar**: sentir el tacto del mundo. Sus diferentes texturas (suave o áspero; seco o húmedo), su peso, su temperatura.

4. **Saborear**: percibir el sabor de los objetos con sus diferentes aspectos (amargo, dulce, ácido, salado), la duración, el postgusto.

5. **Oler**: sentir los olores del mundo, desde los más agradables, como flores o perfumes, hasta los más desagradables, como heces o putrefacción.

6. **Sentir el cuerpo**: ¿cómo reacciona nuestro cuerpo a todos esos estímulos? ¿Cómo lo clasifica todo en agradable, desagradable o neutro?

7. **Respirar**: es la vida, este fenómeno ocurre varias veces por minuto, y no somos conscientes de nuestras respiraciones. Unas son más profundas, otras superficiales, algunas largas y otras cortas. Debemos notar el aire más seco y frío cuando inspiramos y más húmedo

y caliente cuando espiramos. La distribución por ambos conductos de la nariz también se modifica en cada respiración.

8. **Observar nuestros pensamientos**: ¿qué pensamientos predominan en nuestra mente cada día? ¿Consideramos que son reales o solo una interpretación del mundo?

9. **Observar nuestras emociones**: tomamos nota de nuestras principales emociones cada día. ¿Cuáles predominan? ¿Tenemos la sensación de que son reales?

10. **Tomar nota del «yo»**: observamos cómo nuestro mundo siempre nos incluye a nosotros, siempre «personalizamos» todo. Lo que ocurre siempre lo interpretamos en relación con nosotros, interpretando si nos beneficia o nos perjudica. Nos damos cuenta de que nosotros somos «lo que observa» todo eso, pero no tendríamos que sentirnos influidos por ello. Estamos dentro de una película en la que somos los protagonistas, pero no nos identificamos con la película, solo es eso, un juego.

11. **Observar la consciencia**: tomamos consciencia de nuestra consciencia. Es lo que observa todo y se da cuenta de los objetos y de lo que ocurre. Pero la consciencia puede volverse sobre sí misma y autopercibirse, es la consciencia de la consciencia. ¿Dónde dirigimos la consciencia en cada momento y por qué? ¿Qué buscamos en el mundo? ¿Qué nos mueve?

¿Para qué sirve esta toma de consciencia? Porque es lo mismo que ocurre en los sueños lúcidos. Si no percibimos todo esto en el día a día y vagamos como un sonámbulo por el mundo, nos ocurrirá lo mismo en el sueño. Vagaremos dormidos.

La diferencia entre el mundo de vigilia y el mundo onírico está en que el primero es autoexistente, no depende del perceptor, sigue existiendo, aunque no estemos ahí. El mundo onírico solo depende de nosotros, lo creamos en cada momento. No está sujeto a ninguna ley física ni de ningún tipo; es simplemente ilimitado, pero tenemos que creer que lo es. Cuando despertamos en un sueño lúcido, la mente sigue con sus patrones del mundo real y cree estar sujeta a sus leyes, pero no lo está. Solo tenemos que ser conscientes de todo ello.

Posturas

• POSTURA DEL LEÓN: en la tradición del «yoga del sueño» tibetano, la postura que se recomienda para dormir es la del «león dormido». Es en la que se supone que murió Buda y se le representa así en muchas pinturas y esculturas por toda Asia. Este *mudra* (gesto en el lenguaje budista) o *asana* (postura corporal en la tradición yóguica) se asociaría a sueños lúcidos. Consiste en tumbarse del lado derecho si eres varón y del lado izquierdo si eres mujer, mirando al norte (Holecek, 2020; Evans-Wentz, 1975; Wallace, 2018). Las piernas, ligeramente dobladas, en un ángulo de 45 grados y cercanas al abdomen. La palma de la mano derecha debería servir de almohada a la mejilla derecha. Hay que taparse la fosa nasal derecha con el dedo índice derecho y dejar que la saliva se junte en la garganta. Existen variaciones en las que los dedos pulgar y anular toman el pulso a las arterias del cuello y la nariz se tapona con la mano izquierda (Evans-Wentz, 1975). Se puede usar una almohada un poco más elevada, teniendo cuidado con el cuello. Hay que respirar suavemente y relajar el cuello, de forma que no se escuche ni inspiración ni espiración (Wangyal Rinppoche, 2019).

Según el budismo tibetano, esta postura produce que el viento que fluye por el canal derecho, y que es llamado «*prana* del veneno solar», un viento considerado masculino y extrovertido, no fluya. Desde la perspectiva del yoga del sueño es un *prana* negativo, porque, si fluye por este canal, tiende a mantenernos despiertos. Por el contrario, el viento que fluye por el canal izquierdo es llamado «*prana* del néctar lunar» y se considera positivo para el yoga del sueño, así como para dormir en general, e incluso para morir. Esta postura del león facilita que no entre *prana* negativo y que sí penetre el positivo. La postura y todas las demás características se invertiría en la mujer. Según el yoga del sueño tibetano (Evans-Wentz, 1975), esta postura permite al practicante pasar lúcido de la vigilia al sueño, sin que se interrumpa el flujo de consciencia.

• Sentado: es la postura en la que se duerme en el avión. Suele producir un sueño ligero, que conduce más fácilmente a la lucidez. En el Tíbet, en los retiros de tres años, tres meses y tres días, conducentes al grado de lama, era frecuente que los monjes se dejasen barba o pelo largo y se clavasen el cabello o la barba a la pared con una chincheta. De esta manera, cuando se dormían por la noche en postura de loto, si la cabeza se ladeaba ligeramente el tirón del pelo los despertaba. Esa postura generaba, con frecuencia, sueños lúcidos.

La postura puede usarse, por sí misma, como técnica para inducir el sueño lúcido. O puede considerarse una postura básica para hacer cualquiera de las otras técnicas llamadas WILD, que son las que se hacen despierto antes de caer en el sueño. No sirven para todo el mundo, por lo que debemos comprobar si nos ayudan, o no, y actuar en consecuencia.

¿En que períodos del sueño y en qué circunstancias es más probable la lucidez?

- Períodos de sueño: según los estudios realizados por LaBerge y cols. (1994), los mejores momentos para obtener sueños lúcidos son las siestas. Aunque en España usamos la palabra «siesta» refiriéndonos al sueño de la tarde, en Estados Unidos se usa la palabra *nap* en el sentido de sueño ligero, precedido por un período consciente, que puede producirse por la mañana, después de despertarse, o durante la tarde, como nuestras típicas siestas. Por tanto, la lucidez es más probable en un sueño corto, de hora u hora y media máximo, después de despertarnos por la mañana. Es diez veces más probable tener un sueño lúcido en esos momentos que por la noche. Sin embargo, la siesta de la tarde, como la entendemos en España, es menos efectiva para los sueños lúcidos que los sueños breves de la mañana (LaBerge y cols., 1994). También es más frecuente tener sueños lúcidos en la última mitad de la noche, ya que en este período la latencia hasta el sueño REM es menor.
- Actividades diurnas: los elevados niveles de actividad física durante el día (Garfield, 1976), así como las intensas emociones, incrementarían la lucidez, aunque no está claro qué tipo de emociones serían las más eficaces (Sparrow, 1976).
- Actividades nocturnas: se ha comprobado que varias actividades en mitad de la noche facilitan los sueños lúcidos, entre ellas: 1) leer o escribir después del despertar a media noche (LaBerge, 1980); 2) meditar (Sparrow, 1976), y 3) tener relaciones sexuales (Garfield, 1976). La actividad en sí no parece ser lo más importante, sino el hecho de estar consciente, más o menos durante una hora, antes de volver a dormirse.

- Variables electrofisiológicas: la lucidez es más frecuente (La-Berge y cols., 1981): a) en asociación con el período fásico del sueño REM (49%); b) en los despertares momentáneos dentro de un período REM (30%), y c) en los dos primeros minutos del inicio del sueño REM (21%). En todos ellos hay mayor activación cortical. El inicio de la lucidez suele asociarse a pausas respiratorias, respuestas bifásicas de la variabilidad cardíaca y respuestas del potencial de la piel (LaBerge y cols., 1983).

- Fenomenología del sueño: se han observado tres condiciones que suelen preceder al descubrimiento de que un sueño es lúcido: a) elevada ansiedad o estrés: esto permite concluir al soñador que la situación que produce ansiedad solo puede ocurrir en un sueño; b) detección de incongruencias en relación con las leyes de la realidad, como sentir que volamos, y c) reconocer que estamos soñando basándonos en la experiencia que está ocurriendo.

El influjo de la luna

En la tradición budista, la luna es importante porque muchos de los momentos importantes de la vida del Buda ocurren en luna llena. Esa es la razón por la que las principales festividades sean en luna llena, y, en esos días, se considera que el efecto del karma, positivo o negativo, se incrementa enormemente.

Aunque la mayoría de los estudios realizados por la psicología demuestran que la luna no tiene influencia en los actos humanos, existe un estudio que confirma que, en las 3-4 noches anteriores y posteriores a la luna llena, se produce una disminución del sueño profundo de un 30%, lo que implicaría un mayor acceso a los períodos REM (Cajochen y cols., 2013). Por tanto, los períodos cercanos a la luna llena serían especialmente útiles para intentar tener sueños lúcidos.

El depósito de enegía para la lucidez

Según cuenta Morley (2019), Lama Yeshe Rimpoché insistía en que para tener sueños lúcidos era necesario tener el depósito lleno. ¿Lleno de qué? De energía, de *prana* o de *chi*. La tradición tolteca insiste en la limitada capacidad de energía del ser humano y de cómo las actividades espirituales no son sino una redistribución de la energía para poder dedicarla a lo importante. Y el arte del sueño es uno de esos temas.

Es importante identificar lo que aumenta o disminuye la energía. Mucha gente incrementa la energía mediante las técnicas cuerpomente, como yoga, tai chi, chi kung o artes marciales; el ejercicio o el baile; la meditación en todas sus formas, como *mindfulness*, compasión u otras; siendo creativos; la risa; los actos de bondad y de conexión con otros seres humanos, o prácticas de psicología positiva como el agradecimiento (García Campayo, 2018). Por el contrario, suelen bajar la energía actividades como el uso de pantallas y nuevas tecnologías, discutir, odiar, o actividades intrascendentes como hablar por hablar o criticar.

8. Reforzadores del sueño lúcido (I): nutricionales, farmacológicos, drogas psicodélicas y otros

Sueño, luego existo.

J. AUGUST STRINDBERG, *Defensa de un loco*

En este capítulo, analizaremos todas las técnicas para inducir sueños lúcidos basadas en la ingesta de alimentos, fármacos, drogas psicodélicas y otras técnicas misceláneas, que incluyen desde la deprivación sensorial y el uso de compañeros de sueño hasta el uso de videojuegos.

Suplementos nutricionales

Pueden usarse hierbas y suplementos nutricionales para mejorar la frecuencia de sueños lúcidos. Algunos ejemplos son:

Galantamina

Es el producto que más evidencia científica posee. Es un alcaloide nootrópico, es decir, que estimula la memoria, ya que es un inhibidor selectivo, competitivo y reversible de la acetilcolina sobre los receptores nicotínicos. Existe un estudio en que se analizaron 121 personas, interesadas en sueños lúcidos, que se aleatorizaron a una dosis, de 4 y de 8 mg de galantamina, y a placebo. Tenían que: 1) dormir 3 ciclos REM; 2) recordar el sueño, para utilizar la técnica MILD; 3) tomar galantamina o placebo; 4) interrumpir el sueño durante 30 minutos, para realizar actividades tranquilas focalizadas en el sueño lúcido; 5) volver a dormir usando la técnica MILD, que se describirá en un capítulo posterior, trabajando con el sueño recordado, y 6) tras despertar, evaluar el sueño lúcido y responder cuestionarios. Comparado con el 14% de sueños lúcidos obtenidos por los individuos que tomaron placebo, la galantamina 4 mg aumentaba los sueños lúcidos el 27% (*odds ratio*: 2,29) y la galantamina 8mg, hasta el 42%. Además, se incrementaba el recuerdo de los sueños, su viveza y complejidad. Esta forma de tomar galantamina, en el último tercio de la noche y usando la técnica MILD, parece que aumentaba la frecuencia de sueños lúcidos (LaBerge *et al.*, 2018). De hecho, se han desarrollado protocolos que combinan galantamina con técnicas de inducción al sueño, como «despertarse, levantarse y volver a la cama», para incrementar la frecuencia de sueños lúcidos (Sparrow y cols., 2018).

Vitamina B

Este producto es, según Morley (2019), el más importante para facilitar los sueños lúcidos y recomienda tomar 100 mg con comida antes de dormir. Convierte aminoácidos como el triptófano en serotonina, y esto produce una activación cortical en la fase REM del sueño, lo que produce que los sueños sean más intensos. Sin embargo, un estudio controlado aleatorizado que analizó la eficacia de tomar 240 mg de Vitamina B6 antes de ir a la cama durante 5 días, en una muestra diversa de 100 participantes, encontró que la vitamina B aumentaba la capacidad de recordar los sueños, pero no aumentaba los sueños lúcidos, ni mejoraba la viveza, el color o la rareza de los sueños. Sí que disminuía el cansancio al despertar (Aspy y cols., 2018).

Otros nutrientes

Morley (2019) recomienda suplementos de calcio y magnesio, porque son claves para facilitar sueños lúcidos.

Hierbas

Son recomendadas por los expertos en sueños lúcidos (Holecek, 2020), pero sin suficiente evidencia científica que lo avale. Se incluyen: valeriana, salvia, kava, ayahuasca, yohimba, ruda siria, iboga, raíz africana del sueño (*silene undulata*), frijol terciopelo (*velvet bean*), loto azul o artemisa. Morley (2019) describe el uso de la camalonga por los chamanes del Amazonas, que aumenta la energía del individuo y facilita los sueños lúcidos.

También pueden usarse las plantas por su relación con los olores. El marqués de Saint-Denys fue el primero en usar olores para facilitar los sueños lúcidos. Se puso un perfume en un viaje que hizo a las montañas del sur de Francia y, posteriormente, ya de vuelta, cuando se ponía ese perfume por las noches, soñaba que estaba en las montañas y generaba lucidez, al acordarse de que ya no estaba en ellas (Morley, 2019). También Morley (2019) recomienda gotas de esencia de romero o hacer vahos con artemisa.

Tratamientos farmacológicos

El fármaco donepezilo también se ha usado con esta función, demostrándose eficaz (LaBerge, 2004). A 10 individuos se les evaluó tres noches, administrándoles una noche placebo, otra noche donepezilo 5 mg y la tercera donepezilo 10 mg. Solo 1 individuo de 10 reportó sueños lúcidos en las noches de placebo frente a 9 de 10 en las que se usó donepezilo. El ratio de sueño lúcido fue de 0,031 sobre 1 para las noches de placebo, 0,429 para donepezilo 5 mg y de 0,754 para donepezilo 10 mg. El donepezilo también aumentó la tasa de parálisis de sueño. Por otra parte, las dosis altas de 10 mg se asociaron a efectos adversos leves y ocasionales, como insomnio moderado, o síntomas gastrointestinales, tipo náuseas y vómitos. La importante revisión sobre las técnicas efectivas para inducir sueños lúcidos de Stumbrys y cols. (2012) considera que el donepezilo posee una eficacia media en este tema.

Aunque solo el donezepilo se ha evaluado científicamente, también se ha especulado sobre la eficacia de otras sustancias como el DMAE (2- dimetilaminoetanol), rivastigmina y huperzine, que pueden incrementar la lucidez en los sueños, alterando el sistema colinérgico, aumentando los niveles de acetilcolina cerebral (Sergio, 1988; LaBerge, 2004; Yuschak, 2006).

Drogas psicodélicas

En algunas culturas, como las chamánicas, se usan drogas psicodélicas para desarrollar estados superiores de consciencia y también para facilitar los sueños lúcidos, como se describe en los libros de Carlos Castaneda, entre otros. Por ejemplo, la marihuana tiene el efecto negativo, descrito en el alcohol y otras drogas de abuso, de disminuir la fase REM. Sin embargo, también activa el hemisferio derecho, que es el más importante durante el sueño. Por esa razón, facilitaría la aparición de experiencias como la del «cuerpo ilusorio», que es una de las técnicas orientales de inducción y que describiremos en próximos capítulos; por tanto, su uso es cuestionable.

Otras drogas, como el LSD, la psilocibina o la triptamina, incrementan la fase REM, lo que facilitaría los sueños lúcidos. La psilocibina y la ayahuasca, a microdosis y en contextos rituales chamánicos, parecen aumentar la probabilidad de experimentar sueños lúcidos (Brown, 2016).

Estímulos externos

En este área destacan la «estimulación magnética transcraneal» (TMS en inglés) y la «estimulación habitual directa transcraneal» (TDCS en inglés), que deben ser aplicadas en la fase REM (Karim, 2010; Noreika y cols., 2010), lo que incrementaría la excitabilidad cortical de las estructuras cerebrales que están supuestamente ligadas al sueño lúcido, como el córtex prefrontal dorsolateral (Hobson y cols., 2000).

Enfermedades

El único artículo sobre aparición de sueños lúcidos como resultado de una enfermedad neurológica es el de Sagnier y cols. (2015); en él se describe a dos pacientes. El primero es una mujer de 26 años con un infarto talámico anterior izquierdo y mediodorsal en un área irrigada por la arteria supramamilar, según se confirma con resonancia magnética nuclear (RMN). Presentaba sueños lúcidos a primeras horas de la mañana, además de un incremento de pesadillas y despertares nocturnos. Los sueños lúcidos incluían a profesionales sanitarios y sucesos catastróficos, como que un helicóptero se estrella y que los pacientes manifiestan agresividad. El segundo paciente es un varón de 36 años con un infarto talámico mediodorsal izquierdo, en el área de la arteria paramediana, según la RMN. Describía sueños lúcidos después del infarto, que también se producían a principio de la mañana, junto con despertares nocturnos, sin pesadillas. Los sueños lúcidos desaparecieron al mes.

Otros métodos

Deprivación sensorial y retiros de oscuridad
Aunque no existen estudios que lo avalen, la experiencia de muchos meditadores y soñadores es que la deprivación sensorial facilita la experiencia de sueños lúcidos. Los tanques de flotación, las piscinas de agua en las que uno se sumerge con gafas oscuras y reducen a cero cualquier experiencia sensorial, pueden ser una forma actual de conseguirlo (Holecek, 2021).

En las tradiciones contemplativas, sobre todo en el budismo tibetano, se utilizaban los «retiros de oscuridad». En ellos, el meditador se encerraba en cubículos o cuevas absolutamente aislados de la luz, con oscuridad absoluta, durante horas, hasta días, meses, años o, incluso, décadas. Lo habitual era permanecer 49 días, lo que dura el bardo o estado intermedio entre la vida y la muerte, según el *Libro tibetano de los muertos* (Bardo Thodol). Los retiros de oscuridad se usan en la tradición Bön, Nyngma y otras escuelas de budismo tibetano. Su objetivo es viajar por el bardo y desarrollar el cuerpo de arcoíris. Solo podían ser practicados por maestros muy experimentados y bajo supervisión. Un maestro moderno que lo ha practicado es Dilgo Khyentse. Facilitaría la aparición de sueños lúcidos, aunque en muchas personas pueden producirse sensaciones de terror, por la oscuridad extrema (Holecek, 2021).

Compañeros de sueño lúcido (Holecek, 2020)

Tradicionalmente, en la cultura budista tibetana, los yoguis del sueño trabajaban con compañeros que dormían a su lado y, cuando estaban dormidos, les susurraban frases al oído del tipo: «Ahora estás dormido. Despierta en tu sueño». Actualmente, esto puede hacerse de forma más efectiva aún, porque el compañero puede saber cuándo estamos en fase REM por: a) el movimiento de los ojos bajo los párpados; b) por el tiempo que llevas durmiendo, calculando los ciclos, y c) por los movimientos musculares. LaBerge y Rheingold (2014) recomiendan el uso de estos compañeros de sueño en técnicas denominadas WILD, que veremos posteriormente: técnicas que se utilizan a partir del estado de despierto, en el proceso de transición al sueño.

Videojuegos y realidad virtual

Algunos autores, como la psicóloga y estudiosa de los sueños lúcidos Jayne Gackenbach (Gackenbach y Karpen, 2007), han descrito que el uso de videojuegos antes de dormir aumenta los sueños lúcidos. Estos juegos constituyen una realidad alternativa, igual que los sueños, por lo que se potencian mutuamente. El control que se desarrolla sobre los videojuegos puede trasladarse al sueño, ya que el entorno de los videojuegos es similar al onírico. Otros autores han confirmado este hecho (Gott y cols., 2021).

Los videojuegos con un alto nivel de inmersión en entornos ficticios aumentan los sueños lúcidos, sobre todo cuando son físicos e interactivos, como la Wii Fitness® (un aparato tipo videojuego para hacer deportes y otros juegos con activación muscular). No hay una relación directa entre el tiempo que se permanece jugando o la involucración con el juego y la experiencia de sueños lúcidos. Lo que existe es una mayor integración de los contenidos del juego en los sueños cuanto más tiempo se está jugando y más involucración con los juegos exista. Y, posteriormente, conforme estos contenidos de los videojuegos se integran en los sueños que se recuerdan, más sueños lúcidos y control sobre los sueños existe (Tai y cols., 2017).

9. Reforzadores del sueño lúcido (II): dispositivos electrónicos

Tus más finas aventuras
en desventuras se vuelvan,
en sueños tus pasatiempos,
en olvidos tus firmezas.

<small>MIGUEL DE CERVANTES</small>
El ingenioso hidalgo don Quijote de la Mancha

En este capítulo nos centraremos tanto en los dispositivos electrónicos usados para incrementar los sueños lúcidos como en las técnicas específicas basadas en estos dispositivos. La mayor parte de estos dispositivos y técnicas se usan durante el sueño REM.

Dispositivos electrónicos usados fuera del sueño REM

ALFA NEUROFEEDBACK: se analizó en un estudio de laboratorio con muy buena calidad metodológica, en el que se empleó el entrenamiento mediante *neurofeedback* de la actividad electroencefalográfica (EEG) alfa cerebral antes de dormir, para inducir sueños lúcidos

(Ogilvie y cols., 1982). Estaba basado en la hipótesis de que el sueño lúcido se asocia a la sincronización de la actividad alfa cerebral. Sin embargo, este entrenamiento no solo no mejoró los sueños lúcidos, sino que tampoco modificó los niveles de alfa cerebral en el período REM. Por tanto, en esta revisión se confirmó que la técnica no era útil (Stumbrys y cols., 2012).

Dispositivos electrónicos usados durante el sueño REM

La pregunta clave a la que responden estas intervenciones es: «¿Puede un estímulo externo de baja intensidad (para no despertar), presentado durante el sueño REM, desencadenar el recuerdo de desear estar lúcido?». Porque el problema es que, por mucho que durante el día uno se proponga estar lúcido, no es fácil recordarlo durante el sueño. Esta «transferencia» del estado de despierto al de sueño es el gran problema de muchas técnicas. Otro problema es la intensidad del estímulo, que tiene que ser suficiente como para incorporarlo en el sueño, pero no tan intenso como para despertar al sujeto (Hearne, 1983). En cuanto al momento para usarlo, el mejor parece ser durante la fase activa o fásica del sueño REM.

Son múltiples los instrumentos electrónicos utilizados para incrementar los sueños lúcidos. Algunos de los más importantes son:

Máscaras de sueño

Pueden usarse las máscaras de sueño, originalmente concebidas por LaBerge en 1985, que son una especie de gafas acolchadas y ligeras que monitorizan el sueño del individuo. Las marcas más utilizadas son Remee® (diseñado por los estadounidenses Duncan

Frazier y Steve McGuigan), Novadreamer® o Somni®. Contienen un acelerómetro y varias lámparas led rojas. Cuando el antifaz detecta los movimientos rápidos del ojo, lo que indica que estamos en fase REM, comienza a arrojar señales externas, que el usuario es capaz de reconocer con facilidad. Esos led hacen que sea posible la creación de señales lumínicas únicas, haciendo que generen una serie que estimule el campo visual de una manera más tangible y puedan ser reconocidas por la persona que lo ha creado. Además, la luz roja penetra la piel mucho más fácil que la luz de otros colores.

En algunos modelos se pueden cargar audios de entrenamiento. Antes de irse a dormir, el usuario se coloca el antifaz, ajusta el brillo de la luz y luego se va a dormir. Lo que el individuo siente es que se filtran en los sueños objetos luminosos, o se ilumina intensa y súbitamente el paisaje en que nos encontramos. El estímulo interno se incorpora en el sueño como una característica más, similar a lo que ocurre cuando uno tiene ganas de orinar o hace frío externo, que también se incluye en el sueño.

Monitorizadores del sueño

Existen otros instrumentos que monitorizan el sueño, como el Sleeptracker®, Basis Peak®, Sleep Tracker®, Neuron Open® o Aurora Dreamband®, entre otros. Describen nuestros ciclos de sueño y cuántas veces entramos en sueño REM, midiendo las bioseñales mediante un electroencefalograma, electromiograma o electrooculograma y, de esta forma, miden las ondas cerebrales, la actividad muscular o el movimiento de los ojos, respectivamente.

Aplicaciones para móvil

La aplicación para móvil Dream On®, diseñada por el psicólogo

Richard Wiseman, monitoriza los movimientos y detecta cuándo estamos durmiendo. Entonces produce sonidos que están relacionados con el sueño que queremos tener, por ejemplo, sonido de pájaros, para soñar que estamos en la naturaleza. Pretende influir en el sueño para que el individuo pueda soñar con el tema que quiera. Consiguió medio millón de descargas en todo el mundo en solo seis semanas. Otras app conocidas son DreamZ,® Lucid Dreamer®, Lucidity® o Awoken®. Funcionan como chequeadores de la realidad, generando alarmas, estímulos binaurales, o produciendo otros estímulos que ayudan a reconocer el sueño para que sean lúcidos.

Técnicas específicas basadas en dispositivos electrónicos usados durante la fase REM

Algunas de estas técnicas pueden ser usadas por un individuo particular en su casa, mientras que otras muchas deben ser evaluadas exclusivamente en un laboratorio y con intervención de profesionales externos. Describiremos qué técnicas corresponden a cada caso. La mejor revisión sobre el tema de la eficacia de las técnicas utilizadas para desarrollar sueños lúcidos, realizada por Stumbrys y cols. (2012), describe los siguientes sistemas de refuerzo:

• Estímulos externos: Stumbrys y cols. (2012) describen 11 estudios que analizan estímulos externos para desencadenar sueños lúcidos durante el período REM. De ellos, 7 se realizan en laboratorio y 4 en estudios de campo. Emplean estímulos luminosos, acústicos, vibrotactiles, electrotactiles, vestibulares y acuosos.

a) Luminosos: uno de los estudios se realizó en un laboratorio experimental (LaBerge y cols., 1988), y otros tres son estudios de campo con instrumentos comerciales accesibles y especialmente construidos para este fin, como son DreamLight®, DreamLink® y NovaDreamer®, que producen estímulos visuales durante el sueño REM (LaBerge, 1988; LaBerge y Levitan, 1995; Levitan y LaBerge, 1994). Los estímulos visuales parece que pueden ser incorporados exitosamente en el sueño y desencadenar lucidez (LaBerge y Levitan, 1995; LaBerge y cols., 1988). La revisión de Stumbrys y cols. (2012) considera que los estímulos luminosos son una técnica eficaz para desarrollar sueños lúcidos. Por otra parte, es la técnica más sencilla para ser usada por un individuo en su domicilio. Parece que los estímulos luminosos serían menos eficaces que la técnica MILD, y que la asociación de ambas resultaría lo más eficaz (LaBerge, 1988; Levitan y LaBerge, 1994).

b) Acústicos: se usaron estímulos acústicos, como una voz que decía «esto es un sueño», un tono musical o un zumbido, y se aplicaron en tres estudios de laboratorio (Kueny, 1985; LaBerge y cols., 1981; Ogilvie y cols., 1983) y en un estudio de campo (Reis, 1989). Se utilizó un audio, grabado por el sujeto, que repetía constantemente: «Esto es un sueño», en un tono que iba incrementándose progresivamente, durante los 5-10 minutos posteriores al inicio del sueño REM. Los estímulos acústicos aumentaron la probabilidad de sueños lúcidos (LaBerge y cols., 1981), ya que consiguieron que 5 de los 15 sujetos los desarrollasen en 1-2 noches. Aunque los datos no son concluyentes, ya que en otros estudios no fue eficaz (Kueny, 1985; Reis, 1989).

El estudio de Kueny (1985) analizó 41 sujetos a los que se realizó en casa un entrenamiento de 3 semanas para practicar técnicas de inducción, incluyendo técnicas como MILD o Tholey, que veremos más tarde. Con esto se les evaluó 4 noches de laboratorio, las dos primeras eran de control y las siguientes, de intervención. Antes de dormir, tenían 15 minutos para asociar la cinta con la lucidez. Les fueron puestas cuatro tipos de cintas: 1) voz masculina que decía: «Esto es un sueño»; 2) frase musical de 3 segundos cada 20 segundos, y 3) y 4) las dos anteriores, pero aumentando 5 decibelios cada intervalo. En el estudio, en el que 11 sujetos de los 41 tuvieron sueños lúcidos, no hubo diferencias entre usar o no la inducción auditiva. Tampoco había diferencias entre un tono musical y una voz, pero aumentar el volumen progresivamente fue más eficaz que un volumen constante.

El estímulo acústico durante el sueño REM con escasa actividad alfa es más efectivo que si la actividad alfa es elevada (Ogilvie y cols., 1983), pese a que algunos estudios sugieren que los sueños lúcidos se asocian a una elevada actividad alfa (Ogilvie y cols., 1982). En conclusión, según la revisión de Stumbrys y cols. (2012), esta técnica tiene una eficacia solo moderada en el desarrollo de sueños lúcidos.

En un estudio de sujeto único (Price y Cohen, 1983), con estímulos auditivos durante 28 noches, se comprobó que el número de sueños lúcidos se incrementaba extraordinariamente con el tiempo. La forma de confirmar la lucidez varió: no se evaluó una única vez por sueño, sino que cada escena que configura el sueño lúcido se juzgó de forma independiente. Esto es muy importante, porque no se mantiene la lucidez toda la fase REM y, de esta forma, la medida de lucidez es mucho más fiable. Durante las primeras 15 noches, apenas había sueños lúcidos, pero, desde la noche 16, los hubo todas las noches, a partir de la 20, varias veces por noche y, las últimas noches, aparecieron sueños lúcidos en el 100% de las escenas del sueño. Se hipotetiza que las causas fueron: a) el estímulo auditivo como tal, y b) el *biofeedback* que se daba al sujeto durante tantos días le pudo hacer experto en el tema.

c) TÁCTIL:

• **Acuoso:** en un estudio de laboratorio (Hearne, 1978), se aplicó el estímulo acuoso en forma de agua lanzada a la cara o a las manos de 10 participantes. El 60% de los participantes incorporaron símbolos acuáticos al sueño, pero no alcanzaron la lucidez. La revisión de Stumbrys y cols. (2012) considera que esta técnica no tiene ninguna eficacia para desarrollar sueños lúcidos.

• **Vibrotáctil:** un estudio de campo analizó la estimulación vibrotactil aplicada en la muñeca. Se comprobó que, usada en combinación con la verificación de la realidad (una técnica que describiremos en próximos capítulos) o con estímulos acústicos, producía sueños lúcidos, pero, debido a la gran variedad de condiciones experimentales, como sesiones recibidas y su duración, fue difícil generalizar los datos (Reis, 1989).

• **Electrotáctil:** en un estudio de laboratorio se aplicó un estímulo eléctrico de mediana intensidad en la muñeca, concretamente en el nervio mediano (Hearne, 1983). A los experimentadores se les había dado instrucciones presueño para que reconociesen el estímulo. Se obtuvo una moderada tasa de éxitos, ya que, de 12 individuos, solo 6 alcanzaron la lucidez por la estimulación eléctrica. Otros dos alcanzaron la lucidez, pero se despertaron físicamente cuando percibieron las señales, y otro alcanzó la lucidez, pero tras percibir falsamente la estimulación. En ambos casos, la revisión de Stumbrys y cols. (2012) considera que estas técnicas tienen una eficacia solo moderada para desarrollar sueños lúcidos. Basándose en este estudio, Hearne (1983) diseñó una «máquina de sueño» portátil para ser usada en el domicilio, que detectaba el sueño REM y producía una descarga eléctrica leve. El autor no reportó eficacia, pero Venus (1982) sí, con escasa eficacia. De los tres sujetos estudiados, solo en dos ocasiones se incorporó al sueño el estímulo eléctrico y nunca produjo lucidez.

d) Vestibular: un estudio analizó el estímulo vestibular meciendo, con una frecuencia constante, a los participantes que dormían en una hamaca durante el sueño REM. Parece que el estímulo favorecía el sueño lúcido, sobre todo en los períodos REM tempranos, no en los de última hora (Leslie y Ogilvie, 1996). La revisión de Stumbrys y cols. (2012) considera que esta técnica tiene una eficacia solo moderada para desarrollar sueños lúcidos.

Otra técnica relacionada es la estimulación vestibular galvánica, que estimula directamente el sistema vestibular (Noreika y cols., 2010), el cual está ligado a los sueños lúcidos (Leslie y Ogilvie, 1996). Esta técnica no ha sido evaluada científicamente.

Los estudios de LaBerge con dispositivos electrónicos: una visión desde el soñador y el desarrollo de Dreamlight®

LaBerge (LaBerge y Rheingold, 2014) relata que, cuando empezó a desarrollar la técnica MILD de inducción del sueño lúcido, comprendió que un tema clave sería introducir una señal externa en el sueño que avisase al individuo de que estaba soñando. Con la Universidad de Stanford empezó a estudiar cuál sería la forma más fácil. Empezó con cintas grabadas que sonaban cada cierto tiempo y decían: «Esto es un sueño» (LaBerge y cols., 1981). Se reproducía cada vez más alto con altavoces encima de su cama. De 15 veces se consiguieron

5 sueños lúcidos; en 3 casos, el individuo oyó la cinta e inmediatamente despertó, y en otros 2 casos aseguraban no haber oído la cinta en el sueño. De los 10 casos en que no hubo sueños lúcidos, en 8 se despertaron físicamente y en 2 no entendieron la señal, aunque la oyeron. En uno de ellos, ocurrió el hecho sorprendente de que un personaje del sueño le dijo que estaba soñando, pero el individuo no le hizo caso. La conclusión fue que se podían incorporar estímulos externos al sueño para hacerlo lúcido.

Hacía muchos años que Dement y Wolpert (1958) habían demostrado que los estímulos táctiles se incorporaban a los sueños mejor que los auditivos. Por eso, LaBerge dirigió una tesis a Rich (1985), evaluando la eficacia de los estímulos táctiles, utilizando una vibración aplicada a través del colchón cuando el individuo estaba en fase REM. A los voluntarios se les entrenó, previamente, de forma que portaban los días anteriores unos vibradores en los tobillos. Cuando notaban la vibración, tenían que hacer una comprobación de estado y, además, se proponía que, cuando sintiesen una vibración en sueños, tenían que reconocer que estaban soñando. De los 18 sujetos del estudio, 11 (61,1%) tuvieron sueños lúcidos en una o dos noches que estuvieron en el laboratorio. En total, fueron 17 sueños lúcidos asociados a la vibración. La forma de experimentarlo, a menudo, era la sensación de que el sueño se derrumbaba, de que entraba en caos. Aunque el estímulo táctil parecía lo más efectivo hasta ese momento, dadas sus dificultades técnicas, fue abandonado (LaBerge y Rheingold, 2014).

Así fue como se acabó en el estímulo luminoso. La luz se pensaba que podría ser incorporada al sueño sin que se viviese de forma amenazadora. LaBerge y cols. (1988) realizaron el primer estudio con estímulos lumínicos: unas gafas de buceo especiales a las que se les había aplicado unas luces rojas. Había un ordenador conectado a las gafas para detectar cuándo se iniciaba el sueño REM y, en ese momento, se encendía la luz. Los resultados fueron espectaculares: en 58 noches en el laboratorio, se habían conseguido 50 sueños lúcidos. Los individuos que más se beneficiaban eran los que ya tenían sueños lúcidos. Así, de los 17 individuos que tenían al menos un sueño lúcido al mes, 17 (68%) volvieron a experimentarlo, mientras que de los 19 que no los experimentaban habitualmente, solo 5 (26%) lo consiguieron. Por tanto, la estimulación lumínica parecía muy efectiva. El paso definitivo sería que el instrumento que la produjese fuese portable, para que el individuo pudiese experimentarlo en su cama, no en el laboratorio (LaBerge y Rheingold, 2014).

En los años siguientes, LaBerge colaboró con la Universidad de Stanford y, progresivamente, consiguieron desarrollar un prototipo eficaz y lo más portable posible. Se hicieron diferentes estudios con este equipo, que se denomino DreamLight® y que recomiendo para todos los que se inician en estas técnicas. Se observaron tres temas importantes:

1. La estimulación lumínica con DreamLight® era eficaz, pero no más que técnicas eficaces como MILD. La asociación de ambas sí que aumentaba el resultado considerablemente.
2. El aparato «per se» no era suficiente, sino que era necesaria una preparación psicológica previa para que fuese efectivo.
3. Una dificultad importante consistía en identificar, para cada individuo, cómo se incorporaba la luz en el sueño; existían varios modelos.

Este último tema era clave. Muchos sujetos perciben la luz, pero la incorporan de forma «racional» al conjunto del sueño y no aumenta su lucidez. La psicóloga Jayne Gackenbach (Gackenbach y Bosveld, 1989), gran experta en el tema, asegura que «los seres humanos tenemos una resistencia psicológica a la posibilidad de volvernos lúcidos mediante una señal». Sin embargo, LaBerge y Rheingold (2014) no lo ven así, y consideran que, simplemente, es un estímulo más que hay que reconocer y para lo que se deben preparar. Estos autores, referentes absolutos en el tema, desarrollaron la siguiente clasificación de formas de incorporarse el estímulo luminoso al sueño.

Formas de incorporarse la señal lumínica al sueño

1. **Como un estímulo similar al real**: el soñador percibe la luz como en la vida real. Por ejemplo: «Era luz parpadeante similar a lo que veo en la vida real».

2. **Como una luz superpuesta sobre la escena del sueño**: una luz ilumina el sueño y no parece provenir de una fuente concreta. Por ejemplo: «La luz llenó todo el espacio».

3. **Como un patrón luminoso superpuesto a la escena**: se ven patrones brillantes, a veces psicodélicos, difusos, más o menos organizados. Por ejemplo: «Veo luces de varios colores que cambian continuamente».

4. **Como un parpadeo en la escena onírica**: se ven fluctuaciones de luz, tipo parpadeo, con una cadencia similar a la real. Por ejemplo: «Vi una luz intermitente en el entorno».

5. **Como parte de las imágenes de los sueños**: alguno o varios objetos parpadean periódicamente. Por ejemplo: «Parpadeaban las luces de la habitación».

¿Son diferentes los sueños lúcidos generados con estímulos luminosos frente a los espontáneos?

Autores como Gackenbach y Bosveld (1989) consideran que son de menor calidad y menos evolucionados psicológicamente que los espontáneos. Se basan en la experiencia con un único sujeto, comparando 18 de sus sueños lúcidos espontáneos e inducidos. Ese individuo estudiado relató más escenas de sexo y menos de volar en los sueños inducidos con estímulos luminosos.

Sin embargo, LaBerge y Rheingold (2014) son críticos, porque un posterior reanálisis de esos datos terminó confirmando que no había diferencias en cuanto al número de escenas de sexo entre ambos y que el mayor número de escenas de volar puede explicarse porque son señales oníricas, que son las que desencadena el despertar en algunas ocasiones. Hecha esa corrección, las diferencias eran nulas. No obstante, sería lógico que hubiese algunas diferencias, sobre todo en las primeras escenas, porque «el nivel de consciencia» que se tiene en un sueño lúcido espontáneo es mayor que en uno inducido, en el que la ayuda del estímulo externo es decisiva. En general, no parece que haya diferencias en calidad, viveza o características entre sueños lúcidos espontáneos e inducidos. Por eso, y aunque son necesarios más estudios, la eficacia del DreamLight® está fuera de duda.

10. La importancia de recordar los sueños y de trabajar sobre ellos

Un sueño es un guión,
y muchos guiones no son otra cosa que sueños.

UMBERTO ECO, *El nombre de la rosa*

Si queremos empezar a tener sueños lúcidos, el paso inicial imprescindible es recordar los sueños, porque sin sueños, no hay sueños lúcidos. Es posible que hayamos tenido algún sueño lúcido y que, simplemente, no lo hayamos recordado. Por otra parte, para tener un sueño lúcido hay que recordar en el sueño que es un sueño, por tanto, debemos estar familiarizados con cómo son nuestros sueños y qué circunstancias «extrañas» predominan en ellos.

Antes de empezar a usar las técnicas de inducción del sueño, deberíamos poder recordar al menos un sueño cada noche. Si no, tendríamos previamente que trabajar sobre el recuerdo de los sueños (LaBerge y Rheingold, 2013). Para ello, se deben realizar tres actividades: 1) utilizar estrategias para recordar mejor los sueños; 2) llevar un diario de sueños, y 3) analizar los sueños para encontrar patrones y «signos del sueño».

1. Utilizar estrategias para recordar mejor los sueños

Algunas de las principales recomendaciones son:

- DORMIR MÁS HORAS: si estás descansado, es más fácil concentrarte en tu objetivo de recordar los sueños y no te importará dedicar tiempo a escribirlos. Otra razón, aún más importante, es que los ciclos de sueño REM se vuelven más largos, sobre todo al final de la noche. En el primer ciclo, el período REM puede ser de solo 10-15 minutos, pero, al final de la noche, si llevas durmiendo varias horas, puede durar 45-60 minutos.

- DESPERTARTE DESPUÉS DEL SUEÑO REM: en cada ciclo REM, podemos tener un sueño, por lo que es fácil que tengamos varios sueños cada noche. Lo habitual es tener un ciclo REM y luego un breve despertar, que tiende a olvidarse y, después, nuevo ciclo. Los soñadores aceptan el hecho de que el sueño solo puede recordarse si te despiertas inmediatamente después. Si luego se produce un nuevo ciclo REM, es muy difícil recordar el sueño del ciclo anterior. Por eso se intentan despertar después de cada período REM. Como los ciclos duran unos 90 minutos, lo ideal es ponerse el despertador en múltiplos de 90 minutos después de acostarse. Por tanto, tendrías que programar el despertador para pillar el último ciclo: a las 4 horas y media, a las 6 horas, y a las 7 horas y media tras acostarte.

- EL PODER DE LA INTENCIÓN O MOTIVACIÓN: el deseo de recordar los sueños es muy relevante para que nos acordemos de ellos. Por eso, antes de irnos a la cama debemos recordárnoslo varias veces: «Deseo recordar los sueños de esta noche», o una frase similar. Además de repetírnoslo varias veces, idealmente hasta que nos durmamos, tendríamos que poder visualizarlo. Tendríamos que imaginarnos al día siguiente recordando los sueños y escribiéndolos en una libreta. Y observar ese diario abarrotado de sueños que hemos recordado. Por último, tenemos que sentirlo. Sentir que nos despertamos y que los recuerdos del sueño y las emociones que nos producen están ahí. Podemos pensar en lo interesante que será tener un sueño lúcido y que, por eso, vale la pena esforzarse en ello. Conforme vayamos adquiriendo maestría en recordar los sueños, este ejercicio no será necesario.

• ENTRENAR LA TÉCNICA DE RECORDAR EL SUEÑO: es importante entrenar la técnica, porque esta práctica no suele ser habitual. Una forma de reforzar esta habilidad es ponernos alguna alarma durante el día y, a partir de ese momento, **recordar los pensamientos** que hemos tenido en los 3 minutos anteriores. Si estábamos soñando despiertos, intentamos capturar las imágenes, que es lo más cercano a recordar un sueño. Este es un proceso bidireccional, realizado durante el día, que nos permitirá influir en los sueños y su mejor recuerdo. Otra forma de desarrollar esta habilidad es **durante la práctica de** *mindfulness* **o meditación:** periódicamente, debemos observar el proceso de divagar. Cuando la mente pierda el objeto de meditación y permanezca unos segundos con diálogo interno o con imágenes, intentaremos reconstruir desde el último pensamiento (el que nos ha permitido darnos cuenta de la divagación), hacia atrás, toda la cadena discursiva. Es el mismo proceso que el de recordar un sueño. Estas técnicas nos ayudarán a recordar los sueños, como ha sido demostrado en diferentes estudios (Marzano y cols., 2011) que confirman que el proceso de recordar los sueños es el mismo que el de recordar los sucesos de la vida diurna. En una situación ideal, los sueños podrían ser contados y compartidos en un entorno seguro, como hacen tradicionalmente los indios zápara, costumbre que refuerza el recuerdo y la importancia que se da a los sueños (Bilhaut, 2003). Los estudios confirman que los individuos predispuestos al ensimismamiento, la imaginación y la fantasía recuerdan mejor los sueños (Watson, 2003).

- DESPERTARSE DE FORMA ADECUADA: deberíamos entrenarnos para que, nada más despertarnos, nos preguntásemos: ¿Qué estaba soñando? Nada difumina más el recuerdo del sueño que despertarse de forma apresurada. Las pautas que deberíamos seguir al despertarnos son las siguientes:

  - Despertarse despacio y sin movimiento: al despertarte, no hay que moverse, ni siquiera abrir los ojos. El movimiento activa la consciencia del período diurno y elimina el sueño. Acordarse de esto requiere práctica. Si nos movemos por olvido, deberíamos volver a la posición última del sueño y, desde ella, recapitularlo.
  - No pensar en las actividades que nos esperan ese día. Centrarnos en recordar el sueño exclusivamente. En la postura en que hemos despertado, intentar recordar el sueño de atrás hacia delante, hasta donde la memoria alcance. Podemos intentar revisualizar el sueño para recordarlo mejor. Incluso, en raras ocasiones, podríamos volver a reexperimentar el sueño.
  - Recomponer los fragmentos: si no recordamos nada, nos preguntamos: ¿Qué estaba pensando? ¿Qué sentía? Examinar pensamientos y sentimientos puede darnos el material necesario para recordar. Pocos pueden recordar todo el sueño. Hay que empezar por lo que recordemos y, por asociación,

aumentarán los fragmentos. Si no recordamos otra cosa, al menos apuntar nuestras emociones. ¿Cómo nos sentimos?

- Cambiar de posición: cuando ya no recordemos nada más en la posición en que estamos, hay que hacer pequeños movimientos en la cama, buscando si en una de esas otras posiciones recobramos algunas de las memorias del sueño, ya que estas se reactivan desde la última posición del sueño.

- Recordar durante el día: es posible que, aunque no recordemos nada al despertar, alguna de las actividades del día nos recuerde lo que hemos soñado. Debemos tomar nota de esos recuerdos en nuestro diario, aunque se produzcan a cualquier otra hora del día.

Tanto en el proceso de recordar los sueños como en cualquier otra actividad, la maestría la da la práctica, y los progresos son lentos. No hay que desesperarse si los resultados tardan. Aparecerán seguro si les dedicamos tiempo.

2. Llevar un diario de sueños

Diario del sueño

El elemento clave para recordar el sueño es tener un diario de sueños. Debe ser un diario bonito, al que tengamos cariño, y no una libreta pequeña y desvencijada. Es una muestra de la importancia que damos al tema.

Cada noche tendríamos que tener una libreta en la mesilla o cerca de la cama. Y, por la noche, apuntar fecha y hora en que nos vamos a dormir, para saber nuestras pautas de sueño y para mandar a la mente el mensaje de que al día siguiente seguiremos escribiendo. Debe estar siempre en un sitio fijo, para que no tengamos que ir a buscarla por la mañana no se sabe dónde. Y, en cuanto nos despertemos, ya sea de día o en algún período de la noche, apuntarlos. Deberíamos preguntarnos sistemáticamente: «¿qué he soñado hoy?». Y escribir cualquier retazo, por corto que sea. Debemos usar palabras clave, no hace falta que sea una novela. Ya ampliaremos cuando tengamos más tiempo o estemos más despejados, pero hay que anotar las ideas fundamentales.

Debemos hacerlo inmediatamente. Se considera que el 50% de los sueños se pierde a los 5 minutos y el 90%, a los 10 minutos (Tucillo y cols., 2014), por lo que, si no escribimos inmediatamente lo recordado, se pierde.

Debemos poner la fecha y titular los sueños, aunque podemos hacerlo a posteriori. Conviene escribirlos en presente, para que sean mucho más vívidos. Y es clave que apuntemos si fue lúcido o no y qué patrones nos permitieron identificar la lucidez, porque es posible que nos sirva en futuras ocasiones.

Hay que describir los personajes y sus características, las acciones que se producen y objetos que aparecen, sonidos y olores, cómo nos sentimos. Hay que enfatizar todo lo extraño, lo no habitual. Eso son signos del sueño (por ejemplo, un burro que vuela o que habla). Podemos dibujar alguna de las cosas que salen en el sueño.

Dejaremos una página en blanco después de cada sueño, para los ejercicios que luego comentaremos.

La mayor dificultad es la pereza, generalmente producto de no valorar la importancia de los sueños. Sin ese diario de sueños y sin el recuerdo casi sistemático de los sueños cada noche, es casi imposible tener sueños lúcidos. La práctica nos demostrará que lo que se recibe al escribirlos es mucho más que el esfuerzo que, sin duda, requiere. El marqués de Saint-Denys, sinólogo francés del siglo XIX, era un experto soñador. Defendía la importancia del diario de sueños y desarrolló técnicas para inducirlos. Podía tener estos sueños una media de dos veces por semana (Tucillo y cols., 2014).

¿Qué deberíamos recordar?

Cada noche tenemos 4 o 5 períodos REM, por lo que deberíamos recordar 1 o 2 sueños cada día, no solo fragmentos de sueños. Si ya estamos en este nivel, esta técnica no nos hace falta, pero, en caso contrario, debería constituir nuestro primer objetivo. A las personas que dicen que no sueñan lo que les ocurre, realmente, es que no recuerdan los sueños.

3. Analizar los sueños para encontrar patrones y «signos del sueño»

Una vez que el recuerdo de los sueños ha aumentado lo suficiente y hemos podido escribir en nuestro diario de sueños durante bastante tiempo, podemos empezar a realizar este ejercicio. Es un trabajo a largo plazo, de meses, porque requiere analizar material onírico de bastante tiempo.

Los sueños acumulados nos van a permitir: a) analizar los sueños, y b) detectar las señales oníricas. Por un lado, nos van a permitir analizar nuestros sueños. No estamos hablando de una interpretación específica de los sueños como se hace en algunas escuelas psicoanalíticas. Sigmund Freud, el padre del psicoanáisis, en su obra seguramente más influyente *La interpretación de los sueños*

(Freud 1988; 2013), ofrece una exhaustiva guía para poder analizarlos. Aquí nos referimos a conocer ciertos aspectos de nosotros mismos. Algunos de los más relevantes son: el tipo de relación que mantenemos con otras personas, hábitos que necesitamos conocer o vigilar, o deseos insatisfechos o contradictorios que pueden salir a la luz. Existen diferentes técnicas para trabajar con los diarios de sueños (Delaney 1988; Ullma y Zimmerman, 1979; Garfield, 1974), aunque la interpretación de los sueños no es un elemento relevante para nuestra tarea.

Desde la perspectiva de los sueños lúcidos, lo importante es analizar **las señales del sueño**: son las incongruencias, los errores, los absurdos de los sueños. Nos permitirán identificar que estamos en un sueño; y en cada persona tienden a mostrar un patrón reiterativo. Para identificarlos, se recomienda trabajar así (LaBerge y Rheingold, 2013): deberíamos empezar a señalar, con diferentes colores, materiales que se repitan con alguna frecuencia. Pueden ser situaciones (por ejemplo: escapar, viajar, dar clase), personas, lugares, objetos. También deberíamos hacer un listado de situaciones extrañas que nos ocurran en el sueño (por ejemplo: seres increíbles, personas que son mezcla de personas reales, lugares fantásticos, etc.). La idea es sensibilizarnos con los patrones a) recurrentes, para incluirlos en la memoria prospectiva, como luego describiremos, y b) fantásticos, extraños, para memorizarlos e intentar asómbrarnos en el sueño, cuando aparezcan, y hacer un chequeo de la realidad.

Estos elementos se denominan «señales oníricas», son temas personales importantes para nosotros que tienden a ser recurrentes; pueden ser el hilo que nos lleve al laberinto de la lucidez. Este ejercicio es una especie de mapa de nuestros sueños raros o recurrentes, para poner la lupa en ellos, para ser más consciente en esos momentos y hacer un chequeo de estado. Si hemos identificado señales oníricas, antes de ir a dormir tendríamos que repetirnos que vamos a estar atentos a si aparecen dichas señales. Por ejemplo, «la próxima vez que aparezca mi padre fallecido, intentaré darme cuenta de que estoy soñando».

Categorías de señales oníricas

Se considera que hay cuatro principales, y cada una de ellas se divide en subcategorías (LaBerge y Rheingold, 2013):

1. CONSCIENCIA: sería lo que le sucede al soñador, al «yo» durmiente. Incluye:
- Pensamientos: peculiares, repetidos, destacados (por ejemplo: «pensé en el secreto de la inmortalidad, descubrí la fórmula de la piedra filosofal»).
- Emociones: intensas, conmovedoras, inesperadas, contradictorias (por ejemplo: «incomprensiblemente, me sentí muy atraído por..., lloré al encontrarme con...»).
- Sensaciones: absurdas, inesperadas, incomprensibles (por ejemplo: «una mano salía de dentro de mi cuerpo, veía los objetos como si hubiese tomado LSD»).

2. ACCIONES: insólitas o imposibles fuera de los sueños. Realizadas por nosotros o por otros personajes. Los objetos que funcionan de forma diferente a la realidad, o acciones que nunca haríamos o esperaríamos en otros. Incluye:

- Realizadas por nosotros (por ejemplo: «volví volando, andaba bajo el agua, hice una intervención quirúrgica»).
- Realizadas por otras personas o animales (por ejemplo: «la vaca me habló, mi amigo voló en un coche»).
- Realizadas por objetos (por ejemplo: «el sol se apagó, el chocolate andaba, el plato me habló»).

3. FORMAS: nuestro aspecto o el de las personas y animales que aparecen se deforman, multiplican o cambian de algún modo. A veces son cambios menores, como un peinado diferente o una ropa atípica. Incluye:
- Forma del yo (por ejemplo: «ser de distinto sexo al real, soy Napoleón, soy una vaca»).
- Forma de los humanos y animales (por ejemplo: «era una mezcla de ratón y elefante, fulano era calvo cuando no lo es, vi un centauro»).
- Forma de los objetos (por ejemplo: «las calles parecían un gusano, la habitación latía, mi casa era gigante»).

4. CONTEXTO: el lugar donde se desarrolla el sueño es extraño o imposible. El tiempo en el que se produce no es el actual. Los objetos o personajes están fuera de lugar. Incluye:
- Papel o lugar del yo (por ejemplo: «soy presidiario, vivo en Nueva Guinea-Papúa»).
- Papel o lugar de los personajes (por ejemplo: «estoy casado con mi jefa, mi hijo pequeño vivía en Japón»).
- Lugar de los objetos (por ejemplo: «mi coche estaba en la azotea, los autobuses volaban»).
- Tiempo (por ejemplo: «estábamos en la época de la antigua Grecia, el sueño estaba situado en el año 3000»).

Los estudios científicos confirman que en los sueños en que existen más señales del sueño es más fácil despertar. Y que los grupos de señales que más inducen la lucidez son las de consciencia y de acción. Entrenarse en la vida diaria para detectar estas señales del sueño incrementaría la lucidez (Levitan, 1992).

Las primeras investigaciones sobre las señales del sueño las llevaron a cabo los doctores Stephen LaBerge y Howard Rheingold en 1990 (LaBerge y Rheingold, 2014). A partir de los experimentos con muchos soñadores lúcidos, determinaron qué signos de sueño eran los más frecuentes como inductores de lucidez. Por orden de efectividad al inducir consciencia durante el sueño, se establecieron los siguientes signos (Levitan, 1992):

Principales señales del sueño en la población

1) El soñador hace algo improbable o imposible en la vida despierta.

2) El soñador tiene un pensamiento sobre el sueño o altera los acontecimientos del sueño con el pensamiento.

3) Un personaje del sueño es diferente a la persona normal, está distorsionado o vestido de forma extraña.

4) El soñador experimenta emociones intensas infrecuentes en su vida de vigilia.

5) El lugar donde ocurre el sueño está construido de forma extraña o imposible.

6) Un personaje del sueño hace algo improbable o imposible en la vida despierta.

7) El soñador siente una sensación inusual fuera o dentro de su cuerpo.

8) El soñador es capaz de ver, oír y sentir cosas de forma diferente a la habitual.

9) Algún objeto del sueño está construido de forma extraña o es imposible que exista en la vida de vigilia.

10) Un personaje del sueño está en un lugar donde es improbable que estuviera en la vida cotidiana.

11) Un objeto del sueño está en un lugar donde es improbable que estuviera en la vida cotidiana.

12) El soñador es incapaz de moverse.

13) El soñador ejecuta un papel distinto al que desempeña en su vida de vigilia.

14) Un personaje del sueño desempeña un papel diferente al que desempeña en la vida de vigilia.

15) El soñador se siente excitado sexualmente o nota sensaciones en el área erógena.

16) El soñador siente que está fuera de su cuerpo.

17) El sueño ocurre en un lugar donde es improbable que estuviera el soñador en su vida de vigilia.

18) El sueño ocurre, o en el pasado, o en lo que se percibe como el futuro.

19) El soñador está en un cuerpo diferente al habitual, o su cuerpo está distorsionado.

En el momento que detectamos alguno de estos indicadores, pensamos que estamos soñando y podemos despertar o adquirir consciencia en el sueño. Observe cuáles son los signos más frecuentes en sus sueños y utilícelos como inductores de lucidez.

En suma, los pasos que deberíamos seguir para identificar signos del sueño son los siguientes:

1. **Escribir un diario de sueños**: registrándolos como hemos comentado. Cuando tengamos al menos una docena, podemos seguir con los siguientes pasos.
2. **Identificar nuestras señales oníricas**: debemos señalar en colores todos los temas que te llamen la atención, usando estas cuatro categorías básicas: consciencia, acciones, formas y contexto.
3. **Crear un inventario de señales oníricas**: identificar las señales por categorías y subcategorías según el cuadro anterior.
4. **Seleccionar las señales oníricas que más nos llamen la atención o que más se repitan.**
5. **Identificar las señales oníricas en la vida diaria**: los temas que hemos señalado hay que observarlos en el día a día, comprobar cómo ocurren en la realidad y centrarnos en las diferencias. Debemos familiarizarnos con esos objetos, de forma que, cuando aparezca en el sueño cualquier discrepancia, podamos hacernos conscientes de ello.

II. 2. Técnicas de inducción al sueño lúcido

11. Clasificación de las técnicas para el desarrollo de los sueños lúcidos

> Si soñar un poco es peligroso, la cura no es soñar menos,
> sino soñar más, soñar todo el tiempo.
>
> MARCEL PROUST, *A la sombra de las muchachas en flor*

Ha habido múltiples intentos de clasificación de estas técnicas, dada su enorme variabilidad, complejidad o diferencia de origen. Históricamente, la primera clasificación fue la de Gackenbach (1985), quien dividió las técnicas en dos categorías: a) inducción previa al sueño, y b) inducción durante el sueño. Posteriormente, Price y Cohen (1988) hicieron una clasificación diferente, basada en tres grupos: a) entrenamiento en lucidez y consciencia, b) técnicas de inducción y sugestión, y c) técnicas para hacerse consciente del estadio REM.

Clasificación de Gackenbach (1985)

Incluye dos categorías.

a) INDUCCIÓN PREVIA AL SUEÑO. Son:

• **Técnicas intencionales**: se centran en el momento presente (por ejemplo: reflexionar si estamos soñando en este momento, involucrarse en actividades atencionales, como la meditación o *neurofeedback* de ondas alfa) o se centran en el futuro (por ejemplo: autosugestión, sugestión posthipnótica, o intención de recordar que uno está soñando). Algunas técnicas pueden ser mezcla de varias, como la técnica de Tholey (1983), que mezcla elementos de reflexión (en el momento presente) e intención con autosugestión (futuro).

• **Consideraciones no intencionales:** incluyen situaciones durante el día (por ejemplo: interacciones interpersonales, emociones) y propensiones individuales (por ejemplo: independencia del campo externo, creatividad) no relacionadas directamente con la aparición de sueños lúcidos, pero que incrementan su probabilidad.

b) INDUCCIÓN DURANTE EL SUEÑO. Puede ser dividida en:

• Estímulos externos o ambientales (por ejemplo: auditivos, táctiles), que pueden ser aplicados durante el sueño REM para ser incorporados en el sueño, para que el soñador los reconozca.

• Estímulos internos: inconsistencias dentro del sueño o, simplemente, *insights* espontáneos, que permiten darse cuenta de que es un sueño.

Clasificación de Price y Cohen (1988)

Los tres grupos de esta clasificación serían los siguientes:

a) ENTRENAMIENTO EN LUCIDEZ Y CONSCIENCIA: busca desarrollar una adecuada actitud en vigilia, desarrollando la atención y la consciencia, para promover la lucidez en los sueños (por ejemplo: reflexionar de forma crítica y frecuente sobre si uno está soñando o no, elevar la consciencia perceptual, *neurofeedback* alfa o entrenar en fantasía despierto).

b) TÉCNICAS DE INDUCCIÓN Y SUGESTIÓN: buscan desencadenar un sueño lúcido mediante actos de sugestión (por ejemplo: recordar realizar una acción específica, como volar, mientras se duerme, recordar que uno está durmiendo y sugestiones posthipnóticas).

c) TÉCNICAS PARA HACERSE CONSCIENTES DEL ESTADO REM: es similar a los estímulos externos de Cohen y consisten en estímulos auditivos, táctiles o de otro tipo generados durante el sueño REM para aumentar la lucidez.

Estos autores, igual que Gackenbach (1985), eran conscientes de que algunas técnicas complejas, como la ya nombrada de Tholey, se solapaban en varias clasificaciones.

Clasificación de Stumbrys y cols. (2012)

Esta es la revisión más exhaustiva sobre la eficacia de las técnicas de inducción del sueño. Según estos autores, las clasificaciones previas, aunque eran útiles y ofrecían una perspectiva muy interesante del tema, presentaban varias limitaciones:

1. No eran exhaustivas, ya que faltaban algunas técnicas potencialmente útiles.

2. Existían solapamientos entre categorías, aunque este problema es difícil de solucionar.

3. Algunas de las técnicas provenían de relatos individuales y anecdóticos, y no existía suficiente evidencia científica sobre ellas.

Por tanto, se propusieron hacer una nueva clasificación, aprovechando el metaanálisis que habían hecho sobre la eficacia de estas técnicas, el único existente sobre el tema. La clasificación incluía estas tres categorías:

1. Técnicas cognitivas: incluyen todas las técnicas basadas en la cognición cuyo objetivo es aumentar el sueño lúcido. A su vez están divididas entre las que se inician en el estado del sueño y las que se inician en estado de despierto.

2. Estímulos externos. Todo tipo de estímulos, durante el sueño REM, que desencadenen lucidez en el sueño. Incluye estímulos acústicos, luminosos, eléctricos, vibración, vestibulares o estimulación cerebral, entre otros.

3. Miscelánea. Aquí se encuadran todos los métodos no incluidos en las categorías anteriores.

Nuestra clasificación

Nosotros no hemos querido seguir una clasificación como la de Stumbrys y cols., especialmente diseñada para la investigación, sino una más basada en el individuo que quiere empezar a desarrollar sueños lúcidos. Por eso, en línea con el trabajo de Holecek (2020), tiene más sentido una clasificación que divida las técnicas en lo que se hace de día, relacionado con el sueño lúcido que surge cuando ya estamos dormidos (DILD), frente a las prácticas nocturnas, relacionadas con el sueño lúcido que se pretende generar directamente desde el estado despierto (WILD). Una vez conseguida una cierta frecuencia de sueños lúcidos, otro aspecto complicado es el del mantenimiento del sueño; por eso, hemos dedicado a este tema una sección. Y hemos terminado con una sección sobre qué hacer durante el sueño lúcido y qué límites existen.

Las técnicas provienen de diferentes entornos culturales, principalmente tres: occidente, las tradiciones orientales contemplativas como el budismo tibetano y las tradiciones chamánicas yaquis y toltecas. Por eso, hemos querido mantener esta división al describir las técnicas. Las técnicas relacionadas con factores externos, como la dieta, el uso de agentes farmacológicos o estímulos externos que impactan en el sueño REM para hacerlo reconocible, las hemos considerado como elementos preparatorios. Y solo hemos incluido aquellos métodos que un individuo pueda usar en su casa, descartando describir las sofisticadas técnicas de laboratorio, imposibles de emplear en el día a día.

12. Despertar en el sueño una vez dormidos: técnicas DILD occidentales y misceláneas

Cuando me cuenta que estaba vestido de blanco en pleno invierno,
me pregunté si soñaba.
Esto no es un modo de decir; cuando veo algo raro
siempre me pregunto con todas las letras si estoy soñando.

JULIO CORTÁZAR, *Las armas secretas*

Diferencia entre sueños WILD y DILD

Existen dos tipos de sueños lúcidos (LaBerge, 1980):

1. En los DILD (*Dream-Initiated Lucid Dreams*), el soñador adquiere la lucidez tras haberse quedado dormido de manera inconsciente.

2. En los WILD (*Wake-Initiated Lucid Dream*) o sueños lúcidos iniciados desde la vigilia, se pasa de estar despierto a dormido de forma consciente.

Estos dos tipos de sueños y de caminos al sueño lúcido difieren en diferentes aspectos: los WILD siempre se asocian a breves despertares, a veces de solo segundos de duración, e inmediatamente se vuelve al sueño REM. El individuo tiene la sensación subjetiva de haber estado despierto, cosa que no ocurre con los sueños DILD (LaBerge, 1980). En general, los sueños WILD solo suponen el 28% de los sueños, mientras que los DILD constituyen el 72% (LaBerge 1980). Los sueños WILD son mucho más frecuentes a última hora de la mañana o en la siesta y son más habituales en el laboratorio del sueño que en casa (LaBerge, 1980). LaBerge (1980) cree que es porque en el laboratorio se es mucho más consciente del entorno y de que uno no debe moverse, para no interferir en los registros fisiológicos, por lo que se recuerdan mejor los sueños tras despertar.

Técnicas DILD para desarrollar sueños lúcidos

En este capítulo, analizaremos las principales técnicas DILD occidentales para desarrollar sueños lúcidos. Antes de utilizarlas deberíamos poder recordar al menos un sueño cada noche y haber hecho el análisis de, al menos, doce sueños para identificar las señales oníricas personales.

**Técnicas DILD occidentales
para desarrollar sueños lúcidos**

1. Chequeo o verificación de la realidad.
2. Técnicas de resolución/intención.
3. Técnica de autosugestión y de sugestión posthipnótica.
4. Técnica combinada de Tholey.
5. Entrenarse en observar la ensoñación estando despierto.
6. Técnica MILD.

TÉCNICA MISCELÁNEA
1. Despertarse y volver a la cama (WBTB) (*Wake-up-Back-To-Bed*).

1. Chequeo o verificación de la realidad

Llamada «la técnica de reflexión» por Tholey (1983) o «evaluación del estado crítico» (LaBerge y Rheingold, 2014). Para Tholey (1983), esta es la técnica más eficaz que se ha descrito para alcanzar los sueños lúcidos. Múltiples autores han llevado a cabo investigaciones sobre ella, siendo una de las técnicas más estudiadas de todas. Se ha demostrado eficaz en cuatro estudios (Purcell y cols., 1986; Purcell, 1988; Levitan, 1989; Schlag-Gies, 1992), aunque en otro (LaBerge, 1988) no se confirmó su eficacia. Otros tres estudios también la analizan, pero los resultados son difíciles de interpretar: en uno de ellos, un estudio de laboratorio, no se usa como condición experimental (Dane, 1984); en otro, no se reportan los datos relevantes (Levitan y LaBerge, 1994), y en otro se usa en combinación con estímulos externos (Reis, 1989). En la revisión de Stumbrys y cols. (2012) sobre la eficacia de las técnicas para alcanzar sueños lúcidos, esta es una de las más eficaces usada de forma aislada, solo comparable con MILD y con la combinada de Tholey. Pero, en otros muchos estudios, no ha demostrado su eficacia (Taitz, 2011; Dyck y cols., 2017; Konkoly y Burke, 2019) y, sobre todo, no ha sido eficaz en los megaestudios NALDIS (Aspy y cols., 2017) e ILDIS (Aspy, 2020).

Una de las principales razones por las que no reconocemos que estamos durmiendo es porque no nos preguntamos sobre lo que está ocurriendo a nuestro alrededor. El mundo onírico se nos aparece tridimensional, en color, multisensorial, como el mundo de vigilia. En el sueño se nos puede aparecer nuestro padre u otro familiar ya muerto hace años, podemos volar o llevar a cabo actividades imposibles en el mundo de vigilia, o puede surgir un monstruo marino o un dragón que solo existen en el mundo de la fantasía, y todo nos parece posible. No cuestionamos el estatus de realidad. La razón es que tampoco lo cuestionamos en el mundo de vigilia. ¿Cuántas veces nos preguntamos en la vida diaria si estamos soñando? Entonces, ¿por qué nos lo habríamos de preguntar cuando estamos durmiendo?

Por eso, haciendo uso de la bidireccionalidad vigilia-sueño, tendríamos que preguntarnos frecuentemente, en el día a día, si estamos soñando. De esta forma, esa inercia se transmitirá al sueño. Según Tholey (1983), para que sea más efectiva, los tres factores que debemos tener en cuenta son:

- Frecuencia: debe hacerse tan a menudo como sea posible, al menos 5-10 veces al día e, idealmente, cada hora. Este es el factor más importante, según Tholey (1983), para obtener el primer sueño lúcido.

- PROXIMIDAD TEMPORAL: tan cercano al momento de quedarse dormido como sea posible.
- SEMEJANZA: tan a menudo como sea posible, en todas las situaciones que nos recuerden la experiencia del sueño; es decir, cuando haya señales del sueño. En el primer sueño lúcido, suele producirse una situación de semejanza (Tholey, 1983).

Tholey (1983) afirma que esta técnica es especialmente útil en personas sin previa experiencia de lucidez.

En el chequeo de la realidad hay tres temas que debemos tener en cuenta: 1) ¿cuándo comprobarlo?; 2) ¿cómo comprobar la realidad?, y 3) ¿cómo saber realmente que estamos soñando?

¿Cuándo comprobarlo?

Deberíamos comprobarlo:

- **Varias veces al día**, de forma rutinaria y siempre que percibamos algún fenómeno extraño. Lo ideal es hacer esta comprobación de estado varias veces al día, al menos 5 o 10, de forma rutinaria, sin que en el entorno ocurra nada raro. Para ello, al principio, podemos ponernos una alarma en el reloj cada 2-3 horas. Con el tiempo internalizaremos este proceso y no hará falta la alarma. Las personas más comprometidas con los sueños lúcidos suelen hacer una comprobación cada hora. De esta forma, será raro que no hagamos un chequeo en cualquier sueño del que tengamos duda.

- **En algunas situaciones predeterminadas**: selecciona situaciones repetitivas de la vida diaria y escoge cada día alguna de ellas. Por estadística, algunas aparecerán en tus sueños y, quizá, te sirvan para despertar. Son ejemplos: cada vez que hablas por teléfono, cuando ves una mascota, al comer, al cruzar el umbral de una puerta, al oír una ambulancia, etcétera. La lista puede ser interminable y deberíamos elegir, cada día, 2 o 3 de estas u otras situaciones.

• Otro desencadenante para la verificación debería ser **cualquier situación mínimamente inusual** que nos ocurra en el día a día: es lo que llamamos «signo del sueño». Algunos ejemplos serían: ver a alguien que no saludamos desde hace mucho, un fenómeno natural inusual (por ejemplo: un arcoíris, una nevada), una noticia poco frecuente (por ejemplo: la pandemia, un atentado, la dimisión de un presidente). Esto nos sensibilizará a usar el chequeo cada vez que en un sueño ocurra algo extraño, lo cual es un fenómeno frecuente en ese estado.

• Por último, y basándote en los elementos recurrentes o extraños que has encontrado en tu diario del sueño, **cuando aparezca alguno de los elementos que más se repite en tus sueños**. Por ejemplo, si en nuestros sueños aparecen con frecuencia perros, nuestra madre, situaciones donde alguien imparte clase o conducimos, cada vez que se produzca uno de estos acontecimientos deberíamos hacer la comprobación. También si aparecen situaciones raras de forma frecuente, como volar, tener dos cabezas o vivir en Plutón.

¿Cómo comprobar la realidad?

El proceso consta de dos partes:

• Preguntarnos si lo que estamos viviendo es un sueño o es real. La pregunta debería ser algo así como: «¿Es posible que esté soñando justo ahora?».

• Prueba de verificación: no basta con preguntarse uno a sí mismo si lo que ve es real, porque en el sueño es fácil que nos digamos simplemente que «sí». Es necesario llevar a cabo una acción que tenga diferente consecuencia en la vigilia y en el sueño. Se recomiendan las siguientes:

Principales pruebas de verificación de la realidad

- **Repetir dos veces una misma acción y ver cómo cambia de la primera a la segunda**. LaBerge y Rheingold (2014) son entusiastas de esta técnica. Recomiendan leer un texto y, al volver a leerlo, comprobar que cambia, porque ya no tiene sentido o se convierte en un jeroglífico. Según ellos, mientras lees un texto, cambia en el 75% de los casos y, si se lee una segunda vez, cambia en el 90%. También sugieren mirar un reloj digital y ver cómo cambia la hora mientras lo miramos, o comprobar cómo cambia al mirarlo en dos momentos distintos. Curiosamente, esto no ocurre con los relojes analógicos de toda la vida, con los que es mucho más fácil autoengañarse. Cualquier objeto que miremos, cuando quitemos la vista y volvamos a enfocarlo, habrá cambiado, algo que no ocurre en vigilia.

- **Mirarse la mano y otras pruebas relacionadas con ella**. Carlos Castaneda en su libro *Viaje a Ixtlán* (1984) describe mirarse las manos como técnica de verificación de la realidad. Simplemente mirarse las manos hace que, en el sueño, veamos anomalías de forma habitual: más o menos dedos, deformidades, una mano de diferente tamaño, etcétera. Una versión de esta técnica es perforar una mano con el índice de la otra, otra es tirarse del dedo índice o corazón de la mano izquierda (si eres diestro), y una tercera versión, más difícil, es atravesar una pared con la mano. En la vigilia no pasa nada, pero en el sueño el dedo perfora la otra mano o la pared y el dedo, al tirar, se estira indefinidamente.

- **Proceso de haber llegado allí**. Nuestras acciones en el estado despierto tienen una sucesión temporal que podemos recordar. En el sueño, debemos preguntarnos ¿Cómo hemos llegado a ese lugar o situación? No hay una secuencia lógica, sino un salto en la experiencia producido por la incongruencia del sueño.

- **Acciones imposibles, como volar o atravesar una pared**. Volar es una de las más populares. En vigilia saltas y caes rápidamente al suelo sin volar, pero, en el sueño, ese acto produce que volemos; y eso nos confirmará que estamos soñando. Otra acción típica consiste en atravesar una pared, lo que lógicamente es imposible en vigilia.
- **Respirar tapándose la nariz**. Para muchos soñadores es la prueba definitiva: comprobar que, pese a taparse la nariz, siguen respirando.
- **Prueba tolteca**. La que se recomienda en esta cultura es comprobar que, cuando miramos en el sueño, no nos vemos la nariz, la única parte de nuestro cuerpo que siempre nos vemos, miremos lo que miremos.
- **Prueba tibetana**. En los sueños nunca generamos sombra ni podemos vernos las huellas al pisar.

Hay una serie de pruebas que se consideran inadecuadas para comprobar que estamos en un sueño. Una de ellas es preguntar a los personajes del sueño. Ellos siempre nos van a afirmar que eso es la realidad. Eso es lo que suele ocurrir, aunque estemos completamente lúcidos.

¿Cómo saber realmente que estamos soñando?

Aplicando esta técnica, ya sea en estado de vigilia o durmiendo, solemos hacernos conscientes de que estamos durmiendo: a) tras un período de duda, en el que el sujeto se plantea la cuestión crítica; b) después de una experiencia inusual, o c) a veces, sin ninguna razón aparente. En el momento en que se hace la pregunta, el sueño suele ser menos extraño que en los segundos anteriores. Por eso, un tema clave es preguntarse cómo hemos llegado a esa situación que estamos viviendo, recordar los sucesos previos. Así es más fácil observar experiencias inusuales que si solo se evalúa lo que se está viviendo en ese momento. Por otra parte, es muy frecuente una discontinuidad del proceso: en el sueño se pasa de una escena a otra bruscamente, sin transición razonable, y eso se observa si uno se pregunta cómo ha llegado allí (Tholey, 1983).

En realidad, el simple hecho de preguntarnos en un sueño si estamos soñando ya implica una importante lucidez. Cada vez que sintamos la genuina necesidad de evaluar si estamos durmiendo, seguramente es porque estamos soñando. Por último, por mi experiencia y como se ha dicho antes, si uno está convencido de que no está soñando, muchas de estas pruebas no siempre son útiles, porque la mente actuará como en el mundo despierto: podríamos no volar ni atravesar paredes, vernos la nariz, observar que hay huella y sombra, o darnos una explicación que, aunque no sea racional, sea creíble, en ese momento, de por qué un objeto cambia.

Aproximaciones activas y pasivas

Existirían dos tipos de aproximaciones respecto a la verificación de la realidad. Algunos autores, como Dane (1982), proponen un afrontamiento activo, repitiéndose la pregunta «¿Estoy soñando justo ahora?», mientras se usa la técnica de Castaneda de mirarse la mano. Propone una alarma cada 90 minutos y preguntarse, mientras nos miramos la mano: «¿Tengo un sueño lúcido ahora?». Sin embargo, no parece muy efectiva, ya que este autor, con esta técnica, solo consiguió un sueño lúcido en 20 días. Garfield (1974) también propone esta técnica como la más importante.

El segundo afrontamiento es pasivo o receptivo, y consiste en generar una consciencia perceptual más que una reflexión crítica. Así, Clerc (1983) propone un entrenamiento de la atención en las experiencias sensoriales y emocionales que ocurren en todo momento; es decir, meditación, considerando que todo es nuestra creación (es decir, como un sueño). Escribe una gran C (de consciente) en su mano, para recordarse el proceso. De esta forma, consiguió su primer sueño lúcido a la semana. En cualquier caso, ambas aproximaciones no serían excluyentes, sino complementarias.

El tótem

Consiste en llevar en el bolsillo, al cuello, o de alguna otra forma que nos acompañe la mayor parte del día, un objeto de pequeño tamaño que tenga un significado muy personal para nosotros. Puede ser el regalo de una persona querida o de un maestro. La idea es verlo, tocarlo, escucharlo u olerlo, según el tipo de objeto, varias veces al día, siempre con la máxima atención. De esta forma, hacemos una verificación de la realidad cada vez que contactamos con él y desarrollamos un hábito en la vida diurna que nos ayudará de noche cuando soñemos. En la película sobre sueños lúcidos *Inception* (en español traducida como *Origen*), el tótem es una peonza metálica que en vigilia la duración de su giro es limitado, mientras que en el sueño no se para nunca. LaBerge y Rheingold (2014) recomiendan llevar una tarjeta de visita en el bolsillo que ponga «Comprueba si estás en un sueño» o una frase similar. Otros autores recomiendan pintarse una D en la palma de la mano para recordarnos «Despierta».

2. Técnicas de resolución/intención

Para la tradición budista tibetana, la técnica más importante es «la comprensión mediante el poder de la resolución», que consiste en «decidir mantener la continuidad de la consciencia desde la vigilia hasta el sueño» (Evans-Wentz, 1975). Esto implica una práctica continua tanto de día como de noche. Ya hemos hablado de ella en el capítulo 7 de condiciones básicas, ya que se considera que debe ser una forma de ver el mundo en soñadores lúcidos. LaBerge y Rheingold (2014), basándose en Evans-Wentz (1975), hacen una adaptación sencilla de esta técnica para occidentales, que llaman «técnica de resolución».

Técnica de resolución

1. **Práctica diurna**. En cualquier situación, piensa que «todas las cosas tienen la sustancia de los sueños». Es decir, que todo lo que experimentas es, en última instancia, una creación de tu mente y que la práctica te permitirá entender su verdadera naturaleza. Para ello, es útil conectar con las tres marcas de la existencia, que son nucleares en el budismo y que impregnan todo lo que existe (García Campayo, 2020): 1) la impermanencia: el cambio continuo, saber que todo está condenado a cambiar, que todo desaparecerá y, por tanto, tendremos que despedirnos de ello; 2) el sufrimiento: todo es insatisfactorio y decepcionante, porque, debido a la impermanencia, todo a lo que nos apeguemos desaparecerá, y 3) la insustancialidad, la ausencia de un yo: no hay nada permanente en ningún ser vivo ni objeto inerte; todo carece de sustancialidad inherente.

2. Práctica nocturna. Por la noche, cuando estés a punto de dormir, toma la firme resolución de que «vas a comprender» tu estado onírico, que te harás consciente de que no es real, de que solo es un sueño. Se recomienda rezar a tu maestro, lo que puede ser sustituido, en quienes no tengan maestro, por encomendarte a una figura de apego (García Campayo, 2018), a alguien relevante para ti, o a la mejor versión de ti mismo.

Grandes soñadores lúcidos, como Tholey (1983), también defienden esta técnica, ya que es imposible experimentar sueños lúcidos si no se tiene intención de experimentarlos. Lo que ocurre en el día influye en los sueños de la noche, y, si uno genera una intensa intención durante el día y antes de dormir, eso acabará plasmándose en los sueños nocturnos. Obviamente, no hay que desesperarse; la tradición tibetana dice (Evans-Wentz, 1975) que «se necesitan no menos de 21 intentos cada día para comprender la naturaleza del estado onírico». Tholey (1983) desarrolla también esta técnica que LaBerge y Rheingold (2014) modifican así:

Técnica de la intención

1. Decidir reconocer el sueño. Al despertar de un sueño o al inicio de la noche, hay que recordar nuestra intención clara y confiada de hacerse consciente de que estamos soñando.

2. Visualizarnos reconociendo el sueño. Nos imaginamos de la forma más vívida posible que estamos soñando y encontramos algún signo del sueño que nos hace tomar consciencia de que estamos soñando.

3. Imaginar que desarrollamos una tarea específica y prefijada en el sueño. Es importante tener claro cómo reconoceremos que estamos en un sueño y qué acción haremos a continuación. La acción que se recomienda es volar. Nos visualizamos desarrollando toda esa escena. Otra alternativa es tirarse del dedo.

Aquí la idea es que hacemos la acción (por ejemplo: volar) y es la acción la que nos hace lúcidos; no estamos primero lúcidos y luego hacemos la acción. Por eso, la acción debe ser una señal onírica, por ejemplo, volar, mirarse las manos o tirarse de un dedo (Garfield, 1974; Tholey, 1983). Si no existe la intención de realizar una acción específica cuando despertemos del sueño, el deseo de estar lúcido será demasiado vago e ineficaz.

Otra acción recomendada la constituyen los «falsos despertares» (Garfield, 1974). En vez de despertarse realmente, en un falso despertar el soñador sueña que se despierta, pero sigue durmiendo sin lucidez. A menudo, durante el período REM, se producen despertares donde el soñador reconoce adecuadamente el período previo como un sueño, pero falla al reconocer la experiencia del momento como un sueño, y cree que es la realidad. Como el falso despertar hace perder la lucidez, Hearne (1982) propone una técnica para utilizar en los falsos despertares que llama *False awakening with state testing* o FAST (falso despertar con evaluación de la realidad). Consiste en lo siguiente (como se verá, algunos componentes son comunes al desdoblamiento astral que describiremos en un capítulo específico):

- No hablar ni hacer movimientos corporales intensos.
- Permanecer quieto, pero intentando empujar nuestro cuerpo fuera de la cama.
- Escuchar sonidos incongruentes, inapropiados o distorsionados.
- Evaluar la realidad de la iluminación y otros detalles de la escena.
- Intentar flotar suavemente fuera de la cama o hundirnos en ella.
- «Desear» estar en otra habitación de la casa.

La eficacia de esta técnica FAST no ha sido evaluada.

La técnica de intención es parecida a la técnica MILD, pero no incluye el componente mnemónico. En MILD, el énfasis es «recordar» que uno está soñando, mientras que, en intención, es «reconocer» que uno está soñando. La técnica ha sido empleada en cuatro estudios de campo; sin embargo, tres de ellos no estaban relacionados con la inducción de sueños lúcidos, sino con el manejo de las pesadillas (Zadra y Pihl, 1977; Spoormaker y cols., 2003; Spoormaker y Van den Bout, 2006). El cuarto estudio compara la técnica de inducción con otras (Schlag-Gies, 1992). La calidad metodológica de los estudios era media. En los estudios para el tratamiento de las pesadillas, la mitad de los participantes tenían sueños lúcidos en 1 a 3 meses (Zadra y Pihl, 1977; Spoormaker y cols., 2003; Spoormaker y Van den Bout, 2006). Y, en el estudio específico, esta técnica se mostró efectiva, pero menos que la de verificación de la realidad (Schlag-Gies 1992). En la revisión de Stumbrys y cols. (2012), sobre la eficacia de las técnicas para alcanzar sueños lúcidos, se considera que esta técnica es muy eficaz; sin embargo, no hay ningún estudio posterior y no se ha incluido en los grandes estudios NALDIS e ILDIS.

3. Técnica de autosugestión y de sugestión posthipnótica

a) TÉCNICA DE AUTOSUGESTION (Tholey, 1983). A diferencia de las técnicas de intención, las de sugestión evitan cualquier esfuerzo consciente. La técnica mejora la eficacia usando técnicas de relajación. El individuo se sugiere a sí mismo, preferentemente justo antes de caer dormido y mientras se encuentra en un estado relajado, que va a tener la experiencia del sueño lúcido. Debe evitarse un esfuerzo consciente, porque es contraproducente, algo que también constata LaBerge (1980). La eficacia de esta técnica se incrementa empleando técnicas de relajación especiales, entre las que Tholey (1983) sugiere el entrenamiento de relajación autógeno de Schultz, aunque podrían usarse otras técnicas de relajación o *mindfulness*/meditación. Según Tholey, esta técnica fue descrita inicialmente por el alemán Juergens (1953).

Patricia Garfield (1975) afirmaba que usando esta técnica llegó, desde ningún sueño lúcido, hasta tres por semanas en poco tiempo. Y tras cinco o seis años se estabilizó en cinco o seis sueños lúcidos al mes (Garfield, 1979). LaBerge (1980), usando esta técnica, consiguió resultados muy similares: 5,4 sueños lúcidos al mes. Hay dos estudios que analizan esta técnica, y los resultados son contradictorios, ya que uno demuestra su efectividad en los sueños lúcidos (Schlag-Gies, 1992), pero el otro, no (Levitan, 1989). La autosugestión sería menos eficaz que la verificación de la realidad (Schlag-Gies, 1992).

Parece que sería más eficaz en personas que tienen sueños lúcidos con cierta frecuencia, por encima de una vez al mes. Para LaBerge y Rheingold (2014), su principal ventaja, aunque no es muy eficaz, es que requiere un mínimo esfuerzo por parte del soñador. La revisión de Stumbry y cols. (2012) considera que su eficacia es media; sin embargo, no hay ningún estudio posterior y no se ha incluido en los grandes estudios NALDIS e ILDIS.

Técnica de la autosugestión

1. **Relajarnos**. Tumbados en la cama, cerramos los ojos y relajamos la cabeza y todo el cuerpo. Borramos toda tensión física y mental y respiramos de una forma cómoda y tranquila. Disfrutamos de esta relajación y dejamos pasar, usando *mindfulness*, cualquier pensamiento o emoción, hasta que la mente esté serena.

2. **Repetirnos a nosotros mismos que vamos a tener un sueño lúcido**. Nos decimos a nosotros mismos que tendremos un sueño lúcido, ya sea esa noche o en el futuro. No debemos hacer un esfuerzo intencionado al sugerírnoslo. No debemos insistir usando frases imperativas: «Esta noche tengo que tener un sueño lúcido». Como se observa una tendencia a perder la esperanza si no se tiene éxito en unas cuantas noches, hay que generar una esperanza genuina, una confianza en que ocurrirá.

b) SUGESTIÓN POSTHIPNÓTICA. El efecto de la sugestión puede ampliarse usando la sugestión posthipnótica, una técnica especialmente eficaz para personas sugestionables. El problema es cómo la sugestión pre-sueño puede activarse durante el sueño REM posterior. La solución es esta técnica, ya que sería directamente la conducta deseada, es decir, estar lúcido, o soñar sobre un contenido específico, lo que desencadenaría la lucidez. Charles Tart (1988) describió que a él le resultaba muy útil, y que lo consiguió en las tres ocasiones que lo intentó, pese a ser una persona solo medianamente hipnotizable. Existen dos estudios de laboratorio. Uno de Dane (1984), realizado en 15 jóvenes que nunca habían tenido sueños lúcidos y que fueron hipnotizados y elaboraron un símbolo onírico personal a partir de las imágenes oníricas que se formaron durante la hipnosis. Una vez desarrollado el objeto simbólico, volvieron a ser hipnotizados, induciéndolos a tener un sueño lúcido en el siguiente sueño. Los sujetos utilizados como controles también fueron hipnotizados, pero no buscaron un símbolo onírico previamente. En el grupo de intervención, 14 de 15 participantes tuvieron sueños lúcidos esa noche, que fueron estudiados en el laboratorio. La diferencia entre controles e intervención no fue en el número de sueños lúcidos, sino en que los sueños del grupo de intervención eran más largos y con mayor simbolismo e implicación por parte del individuo. Curiosamente, la mayoría de los sueños lúcidos ocurrieron en período No REM y no en el REM, como es lo habitual. Pero el otro estudio (Galvin, 1993) no confirma esta eficacia. De los dos estudios de campo, en uno de ellos (Galvin, 1993) la mayor parte de los participantes pudo experimentar al menos un sueño lúcido en el período de nueve semanas. Por el contrario, el otro estudio de campo (Purcell y cols., 1986) no confirma su eficacia. La revisión de Stumbrys y cols. (2012) considera que esta técnica tiene una eficacia intermedia; sin embargo, no hay ningún estudio posterior y no se ha incluido en los grandes estudios NALDIS e ILDIS.

4. Técnica combinada de Tholey

Como ya hemos dicho, para Tholey (1983) la técnica más eficaz es la de reflexión, también llamada de chequeo o verificación de la realidad de LaBerge. Esto es, sobre todo, evidente en individuos que nunca han tenido un sueño lúcido. Esta técnica combinada incluye, además, aspectos de intención y autosugestión, lo que incrementa aún más su efectividad. Esta técnica ha sido investigada en dos estudios de campo (Zadra y cols., 1992; Paulsson y Parker, 2006); ambos con una calidad metodológica moderada. Se demuestra que es eficaz en aumentar los sueños lúcidos, especialmente en aquellos que tienen alguna experiencia con este tema, pero, incluso en neófitos, incrementa la frecuencia de sueños lúcidos. En la revisión sistemática de Stumbrys y cols. (2012), se considera que es una de las técnicas más eficaces; sin embargo, otros estudios muestran resultados decepcionantes (Kumar, 2018). No se ha incluido en los grandes estudios NALDIS e ILDIS.

Técnica combinada de Tholey (1983)

1. El individuo debe preguntarse críticamente «¿Estoy soñando o no?», al menos 5-10 veces al día, y:

a) al mismo tiempo, el sujeto debe imaginarse intensamente que está en un estado de sueño, esto es, que todo lo que percibe, incluyendo su propio cuerpo, es un sueño (este aspecto es nuclear en el yoga del sueño tibetano);

b) mientras se plantea la pregunta crítica, debe tener en cuenta no solo lo que está ocurriendo en ese momento presente, sino también los hechos que han ocurrido anteriormente. Es decir: «¿Cómo he llegado hasta aquí? ¿Ha ocurrido algo inusual o hay lapsos de memoria?». En un minuto puede resolver la pregunta.

2. El individuo debe hacerse la pregunta...

  a) en todas las circunstancias características de los sueños: todo lo raro e improbable, o cuando existan emociones intensas;

  b) siempre que aparezcan circunstancias que se repiten en sus sueños: si frecuentemente aparecen gatos o un amigo, debe preguntarse si sueña cada vez que vea a uno de estos seres vivos.

3. Si nos ocurren en sueños circunstancias imposibles en el estado de vigilia, como volar, debemos imaginarnos volando despiertos, diciéndonos continuamente a nosotros mismos que estamos en un sueño.

4. Si no se recuerdan los sueños, debe usarse el diario del sueño y otros métodos para recordarlos, aunque la pregunta crítica va a mejorar por sí misma el recuerdo.

5. Se debe ir a la cama sintiendo que despertaremos en el sueño cuando nos dormimos. Todo esfuerzo consciente en este sentido debe ser evitado mientras se piensa. Esto es especialmente efectivo si el sujeto se ha despertado pronto por la noche y siente que va a volver a quedarse dormido.

6. El individuo debe tener decidido qué hará cuando despierte en el sueño. Un simple movimiento (por ejemplo: dar vueltas, mirarse las manos, frotarse el cuerpo onírico, o cualquier movimiento que aumente la lucidez) es suficiente.

Haciendo esta práctica intensamente, Tholey (1983) afirma que se tiene un sueño lúcido en 4-5 semanas de media, con una gran variabilidad interindividual. Con el tiempo, la técnica de chequeo de la realidad no es tan importante, y ya depende más del simple deseo del individuo. Si se siguen estos consejos, muchas personas tienen un sueño lúcido cada noche.

LaBerge y Rheingold (2014) llaman a esta técnica «reflexión-intención» y la modifican así:

Técnica de reflexión-inducción
o modificada de Tholey (1983)
y adaptada por LaBerge y Rheingold (2014)

1. **Elegir las situaciones en que vamos a evaluar si estamos soñando durante el día.** Hay que decidir la frecuencia que vamos a usar diariamente (5-10 veces/día o mejor cada hora) y elegir las situaciones (por ejemplo: siempre que llegue a casa, cuando vea un perro, etc.), y añadir cualquier situación sorprendente o rara durante el día. Debemos visualizarnos comprobando nuestro estado en esas situaciones.
2. **Evaluar nuestro estado en vigilia.** Hay que hacerlo a conciencia. No solo debemos preguntarnos si estamos soñando o despiertos. Hay que elegir una prueba sólida. Hay que comprobar si podemos recordar de forma lógica cómo hemos llegado allí. Se puede leer algo dos veces. Se recomienda llevar un papel en el que hayamos escrito «¿Estoy soñando?», y leerlo dos veces para ver si se mantienen las letras.
3. **Imaginarnos a nosotros mismos soñando.** Cuando hayamos comprobado que no estamos durmiendo, nos preguntamos: «Aho-

ra no estoy durmiendo, pero si estuviese dormido, ¿cómo sería?».
Imaginamos de la forma más intensa posible que estamos soñando.
Imaginamos cómo percibiriamos los objetos, los sonidos, los olores,
soñando. ¿Cómo escrutaríamos nuestro sueño para percibir señales oníricas? ¿Cómo sabríamos en el sueño que estamos soñando?
Cuando experimentemos intensamente el sueño en nuestra imaginación, nos repetiremos a nosotros mismos: «La próxima vez que
esté soñando me acordaré de reconocerlo».

4. **Imaginar que estamos haciendo en el sueño lúcido lo que nos
hemos propuesto**. Conviene decidir por adelantado qué vamos a
hacer en el sueño lúcido. Primero, qué técnica utilizaremos para
comprobar que estamos soñando; segundo, qué técnica utilizamos
para alargar el sueño y que no se diluya, y, tercero, qué objetivos
tenemos en el sueño lúcido. Con esas ideas claras, nos imaginamos
a nosotros mismos haciéndolo, con el máximo realismo posible.

La clave es instaurar un espíritu crítico sistemático en la vida de vigilia
y visualizarse transfiriéndolo al sueño. Se supone que estas inercias
creadas se repetirán en el sueño.

5. Entrenarse en observar la ensoñación estando despierto

Observar la interfase entre el pensamiento operativo (PO), típico
del estado de vigilia, y el pensamiento respondiente (PR), el que
ocurre en la ensoñación despierta y en el sueño, cuando estamos
despiertos, extendería el concepto de lucidez a la vida diaria. Así,

Malamud (1979) propuso este entrenamiento y realizó un estudio con 6 participantes durante 12-17 semanas. Los sujetos «resoñaban» los sueños nocturnos en forma de ensoñamiento despierto, transformándolos en «sueños lúcidos despiertos» con finales más satisfactorios. Los participantes incrementaron su capacidad de estar lúcidos en sus ensoñamientos diurnos, pero no se midió la lucidez en sueños. Sparrow (1983) generó una estrategia parecida, denominada «revivir el sueño». Consistía en revivir el sueño nocturno desagradable en vigilia como si fuese lúcido. Les hacía entrenarse justo antes de dormir, para tener un modelo diurno que usar por la noche. Llevó a cabo un estudio (Sparrow, 1983) en el que comparó esta estrategia con un control motivacional, donde los participantes escribían una carta con sus motivaciones y deseos de desarrollar sueños lúcidos. El resultado fue que revivir el sueño produjo un 25% de sueños lúcidos en los participantes a la semana, mientras que la intervención motivacional no produjo ningún efecto. La conclusión fue que solo desear la lucidez no produce cambios si no se acompaña de alguna intervención cognitiva.

Morley (2019) también propone el entrenamiento que sigue. Recomienda que, cuando estemos adormecidos pero no cansados, busquemos dónde tumbarnos, pero no dentro de las sábanas porque no queremos dormirnos. Poner el despertador para que suene a los 20 minutos y limitarnos a estar tumbados con los ojos cerrados. Después de comer, esos primeros 15 minutos son clave. Intentar observar las imágenes hipnagógicas, atendiendo al cuerpo y a la respiración, intentando no dormirse. Se puede hacer también antes de dormir por la noche, durante la primera media hora: ponerse un despertador a los 30 minutos y observar el estado hipnagógico. Esta técnica tiene una fuerte influencia WILD, como se describirá en un siguiente capítulo.

6. Técnica MILD (*Mnemonic Induction of Lucid Dreams*): inducción mnemónica de sueños lúcidos

Introducción

Cuando LaBerge hizo su tesis doctoral (1980), diseñó una técnica muy efectiva llamada MILD. Según cuenta (LaBerge y Rheingold, 2014), hasta ese momento, él recordaba menos de un sueño lúcido al mes. Posteriormente, usó la autosugestión y pasó a una media de 5 sueños al mes, con un rango entre 1 y 13. El mes que consiguió 13 estaba realizando estudios de laboratorio, y ya se ha explicado el potente efecto que tiene este hecho en la inducción de sueños lúcidos con autosugestión. El problema es que el mecanismo de la autosugestión no está claro y, por eso, es difícil mejorarlo. Se dio cuenta de que la intención previa al sueño, es decir, que debía darse cuenta de que estaba soñando, era clave. Se concentró en este hecho y consiguió aumentar los sueños lúcidos a cifras increíbles, hasta 26 en un mes o 4 en una noche. Con lo cual, casi cada noche podía trabajar sobre los sueños lúcidos.

La técnica MILD ha sido la más evaluada, con 10 estudios, 9 de campo y 1 de laboratorio. Metodológicamente, tiene límites, porque en el estudio de laboratorio se usó MILD como condición control frente a otra intervención que fue la que se evaluó (Kueny, 1985); y los 9 estudios de campo son del grupo de LaBerge y Levitan (Edelstein y LaBerge, 1992; LaBerge, 1988; LaBerge y cols., 1994; Levitan, 1989; 1990*a*; 1990*b*; 1991*a*; Levitan y LaBerge, 1994; Levitan y cols., 1992), y la calidad es baja (Strumpys y cols., 2012). Pese a ello, varios de los estudios confirman que la técnica MILD incrementa los sueños lúcidos (LaBerge, 1988; Levitan, 1989; 1991*a*; Levitan y LaBerge, 1994). La revisión de Stumbrys y cols. (2012) considera que tiene una eficacia elevada. Su elevada efectividad se confirmó en los grandes estudios NALDIS (Aspy y cols., 2017) e ILDIS (Aspy, 2020).

MILD es mucho más eficaz en los sueños breves de la mañana que al inicio de la noche (Edelstein y LaBerge, 1992; LaBerge y cols., 1994; Levitan, 1990*a*; 1991*a*; Levitan y cols., 1992). Parece que lo más eficaz es despertarse 30-120 minutos antes de lo habitual, permanecer despierto 30-120 minutos, ir a la cama, practicar MILD y dormir un sueño breve (LaBerge y cols., 1994; Levitan, 1990*a*; 1991*a*; Levitan y cols., 1992). Sin embargo, para la técnica MILD son poco favorables períodos de despertar cortos de 10 minutos antes de volverse a dormir (LaBerge y cols., 1994) o inmediatamente después de despertarse (Levitan, 1991*a*), o demasiado largos, como 4 horas (Levitan, 1990*a*), o tomar una siesta entre las 2 y las 5 pm (Levitan y cols., 1992). MILD parece ser más eficaz que la estimulación luminosa durante el sueño REM, sin embargo, la combinación de ambas es superior (LaBerge, 1988; Levitan y LaBerge, 1994).

La importancia de la memoria prospectiva

Este método está basado en la habilidad de recordar hacer una acción en el futuro, estableciendo una relación entre una conducta deseada (Y) y las futuras circunstancias en las que uno intenta actuar (X). La conducta deseada es volverse lúcido, y las circunstancias son las pistas que asociamos al sueño REM, la imaginería vivida. Esta asociación se fija en la memoria a largo plazo, tanto visualizándose a uno mismo realizando la intención, como ensayando verbalmente la fórmula prescrita. LaBerge describió que era más eficaz si se hacía durante un período de despertar de madrugada, previo al último sueño de esa noche.

El tema clave es la intención, previa al sueño, de recordar que tenemos que darnos cuenta de que estamos soñando unas horas más tarde, cuando estemos durmiendo. ¿Qué hacer para acordarse de hacer algo en un sueño? Para ello, es importante conocer cómo se recuerdan cosas en la vida diaria despierta. En general, lo que solemos hacer es utilizar algunas ayudas mnemónicas, como una lista de cosas que hay que hacer, una nota en una puerta, un hilo en el dedo, etcétera. Pero ¿cómo recordar hacer acciones en el futuro (lo que se llama memoria prospectiva) sin usar recordatorios externos, ya que no podemos usarlos en los sueños? Es muy importante la motivación; es más difícil olvidar lo que es muy importante para nosotros.

Por eso, debemos convertir la búsqueda de sueños lúcidos en una de las principales preocupaciones de nuestra vida. De esta forma, el sistema cerebral de búsqueda de objetivos está activado hasta que se consigue. Un ejemplo sería recordar comprar el periódico cuando vayamos a la papelería. Seguiremos realizando comprobaciones de si lo hemos comprado hasta que las circunstancias nos permitan hacerlo (Harris, 1984). Por tanto, para facilitar la memoria prospectiva es necesario:

1. Sentirse fuertemente motivado.
2. Hacer asociaciones entre lo que queremos conseguir y las circunstancias en que lo vamos a lograr.

Esta técnica se refuerza mucho si usamos una mnemotecnia (una ayuda para memorizar), como visualizarnos a nosotros mismos haciendo lo que pretendemos recordar.

¿Cómo desarrollar la memoria prospectiva?
En general, usamos la memoria retrospectiva, recordamos lo que

nos ha pasado anteriormente. La memoria prospectiva sería recordar hacer algo en el futuro. El sueño es no lúcido porque no nos acordamos de hacer un chequeo de estado, por no preguntarnos si es real lo que está ocurriendo alrededor. La memoria prospectiva intentaría que recordásemos en el futuro, concretamente durante el sueño, hacer un chequeo de estado. La memoria prospectiva está muy relacionada con el chequeo de estado, y se podría considerar parte de él, ya que es un chequeo de estado futuro.

El requisito previo para la práctica MILD es que desarrollemos la capacidad de acordarnos de realizar actividades futuras estando despierto. Puede resultar difícil, porque la mayoría de nosotros utiliza recordatorios externos, como hemos comentado. Para desarrollar la memoria prospectiva, los pasos deben ser estos, y hay que practicarlo durante una semana.

Técnica para desarrollar memoria prospectiva (LaBerge y Rheingold, 2014)

1. **Repasar los objetivos del día.** Cada día hay que incluir cuatro objetivos. Hay que leerlos cuando nos levantemos por la mañana e intentar mantenerlos durante el día. Hay que leer solo los de ese día.
2. **Tratar de conseguir los objetivos durante ese día.** La idea es advertir cada uno de estos objetos siempre que aparezcan en nuestro día y hacer una comprobación de estado preguntándote «¿estoy soñando?».
3. **Evaluar cuántos acontecimientos conseguimos advertir y cuántos no.** Hay que apuntarlo en nuestro diario de sueños. Es importan-

te evaluar los resultados. Mientras no sean satisfactorios, no vale la pena que usemos la técnica MILD, porque no será efectiva.

4. **Mantener este ejercicio durante una semana como mínimo**. Hay que seguir realizándolo el tiempo que necesitemos, hasta que durante una semana cumplamos cada día casi todos los objetivos. Cada semana podemos cambiar la lista de objetivos.

Ejemplos de objetivos diarios. Hacer chequeos de estado...

LUNES:
- La próxima vez que vea un semáforo
- La próxima vez que coma algo
- La próxima vez que suene música
- La próxima vez que use un ordenador

MARTES:
- La próxima vez que abra la puerta
- La próxima vez que beba algo
- La próxima vez que sienta dolor
- La próxima vez que vea reír a alguien

MIÉRCOLES:
- La próxima vez que abra una ventana
- La próxima vez que vaya al baño
- La próxima vez que tire algo a la basura
- La próxima vez que vea la televisión

JUEVES:

- La próxima vez que vea una mascota (puedo separar perros y gatos)
- La próxima vez que vea llover
- La próxima vez que conduzca un automóvil
- La próxima vez que vaya al cajero automático o pague algo

VIERNES:

- La próxima vez que me mire al espejo
- La próxima vez que conteste al móvil
- La próxima vez que digan mi nombre
- La próxima vez que me toquen

SÁBADO:

- La próxima vez que encienda una luz
- La próxima vez que escriba
- La próxima vez que dé una clase o conferencia
- La próxima vez que vea llorar a alguien

DOMINGO:

- La próxima vez que encienda el ordenador
- La próxima vez que mire la hora
- La próxima vez que cante
- La próxima vez que coma carne/pescado/verdura

Si hemos trabajado el diario del sueño, es posible que veamos patrones repetitivos en nuestros sueños: acciones, personas, lugares u objetos que aparezcan frecuentemente (por ejemplo: nuestro padre, perros, la ciudad de nacimiento o nadar). Habría que incluir en la memoria prospectiva estos procesos que se repiten en los sueños, porque será fácil que, cuando aparezcan en los sueños, hagamos la comprobación de estado mediante esta memoria prospectiva.

Es necesario que hayamos conseguido el 75% de los objetivos durante una semana mínimo, aunque la eficacia de la técnica MILD aumenta si rondamos el 100% de objetivos durante un mes.

La técnica MILD

Morley (2019) desarrolla el acrónimo para que nos acordemos: **M** (**me**moriza el sueño que acaba de tener), I (**i**ntención, fíjala en el objetivo), **L** (**l**ucidez, visualízala), **D** (**d**uérmete, o repite sueño).

Así la describen LaBerge y Rheingold (2014):

Técnica MILD

1. **Mentalizarnos para recordar el sueño**. Antes de acostarnos, decidimos que vamos a despertarnos y a recordar los sueños durante cada período de sueño de esa noche (o el que decidamos, siendo el más efectivo el último de la mañana).
2. **Recordar el sueño**. Cuando nos despertemos de un período de sueño, trataremos de recordar la mayor cantidad posible de detalles. Si estamos somnolientos, nos levantamos para recordarlo mejor.
3. **Concentrarnos en nuestro objetivo (memoria prospectiva)**. Nos repetimos continuamente que nuestro propósito es acordarnos de que estamos soñando. Podemos decirnos: «La próxima vez que esté

soñando, quiero recordar que estoy soñando». Pensamos solo en
esto, sintiéndolo, viviéndolo.

4. **Visualizarnos a nosotros mismos despertando en el sueño.** Imaginamos que regresamos al sueño del que hemos despertado, pero
esta vez reconocemos que es un sueño. Buscamos una señal onírica
en el sueño recordado y, cuando la veamos, imaginamos que nos
decimos «Estoy soñando», y que seguimos el sueño de forma lúcida.
Podemos visualizarnos haciendo alguna acción de comprobación,
como volar, mirarnos la mano, tirarnos del dedo o leer algo.
También podemos visualizarnos durmiendo en la cama, con movimiento rápido de los ojos por estar en fase REM, y nos vemos en
el sueño repitiendo la frase asociada y siendo lúcidos en el sueño.

5. **Repetir los pasos 3 y 4.** Hasta que tengamos clara nuestra intención y nos la repitamos. Nos aseguramos de que, al dormir, este sea
el último pensamiento. Si hay otros pensamientos, nos repetimos el
proceso una y otra vez hasta conseguirlo.

Si tardamos en dormirnos, no es un problema, porque estamos consolidando cada minuto la técnica MILD. Mucha gente, con este sistema, desarrolla sueños lúcidos los primeros días de usarlo.

Tholey (1983) desarrolló la técnica de inducción que hemos comentado al hablar del poder de la intención. Él la desarrolló también
como técnica WILD y es muy parecida a esta técnica MILD de La-
Berge. Consiste en decidir alcanzar el estado lúcido cuando se está
durmiendo y considera que es especialmente eficaz cuando uno se
despierta pronto por la mañana. Tholey añade en el paso tres de la
técnica MILD visualizarse en el sueño realizando alguna actividad

que aumente la lucidez, como mirarse las manos, en la línea de lo que recomienda Carlos Castaneda (1984).

Técnicas misceláneas

Técnica de despertarse y volver a la cama (WBTB)
Consiste en ir a la cama, estar despierto un período de 30-120 minutos, y volver a la cama a dormir otra vez en las primeras horas de la madrugada (Erlacher, 2010).

Se dice que esta técnica aumenta la probabilidad de los sueños lúcidos un 16%, por eso es la técnica principal para autores como Holecek (2020).

La clave es dirigir toda nuestra atención al período REM, en el que soñamos. Aunque en todos los períodos REM podríamos soñar, los soñadores lúcidos se concentran en las dos últimas ventanas REM de la madrugada ¿Por qué?

- **Son las más largas.** De casi 50 minutos cada una, a diferencia de las primeras de la noche que son mucho mas cortas, 10-15 minutos; por tanto, ofrecen la oportunidad de tener sueños largos.
- **Finaliza el sueño profundo.** Este sueño ocurre, sobre todo, al inicio de la noche. Pero, al final de la noche, lo que separa las dos franjas REM es un sueño ligero, con lo cual también es más fácil que se produzca sueño lúcido.
- **Más fáciles de recordar.** Cuanto más cerca esté un sueño del momento de despertar por la mañana, más fácil es de recordar. Si ocurre al principio de la noche, van a ocurrir nuevas fases de sueño y nuevos sueños, por lo que es más fácil olvidarlos.

En los estudios, esta técnica nunca ha sido evaluada de forma aislada (Edelstein y LaBerge, 1992; LaBerge y cols., 1994; Levitan, 1990*a*; 1991*a*; Levitan, LaBerge y Dole, 1992), sino siempre con la técnica MILD, pero parece aumentar mucho la lucidez por sí misma. Tiende a asociarse con técnicas como MILD o SSILD. Se ha incluido en los megaestudios NALDIS (Aspy y cols., 2017) e ILDIS (Aspy, 2020) y se muestra eficaz en asociación.

Técnica de despertar y volver a la cama

1. **Poner el despertador unas 2-3 horas antes de la hora a la que solemos despertarnos habitualmente (o 6 horas después de acostarnos)**. También sirve si nos despertamos de forma espontánea por necesidad de ir al baño. Hay que ir probando, dentro de este abanico, cuál es el mejor momento y que más coincide con los períodos REM. Hay que hacer probaturas a las 7 horas también si a las 6 horas no funciona.

2. **Mantenerse despierto como mínimo 20 minutos**. La duración de ese período debería estar entre 20 y 40 minutos. Estar desvelado este tiempo activa el hemisferio izquierdo, la parte analítica del cerebro, clave para darnos cuenta de que estamos soñando. Si permanecemos menos de 20 minutos, el hemisferio izquierdo no llega a activarse suficientemente. En este tiempo, solo deberíamos ir al baño, meditar, leer libros sobre sueños lúcidos, leer nuestro diario de sueños y señales oníricas y, sobre todo, reforzar nuestra intención de despertarnos en el sueño. También podemos hacer pruebas de realidad frecuentes, preguntándonos: «¿Estoy soñando?». Sobre

todo, no se debe usar el móvil o el ordenador u otro dispositivo elec-
trónico, ni hacer trabajo intelectual o actividad intensa o deporte,
ni exponerse excesivamente a la luz, porque no podremos volver a
dormir.

3. **Volver a acostarnos.** Debemos intentar estar relajados y con sensación de bienestar. Podemos dormir de espaldas, postura que parece
beneficiar el sueño lúcido. Usamos el poder de la intención, que ya
hemos descrito. Mientras dormimos, podemos decirnos: «Voy a ha-
cerme consciente de que estoy soñando». Dejamos que sea nuestro
pensamiento dominante. Lo sentimos y percibimos la emoción de
que nos vamos a despertar. Nos visualizamos dentro de un sueño y
observamos cómo despertamos en él y lo que vamos a hacer cuando
seamos conscientes de que estamos durmiendo.

Curiosamente, Tholey (1983) considera que es muy incómodo el
hecho de mantenerse despierto 20 minutos o más y recomienda
realizar esta técnica directamente, antes de dormir, sin el período
intermedio despierto y activo.

13. Quedarse dormido de forma consciente: técnicas WILD occidentales

Estamos hechos de la misma materia que los sueños
y nuestra pequeña vida termina durmiendo.

SHAKESPEARE, La tempestad

Introducción

En este capítulo solo hablaremos de técnicas occidentales para pasar de estar despierto a dormido (WILD: *Wake-Initiated Lucid Dream* o sueños lúcidos iniciados desde la vigilia), es decir, conservando la consciencia mientras se pierde la vigilia. El tema clave para pasar del estado de despierto al de dormido no solo es el método de inducción que utilizamos y que, a continuación, describiremos. Los preliminares son tan importantes como la práctica principal. Esto incluiría meditación o *mindfulness*, desarrollar una intensa intención de tener un sueño lúcido, desarrollar la cualidad de la compasión. Todo ello puede volverse a pensar poco antes del proceso de dormir. Para muchas personas supondría una completa reestructuración de todo su proceso de dormir. La mayoría de nosotros, simplemente, se derrumba en la cama, después de un día agotador. Nuestra mente, contaminada por las preocupaciones del día, cae de forma inatenta en un sueño que se va a llenar de las mismas preocupaciones que tenemos habitualmente.

Si se quiere tener sueños lúcidos hay que crear un puente diferente entre el día y la noche, y trasladar la misma atención que utilizamos en el día al período nocturno. Muchas personas identifican la noche como un período de indolencia, donde no se hace nada, por lo que hay que reconceptualizar nuestra actitud en este período nocturno.

Las técnicas para inducir los sueños pueden utilizarse:

a) Al inicio de la noche, cuando nos echamos a dormir. En este momento es más difícil tener sueños lúcidos, porque el período REM solo ocurre después de un largo período No REM.
b) Cuando nos despertamos a mitad de la noche, tras haber tenido algún período de sueño esa noche. También pueden practicarse en la siesta o en períodos breves de sueño durante el día (llamados *naps* en inglés). En esos dos períodos, las técnicas WILD pueden usarse: 1) inmediatamente después de despertar de un sueño (Levitan, 1991), o 2) después de un período de estar despierto, entre 30 y 120 minutos (Tholey, 1983). La mayoría de autores (LaBerge y Rheingold, 2014) aseguran que es más fácil obtener cualquiera de los tipos de sueños lúcidos a medida que avanza la noche que al inicio, ya que el porcentaje de sueño REM es mucho mayor conforme avanza la noche.

Tholey (1983) identifica unas técnicas para ser usadas al principio de la noche y otras para ser usadas principalmente por la mañana;

pero nosotros, para mayor claridad, las listaremos todas seguidas y fusionaremos alguna técnica que LaBerge y Rheingold (2014) y Tholey (1983) han descrito como diferentes, pero que, realmente, son muy parecidas. LaBerge y Rheingold (2014) insisten en que si, mientras nos quedamos dormidos, ponemos atención en las imágenes visuales o alucinaciones hipnagógicas, en nuestro cuerpo (respiración, latidos del corazón, sensaciones corporales), en el yo, en contar o en visualizaciones (como es típico en la tradición tibetana), pasaremos de despiertos a dormidos. Estas técnicas no han sido evaluadas, excepto la «técnica de la cuenta atrás» y la «técnica de la atención al cuerpo» que en la revisión de Stumbrys y cols. (2012) se consideraron de eficacia media. La SSILD ha sido evaluada en el megaestudio ILDIS, considerándose la técnica más eficaz de todas las existentes (Aspy, 2020).

Descripción de las técnicas

Estas técnicas empiezan cuando el individuo está despierto y son técnicas transicionales para pasar de despierto a dormido. No es sencillo este proceso, porque los sueños lúcidos aparecen en fase REM, que tarda en surgir bastante tiempo después de dormirse. Un aspecto importante es estar dispuesto a «sufrir», a mantener la tensión y el esfuerzo en el período de sueño. Muchas personas desconectan totalmente en la cama, ya sea porque llegan muy cansados, o porque no quieren complicarse la vida en este período. Ahora bien, el sueño lúcido va a requerir esfuerzo durante muchos días. Es recomendable no llegar agotado y concienciarse de la necesidad de hacer un esfuerzo mantenido en este período. Las principales técnicas incluyen:

Técnicas WILD occidentales

1. Observar las alucinaciones hipnagógicas o técnica de la imagen.

2. Técnica de la cuenta atrás.

3. Técnicas de atención al cuerpo y al proceso REM.

    3.1. Técnica de los cuerpos gemelos o del doble cuerpo.

    3.2. Técnica del cuerpo único.

    3.3. Técnica de la ausencia de cuerpo o del yo como un punto.

    3.4. Técnicas combinadas de cuerpo e imagen/alucinaciones hipnagógicas.

4. Otras prácticas atencionales durante el sueño, occidentales y orientales.

5. Reentrada en el sueño.

6. Técnica SSILD.

1. Observar las alucinaciones del sueño en el período hipnagógico o hipnopómpico.
La llamada técnica de la imagen por Tholey

Para LaBerge y Rheingold (2013), esta es la principal técnica WILD. El período hipnagógico es aquel en el que se pasa de despierto a dormido, y el hipnopómpico es a la inversa. Observa (Schachter, 1967) que, en primer lugar, suelen aparecer los pensamientos verbales. Con el tiempo, llegan las imágenes, primero muy sencillas, como destellos de luz tipo *flashes* o patrones geométricos similares, aunque mucho menos vívidos que los que aparecen tras el consumo de alucinógenos. Después, aparecen las imágenes más complicadas:

rostros, objetos y, finalmente, las escenas completas. El momento clave es cuando se pasa de observar estas imágenes desde fuera a estar incluido en la escena. Por último, aparecen sueños breves o fragmentos de sueño, el inicio de las alucinaciones hipnagógicas, que constituyen un estado de semisueño, especialmente útil para intentar las técnicas WILD. La clave es conseguir que esos sueños breves sean lúcidos. A partir de ahí, habría que mantener esos sueños breves lúcidos, alargándolos y manteniéndose conscientes en ellos hasta conseguir un sueño lúcido.

Grandes meditadores han sido expertos en estas técnicas WILD. El gran filósofo y parapsicólogo ruso Ouspensky afirmaba que era más fácil observar este proceso por la mañana, al despertarse, que por la noche, al dormirse, pero en ambos casos requería «un notable esfuerzo». Describe así un sueño lúcido WILD (Ouspensky, 1931; 1971):

> «Me estoy quedando dormido. Ante mis ojos aparecen y desaparecen diversos puntos dorados, destellos y pequeñas estrellas. Poco a poco se fusionan en una red dorada con mallas diagonales que se mueven lenta y regularmente de manera rítmica con el latido de mi corazón. Un segundo después, la red dorada se transforma en hileras de cascos de latón, que pertenecen a unos soldados romanos que desfilan por la calle. Escucho su paso desde una enorme casa situada en Gálata, Constantinopla, en un estrecho callejón, uno de cuyos extremos conduce al viejo embarcadero y al Cuerno de Oro, en dirección a Estambul».

El psiquiatra norteamericano Natham Rapport (1948) desarrolló un método para obtener sueños lúcidos similar al de Ouspensky. Afirmaba que: «Mientras está en la cama esperando quedarse dormido, el investigador interrumpe sus pensamientos, cada pocos minutos, con esfuerzo por recordar el objeto mental que se desvanece antes de cada intrusión mediante esta atención específica». Relata así uno de sus sueños:

«Parpadeaban unas luces brillantes y una miríada de destellos de un candelabro tallado en cristal. […] A la derecha, un grupo de alegres bellezas y galanes vestidos elegantemente, al estilo de la Inglaterra victoriana, disfrutaban del momento. Descubrí que no era la realidad sino una imagen mental. Al instante se convirtió en una visión inconmensurablemente hermosa. Con gran sigilo, mi mente empezó a observar […] Pensé: "¿He tenido una de esas imágenes mentales que se producen sin movimiento?". Una de las jóvenes empezó a bailar por toda la sala… Tuve la sensación de que solo mi interés en los sueños hizo que se advirtieran los colores de la escena, delicados pero intensos, como si estuviera iluminado interiormente».

Sobre esta base, LaBerge y Rheingold (2014) describen los fundamentos de esta técnica:

Técnica de la alucinación hipnagógica

1. **Relajarnos.** Tumbados en la cama, cerramos los ojos y relajamos la cabeza y todo el cuerpo. Borramos toda tensión física y mental y respiramos de una forma cómoda y tranquila. Disfrutamos de esta relajación y dejamos pasar con *mindfulness* cualquier pensamiento o emoción, hasta que la mente esté serena.
2. **Observar las imágenes visuales.** Concentrarse progresivamente en las imágenes visuales que aparecen en la mente. Observar cómo

empiezan y acaban. No hay que aferrarse a ellas, sino observarlas sin deseo de hacer nada, como un observador neutral. Al principio, veremos imágenes desconectadas y fugaces, pero, poco a poco, se formará un escenario.

3. **Adentrarse en el sueño**. Este es el paso clave. Cuando las imágenes se conviertan en un escenario en movimiento, vivo, dejamos que nos arrastren pasivamente. No tratamos de entrar activamente en la escena onírica, sino observar con interés desapegado, pero abierto a entrar. La dificultad está en mostrar demasiado interés o demasiado poco.

Dificultades: las dos principales son las siguientes:

1. El mayor problema, como dice Tholey (1983), es que «no es deseable penetrar activamente en el escenario, ya que esa intención, por norma, provoca que el escenario desaparezca. Hay que dejarse arrastrar pasivamente a la escena». El maestro tibetano Tarthang Tulku (1981) dice: «Mientras se observa delicadamente la mente, debemos conducirnos al estado onírico como si llevásemos a un niño de la mano».

2. Otro problema es, como relata Rapport (1948), quedarse atrapado por la brillantez del sueño. En ese caso, como recomienda Tholey (1983), hay que llevar a cabo alguna acción para seguir manteniéndose lúcido, como veremos en el capítulo sobre técnicas para mantenerse lúcido.

Tholey (1983) denomina a esta técnica «técnica de la imagen». En ella, el sujeto se concentra solo en las imágenes visuales mientras se duerme. Esta secuencia es muy frecuente: al principio, se ven *flashes* o luces que, rápidamente, cambian a formas geométricas. Luego, surgen imágenes de objetos o de caras, hasta que, al final, se construyen escenarios completos que, inicialmente, aparecen y desaparecen, hasta que, más tarde, se estabilizan. En general, es complicado seguir esta secuencia sin quedarse dormido. En ocasiones, puede mantenerse la atención hasta que aparece el escenario completo, pero entonces la dificultad es cómo se incluye o integra uno en dicho escenario. No es recomendable querer activamente entrar en el escenario, porque la sola intención puede producir que desaparezca el escenario.

Una técnica es la de estar atento a las sensaciones corporales y faciales que se producen durante el estado entre vigilia y sueño. Véase que esta recomendación tiene alguna semejanza con la técnica SSILD que luego estudiaremos. Más que responder activamente, ya que el cuerpo del sueño aún no se puede mover libremente como en el sueño, habría que esperar a ser llevado pasivamente hacia el sueño. También es útil la determinación de realizar una acción específica en el sueño (por ejemplo, frotarse el cuerpo, girar o mirarse las manos). Cuando el cuerpo es atraído al escenario, es fácil perder la consciencia. Pero si sigue la intención de realizar esa acción específica, al hacerla suele volver a tomarse consciencia del sueño lúcido.

2. Técnica de la cuenta atrás

Poner atención a cualquier tarea mental mientras dormimos sería efectivo para pasar de despierto a sueño lúcido. LaBerge (LaBerge y Rheingold, 2014), durante su proceso de investigación de sueños lúcidos, desarrolló esta técnica de contar. Es una de las prácticas transicionales más sencillas y consiste en contar hacia atrás hasta que nos durmamos. En vez de abandonarnos al sueño, mantenemos una cierta disciplina atencional que, al principio, puede parecer muy rígida. Tumbados en la cama, quizá en alguna de las posturas que se recomiendan para el sueño lúcido, puedes decirte mentalmente: «Uno, estoy soñando», «Dos, estoy soñando», y así sucesivamente. Hay que hacerlo de forma lenta y atenta. Esta técnica la evalúa Levitan (1991) junto a la técnica de atención al cuerpo y observa un 23% de sueños lúcidos (43 de 191 intentos). Basándose en esto, la revisión de Strumpy y cols. (2012) considera que tiene una eficacia moderada.

Técnica de la cuenta atrás

1. **Relajarse**. Tumbados en la cama, cerramos los ojos y relajamos la cabeza y todo el cuerpo. Borramos toda tensión física y mental y respiramos de una forma cómoda y tranquila. Disfrutamos de esta relajación y dejamos pasar con *mindfulness* cualquier pensamiento o emoción, hasta que la mente esté serena.
2. **Contar mientras nos quedamos dormidos**. Contamos mentalmente: «1, estoy soñado; 2, estoy soñando...», y así sucesivamente, manteniendo cierto grado de vigilancia. Si lo deseamos, podemos comenzar de nuevo cuando lleguemos a 100. Un desafío interesante es intentar recordar, para el día siguiente, cuál fue el último número que pronunciamos.
3. **Ser consciente de que estamos soñando**. Después de continuar unos minutos con el procedimiento de recuento y recuerdo, en al-

gún momento nos diremos a nosotros mismos: «Estoy soñando» y, efectivamente, descubrirás que es así.

Habrá días que estemos durmiendo cuando lleguemos a 10 y otros, cuando lleguemos a 100. Hay que ser flexible en la tensión que pongamos en este proceso, porque, si es laxa, nos dormiremos sin ser conscientes; y, si es muy tensa, no llegaremos a dormirnos. Si llegamos a 100 sin dormirnos, debemos aflojar bastante la atención, si no, no dormiremos. La frase «Estoy soñando» no es estrictamente necesaria, pero nos ayuda a recordar nuestro objetivo.

Avanzaremos rápido en esta técnica si tenemos un asistente que nos despierte cada vez que le parezca que estamos dormidos y nos pregunte hasta qué número hemos llegado y qué estábamos soñando. La tarea del observador asistente puede parecer difícil, pero es sencillo ver cuándo se está dormido. Los recursos más utilizados son: a) los movimientos de los ojos debajo de los párpados, b) las contracciones de los párpados, manos o pies, y c) la respiración irregular. En el transcurso de una hora, lo recomendable es que el acompañante nos haya despertado como una docena de veces. Al principio, el sueño aparece pronto, quizá en la cuenta de 50, porque nos olvidamos de contar en cuanto aparecen los signos del sueño; pero, con el tiempo, contaremos hasta 100 o más y nos introduciremos de lleno en el sueño.

3. Técnicas de atención al cuerpo y al proceso REM

Si nos concentramos en el cuerpo cuando vamos a dormir, podremos notar alteraciones extremas; por ejemplo, que el cuerpo sufre vibraciones misteriosas, o que se queda completamente paralizado. Todos estos estados poco habituales tienen que ver con el sueño REM. En este período, todos los músculos voluntarios están paralizados, excepto los oculares y los que se usan en la respiración. Además de la parálisis muscular, hay bloqueo de la estimulación sensorial y activación cortical. Cuando estos tres sistemas funcionan a la vez, estamos en estado REM.

Pero no siempre se apagan o se encienden a la vez los circuitos REM. Por ejemplo, puedes despertarte antes de que el sistema de parálisis muscular se apague, y te encontrarás con una **parálisis del sueño**. Ocurre raramente al dormirnos y, más frecuentemente, al despertarnos. Puede producir terror el sentir que estamos inmovilizados y despiertos. Esta respuesta emocional desagradable es contraproducente, porque parece activar el sistema límbico y facilitar que la parálisis del sueño se mantenga (Laberge y Rheingold, 2014). Las parálisis del sueño son inofensivas. Se cree que las historias medievales de íncubos y súcubos probablemente derivasen de esta experiencia. En la parálisis del sueño, la persona debe relajarse, y esta desaparece progresivamente. Pero, para el soñador, es una situación que precede al sueño lúcido, por lo que la busca e intenta sacar provecho de ella con las siguientes prácticas:

3.1. Técnica de los cuerpos gemelos
(Laberge y Rheingold, 2014) o del doble cuerpo (Tholey, 1983)

Aquí el sujeto se concentra en el cuerpo, mientras cae dormido, y el cuerpo empieza a estar inmóvil. La técnica es conocida en la literatura esotérica como «proyección astral». El individuo sale de su cuerpo inmóvil mediante un segundo cuerpo, llamado «cuerpo astral». Al contrario de lo que defiende el esoterismo, esto sería una experiencia onírica, no real. Es imposible abandonar el propio cuerpo, por lo que, entendido esto, sobran las preocupaciones respecto a si habría problemas para volver al cuerpo. No se sale de él. Uno se imagina intensamente que tiene un segundo cuerpo, capaz de moverse y de flotar, caerse de la cama, doblarse u operar de cualquier otra forma; despegarse, en suma, del cuerpo inmóvil que permanece en la cama. Después de la separación del cuerpo físico, este segundo cuerpo, inicialmente aéreo o etéreo, se solidifica hasta parecer idéntico al cuerpo despierto habitual (Tholey, 1983). LaBerge y Rheingold (2014), basándose en Tholey (1983) y Rama (1984), describen cómo realizar esta técnica:

Técnica de los cuerpos gemelos o del doble cuerpo

1. **Relajarse**. Esta técnica, aunque podemos hacerla al principio de la noche, es más eficaz tras despertar de un sueño. Nos tumbamos boca arriba o en alguna postura apropiada para el sueño, como la del león. Tensamos los músculos y luego los relajamos, hasta que nos encontremos completamente relajados. Practicamos *mindfulness* o meditación, para que la mente no genere pensamientos.
2. **Poner la atención en el cuerpo**. Focalizamos la atención en él. Podemos usar alguna técnica de relajación o técnicas de *body scan*, típicas de *mindfulness*. Observamos cada parte del cuerpo de forma progresiva, intentando detectar cualquier sensación extraña o vibración, como las que hemos descrito antes. Irá asociada a parálisis muscular y sabremos que hemos entrado en la parálisis del sueño.

3. Abandonar el cuerpo y entrar en el sueño. Cuando percibimos que el cuerpo está completamente paralizado, recordamos que tenemos un doble onírico que puede seguir moviéndose y que puede salir de dentro del cuerpo. Imaginamos que estamos encarnados en ese doble cuerpo onírico y que se desprende del cuerpo físico. Para ello saltamos del cuerpo, caemos de él o gateamos de forma que la mente pueda «aceptar» esa salida, ese desprendimiento. Después flotamos o volamos por la habitación y ya estamos en un sueño lúcido.

No hay que olvidar nunca que seguimos en el sueño, no en la realidad, como a veces propugnan algunas teorías esotéricas. Si tienes alguna duda, LaBerge y Rheingold (2014) recomiendan leer dos veces el mismo pasaje de un libro y ver que cómo cambia, o mirar un reloj digital dos veces para comprobar que la hora cambia.

Tholey (1983) afirma que el estado de inmovilidad no es un estado intermedio imprescindible. Los soñadores lúcidos experimentados suelen evitarlo, porque es algo ligeramente desagradable. Cuando se aplican estas técnicas del cuerpo, el entorno aparece oscuro al principio, y se vuelve más luminoso conforme el cuerpo se mueve a partir de su posición inicial.

3.2. Técnica del cuerpo único

Tanto LaBerge y Rheingold (2014) como Tholey consideran que la técnica anterior es innecesaria y está basada en la mitología esotérica. Realmente, no tenemos dos cuerpos, uno físico y «pesado» y otro astral y etéreo. Solo hay un cuerpo que experimentamos, y no es el cuerpo físico, sino la imagen del cuerpo, la representación del cuerpo físico en nuestro cerebro; y la experimentamos cada vez que nos sentimos encarnados, ya sea en el cuerpo físico, en el cuerpo del sueño, o en los viajes astrales extracorpóreos (LaBerge, 1980). Esta técnica es una modificación de la anterior y prescinde de algo innecesario, como es el segundo cuerpo.

Como afirma Tholey (1983), esta técnica es más sencilla: uno simplemente hace que el cuerpo físico inmóvil parezca ser movible de nuevo. El individuo imagina que está en otra situación o lugar distinto al del cuerpo físico inmóvil en la cama. Es relativamente fácil, porque apenas existen estímulos sensoriales del mundo físico. Si el sujeto experimenta que el cuerpo ya no está en la cama, la inmovilidad desaparece pasado un corto espacio de tiempo. Otra alternativa es «disolver» el cuerpo físico inmóvil en una forma aérea y, después, solidificarlo hacia un cuerpo movible.

Técnica del cuerpo único de LaBerge y Rheingold (2014), basada en Tholey (1983) y Rama (1984)

1. **Relajarse**. Aunque esta técnica podemos hacerla al principio de la noche, es más eficaz tras despertar de un sueño. Nos tumbamos boca arriba o en alguna postura apropiada para el sueño, como la del león. Tensamos los músculos y luego los relajamos, hasta que nos encontremos completamente relajados. Practicamos *mindfulness* o meditación, para que la mente no genere pensamientos.

2. **Poner la atención en el cuerpo**. Focalizamos la atención en él. Podemos usar alguna técnica de relajación o técnicas de *body scan*, típicas de *mindfulness*. Observamos cada parte del cuerpo de forma

progresiva, intentando detectar cualquier sensación extraña o vibración, como las que hemos descrito al hablar de la fase REM. Irá asociada a una parálisis muscular y sabremos que hemos entrado en la parálisis del sueño.

3. **Abandonar el cuerpo y entrar en el sueño**. Cuando percibimos que el cuerpo está completamente paralizado, recordamos que la imagen corporal que actualmente estamos experimentando, como un cuerpo físico paralizado, no puede moverse en el espacio mental, porque la información sensorial cenestésica está diciéndole al cerebro que el cuerpo físico se encuentra inmóvil. Cuando la información sensorial se corte al entrar en el sueño REM más profundo, no habrá ninguna información, salvo el recuerdo que nos indique que el cuerpo esta en posición tumbada e inmóvil. Ahora podemos sentir el movimiento del cuerpo onírico sin que exista contradicción con los sistemas sensoriales, como ocurre en el sueño normal. Imaginamos que estamos en cualquier otra posición que no sea durmiendo en la cama y en cualquier otro escenario que no sea el dormitorio. Una vez que experimentemos que el cuerpo físico está fuera de la cama, no sentiremos la sensación de parálisis de sueño.

3.3. Técnica de la ausencia de cuerpo (LaBerge y Rheingold, 2014) o del yo como un punto (Tholey, 1983)

Tholey (1983), el primer autor que habló de esta técnica, afirma que se basa en la asunción de que la experiencia del propio cuerpo en el sueño es un fenómeno transferido del estado de despierto y es reemplazable. Es posible imaginar que, tras caer dormido, el yo consiste básicamente en un punto desde el que uno percibe y piensa en el mundo del sueño. Mientras nos adormecemos, hay que pensar que el cuerpo pronto no será perceptible y que, cuando alcancemos ese estado, podremos flotar libremente como un punto en el espacio, en una habitación idéntica a la que estamos durmiendo.

LaBerge y Rheingold (2014) también insisten en que nuestro cuerpo onírico es la imagen que nuestro cerebro tiene de nuestro cuerpo físico; es como un realismo metafísico infantil. En la vida diaria, el cerebro necesita constantemente una representación mental de nuestro cuerpo, construida basándose en la información sensorial que el cuerpo manda, para poder posicionarse en el mundo y, por ejemplo, no chocar contra la pared o tropezar en una piedra. Pero, en la fase REM, la inmovilidad es absoluta, el cuerpo físico no manda información al cerebro, que no necesita la imagen corporal, ya que no interacciona con el mundo. Pero el recuerdo hace que el cerebro mantenga esa imagen durante el sueño REM, aunque no sea necesario. Tholey (1983) afirma que: «La experimentación de nuestro propio cuerpo en un sueño es un fenómeno transferido del estado de vigilia».

Técnica de la ausencia de cuerpo o del yo como un punto

1. **Relajarse**. Aunque esta técnica se puede hacer al principio de la noche, es más eficaz tras despertar de un sueño. Hay que tumbarse boca arriba o en alguna postura apropiada para el sueño, como la del león. Tensamos los músculos y luego los relajamos, hasta que

estemos completamente relajados. Practicamos *mindfulness* o meditación, para que la mente no genere pensamientos.

2. **Pensar que pronto no vamos a sentir el cuerpo**. Mientras nos quedamos dormidos, nos concentramos en el pensamiento de que, cuando nos quedemos dormidos, nuestro cuerpo se volverá imperceptible.

3. **Flotar libremente en el sueño como un ego-punto**. Cuando ya no podamos sentir el cuerpo, imaginamos que nos encontramos en un punto de consciencia desde el que funciona nuestro mundo mental: pensamos, sentimos y actuamos. Podemos flotar libremente por el sueño como una mota o un globo.

3.4. Técnicas combinadas de cuerpo/ausencia de cuerpo y alucinaciones hipnagógicas (Tholey, 1983)

Aquí, el sujeto se concentra no solo en las imágenes visuales hipnagógicas o hipnopómpicas, sino también, y con la misma intensidad, en el propio cuerpo, ya sea múltiple, único o como un punto.

a) TÉCNICA DE CUERPO E IMAGEN: si el individuo se autosugiere que, en un estado relajado, su cuerpo (único o doble) es ligero y puede moverse libremente, ocurre que el cuerpo empieza a moverse. Parece que se desliza al escenario del sueño, o incluso puede conducir un coche o una moto, o montar un caballo.

Es más fácil que el cuerpo se deslice hacia el escenario si existe una impresión de movimiento unificado, como a veces ocurre en el estado de duermevela. Inicialmente, aparece un patrón de puntos en movimiento; después, cuando se establece el escenario, se ve, por ejemplo, una bandada de pájaros o un rebaño de ovejas en una dirección. Si en el campo visual se observan objetos en movimiento de forma unificada, el cuerpo puede tener la sensación de ir en dirección contraria. Los sujetos experimentados pueden influir, hasta cierto punto, en el movimiento del cuerpo modificando la dirección de su mirada. Este estado de deslizamiento a veces produce un cambio de escenario, en el que uno se puede mover libremente.

b) TÉCNICA DEL YO COMO UN PUNTO E IMAGEN: se diferencia de la anterior en que el sujeto también se concentra en la imagen mientras se está durmiendo. Si se ha establecido un escenario onírico, es posible viajar hasta él. El yo como un punto puede, en algunas circunstancias, entrar en el cuerpo de otra figura del sueño y usarla como motor. Es destacable que esta técnica del sueño es similar en concepto a la práctica tibetana del «phowa» o transferencia de la consciencia, en la que un individuo traspasa su consciencia a otro ser vivo o a un paraíso.

Las técnicas de atención al cuerpo en general las evalúa Levitan (1991) y observa un 23% de sueños lúcidos (43 de 191 intentos). Basándose en esto, la revisión de Strumpy y cols. (2012) considera que tienen una eficacia moderada.

4. Otras prácticas atencionales durante el sueño, occidentales y orientales

Hay muchas variaciones de estas técnicas atencionales: desde contar ovejas, hasta cualquier otro método de prestar atención mientras se produce el sueño. Se busca un regulador de la intensidad para pasar de estar despierto a dormido de forma progresiva. Se puede utilizar cualquiera que resulte cómoda. La tradición tibetana ha desarrollado una serie de visualizaciones complejas que veremos en el siguiente capítulo y que se basan en su visión del mundo. La clave es estar relajado, tumbado, esperando el sueño y, mientras, llevar a cabo una tarea mental repetitiva que te permita mantener tu mente despierta y darte cuenta de la transición.

5. Reentrada en el sueño

Consiste en entrar directamente en el estado de sueño después de un corto despertar tras un sueño. Se instruye al soñador en permanecer quieto y centrado en una actividad particular, como contar, mientras cae dormido. Utilizando este método, se podría entrar en el sueño sin perder la consciencia. Esta idea está basada en la tradición del yoga de los sueños tibetano (Wangyial, 2019). Existen dos métodos para centrarse que son: 1) contar, que implica que el participante se centre en contar mientras se queda dormido, y 2) imagen corporal, que consiste en centrarse en el cuerpo mientras se queda uno dormido. Parece una técnica eficaz con 43 sueños lúcidos de 191 intentos (23%), siendo la técnica de contar más favorable que la técnica de la imagen corporal. La revisión de Strumpy y cols. (2012) considera que tiene una eficacia moderada.

6. Técnica SSILD

Desarrollada en China hace pocos años (Zhang, 2013). Por su eficacia, se la llamó la «técnica secreta». Como la mayor parte de las técnicas WILD, la recomendación no es hacerlo cuando se va a dormir; ese es un momento poco favorable. Hay que hacerlo en la siesta o esperar a llevar 4-5 horas durmiendo, de forma que hayan aumentado los niveles de acetilcolina y los períodos REM sean más largos y cercanos al momento del sueño, porque es más fácil que resulte. Por eso suele asociarse a la técnica WTBT, que consiste en dormir 4-5 horas, levantarse y hacer alguna actividad durante algún tiempo, entre media y dos horas, y luego regresar a la cama. Se recomienda no hacerlo en posición tumbada si uno tiene facilidad para dormirse.

Se utiliza el concepto de ciclo: una rutina de tres pasos que se realizan uno detrás de otro. Habitualmente el ciclo es:

1. Atención a la vista. Cerramos los ojos y ponemos atención a la oscuridad tras los párpados. Mantenemos los ojos relajados y no intentamos visualizar nada concreto.

2. Atención al oído. Ponemos la atención en lo que oímos, ya sea externo, los propios sonidos corporales, como el latido del corazón, o el silencio.

3. Atención al cuerpo. Observamos el cuerpo y comprobamos si notamos alguna sensación especial, como cosquilleo, vibración, pesadez o ligereza. Si no es así, observamos las zonas de contacto del cuerpo con otros objetos.

No hay que buscar ni inducir ninguna sensación especial en ninguno de los tres focos; esto es un error. Solo mantenemos una atención pasiva.

El proceso sería el siguiente:

- **Hacemos un calentamiento con ciclos rápidos**. Hacemos 6 ciclos rápidos donde permanecemos en cada uno de los tres focos de atención unos 5 segundos. Esto nos llevará unos 90 segundos.
- **Hacemos el ciclo lentamente**. Ahora permanecemos en cada uno de los tres focos (ojos, sonidos y cuerpo) unos 30 segundos. Hacemos de nuevo unos 6 ciclos. Lógicamente, los tiempos y el número de ciclos es aproximado. Si nos damos cuenta de que nos hemos distraído, no pensamos que lo hemos hecho mal, simplemente volvemos a empezar el ciclo. Este «darnos cuenta de la distracción» ayuda a saber que estamos soñando.
- **Retomamos nuestra postura habitual para dormir**. No nos preocupamos de nada más, solo nos dejamos llevar por el sueño.

¿Qué ocurre luego? Hay varias opciones:

1. Hipnagogia. Son fenómenos perceptuales que se dan en la transición de la vigilia al sueño. Pueden tomar distintas formas: sensaciones de caer o de flotar, vibraciones, destellos visuales, colores, imágenes, voces de personas, chasquidos. Pueden aparecer mientras estamos realizando un ciclo, o una vez que hemos terminado y nos disponemos a dormir. Mantenemos la calma y observamos de una forma pasiva para dejar que las sensaciones se intensifiquen. Esta vía nos llevará directamente a un WILD.

2. DILD. Al estar trabajando la consciencia sensorial y la atención a la distracción, favorecemos que en mitad de un sueño ordinario la mente haga clic y nos demos cuenta de estar soñando.

3. Falsos despertares. Esta técnica provoca falsos despertares muy realistas. Suele ocurrir que, después de un rato, nos despertamos y no hemos tenido sueños lúcidos. Nos sentimos frustrados, porque no ha funcionado. Nos levantamos de la cama y, de pronto, volvemos a despertar en la cama. El primero ha sido un falso despertar.

Otros practicantes aseguran que SSILD les provoca insomnio, hasta que se dan cuenta de que esa sensación de estar despierto y no dormir era también un falso despertar. El insomnio real producido por SSILD es raro, y solo ocurre si la atención que prestamos no es pasiva, sino que es demasiado activa y hacemos demasiado esfuerzo. Como se comprueba, es aconsejable, siempre que despertemos, hacer uno o varios chequeos de la realidad.

4. Despertar real. Despertamos y siempre tenemos que hacer un chequeo de la realidad. Si es así, se recomienda hacer de nuevo unos ciclos rápidos. Es posible que aparezca hipnagogia más intensa. Si no percibimos nada, nos volvemos a dormir. Nadie sabe muy bien por qué funciona esta técnica. Se cree que la intensa relajación que produce y tener que aumentar la atención es la combinación perfecta para alcanzar la lucidez.

Aspectos positivos de SSILD:

Es muy fácil: ideal para principiantes. No requiere visualizaciones complejas.

No tenemos que estar un largo rato inmóviles, digamos 10-20 minutos mínimo, como ocurre en la mayoría de técnicas WILD. Mientras no se rompa el estado de concentración y relajación, podemos girarnos, rascarnos, etcétera.

No pierde efectividad con el tiempo, como ocurre con otras muchas técnicas, en las que existe cierto acostumbramiento. Aquí la efectividad aumenta, ya que nos familiarizamos con las experiencias y aumenta la lucidez.

14. Técnicas DILD y WILD orientales y versiones simplificadas occidentales

Todos los fenómenos son como un sueño,
un espejismo, una burbuja,
una sombra, una gota de rocío en la mañana,
el resplandor del relámpago.
Así es como debes meditar sobre ellos.

Sutra del Diamante

Introducción

Aunque las técnicas orientales no han sido evaluadas científicamente, muchos autores expertos en sueños lúcidos consideran que estas técnicas son muy eficaces (Holececk, 2020). Junto a los aspectos habituales de higiene del sueño occidental, la meditación se considera un componente básico y, por ello, se recomienda al menos media hora de meditación poco tiempo antes de dormir (Holececk, 2020).

En la tradición budista tibetana, el yoga del sueño es una parte del yoga del cuerpo ilusorio (Wentz, 1975; Padmasambhava, 1998).

Se cree que forma parte de las enseñanzas de un maestro llamado Lawapa de Urgyen, en el actual Afganistán, y que, en el siglo VIII, fueron introducidas en el Tíbet por Padmasambhava, el fundador del budismo tibetano, como parte de la enseñanza de los Seis Bardos (Padmasambhava 1998).

Hay una relación entre el cuerpo externo y el cuerpo interno. El cuerpo interno, a su vez, incluye varios subtipos, según las distintas tradiciones: cuerpo energético, emocional, astral, celestial, etérico y mental (Holecek, 2020). El yoga del sueño es un yoga interno que trabaja con el cuerpo interno. Este cuerpo se compone de 72.000 canales sutiles (*nadis*) por donde circula la energía primordial (*prana*). Hay tres canales que son los principales: el central (*shushumna*), que va recto desde la coronilla hasta la base de la columna vertebral, y los dos canales laterales (*ida* y *pingala*) que, desde las fosas nasales, ascienden a la parte superior de la cabeza y, desde allí, descienden, paralelos al canal central, también hasta la base de la columna. En varios puntos de estos canales se encuentran los chakras, que son ruedas o centros de energía con características y funciones diferentes. Están localizados en la base de la columna, genitales, plexo solar, corazón, garganta, frente y coronilla (Wangyal Rinpoche, 2019).

El cuerpo externo tendría, como equivalente a este sistema del cuerpo interno, el sistema circulatorio y el nervioso. Ambos cuerpos se influyen recíprocamente. En la tradición tibetana, se dice que el pensamiento, la mente, cabalga sobre el *prana*. Por eso, actuar sobre el cuerpo interno mejora extraordinariamente la salud física y la capacidad de meditar. En el *Tantra de Kalachakra*, el rey de los *tantras*, se dice que el *prana* crea y destruye sistemas mundiales colectivos e individuales. Por eso, el cuerpo sutil o interno es también clave en el yoga del sueño (Dalái Lama y Hopkins, 1994).

Los vientos o el *prana* fluyen a través de los canales y desplazan los *bindus*, que podríamos traducir como gotas de consciencia. Este suele ser el aspecto más difícil de entender para los occidentales. En el yoga del sueño (Wangyal Rinpoche, 2019; Holecek, 2020), los tres chakras principales, por su relación con el proceso del sueño, son:

- Chakra de la cabeza, en la coronilla: es blanco y su sílaba/ sonido es OM.
- Chakra de la garganta: es rojo y su sílaba/sonido es AH.
- Chakra del corazón: es azul y su sílaba/sonido es HUM.

Cuando estamos despiertos, la tradición tibetana afirma que los *bindus* se sitúan en el chakra de la cabeza. Cuando estamos dormidos, los *bindus* descienden al chakra del corazón, lo que corresponde al sueño profundo. Podemos prestar atención a este fenómeno. Cuando caemos dormidos, podemos observar si hay una sensación de caída, correspondiendo al descenso de los *bindus* desde el chakra de la cabeza hasta el del corazón. Y cuando despertamos, sobre todo si es bruscamente, hay que observar si notamos una subida rápida, que correspondería al ascenso de los *bindus* desde el chakra del corazón al de la cabeza.

Según la tradición budista tibetana, cuando soñamos, los *bindus* se encuentran en el chakra de la garganta, a medio camino del estado de despierto (los *bindus* están en el chakra de la cabeza) y del estado de sueño profundo (los *bindus* se encuentran en el chakra del corazón). Este proceso es inconsciente para nosotros, pero perfectamente consciente para un yogui avanzado. La práctica del yoga interno se asocia a lucidez en los sueños. La idea es que la consciencia acompaña a los *bindus*. Estos son transportados por los vientos que, a su vez, pueden ser influenciados por la mente. La forma que tiene la mente de influir en el cuerpo interno es con el uso de visualizaciones y de mantras. De esta forma, se guían los vientos y, consecuentemente, los *bindus*, a estos chakras. A esto se le llama «penetrar los puntos vitales».

Las prácticas fundamentales (Wangyial Rinpoche, 2019; Namkhai Norbu Rimpoché, 2012)

Consisten en una forma de percibir el mundo, ligada a la tradición budista tibetana, que facilita que la mente reconozca el sueño como ilusorio. Estas prácticas son:

1. Cambiar los rastros kármicos. Se basa en mantener continuamente durante el día la consciencia de que toda experiencia es un sueño. Tendríamos que ver las cosas como objetos del sueño, las personas, como los personajes del sueño, y los sucesos, como acontecimientos del sueño. Nuestro propio cuerpo lo visualizaríamos como transparente e ilusorio. Imaginamos que permanecemos todo el día en un sueño lúcido y nos repetimos continuamente: «Esto es un sueño». Tienes que sentir que el mundo es el *samsara* y que nosotros debemos desplazarnos con cuidado en él, para no generar *karma*.

Esta práctica tiene mucho que ver con la técnica DILD occidental de «verificación de la realidad». La diferencia es que, en Occidente, ponemos el énfasis en que lo que nos rodea es, o puede ser, un sueño, y buscamos fenómenos no habituales. En el budismo, se pone el énfasis en el sujeto, en que todos nuestros fenómenos mentales, pensamientos y emociones son un sueño. Nuestro enfado, apego, miedo o preocupaciones SON UN SUEÑO. En ese sentido, se parecería también a la recapitulación tolteca, porque intenta desestructurar el yo, no perder la energía mental que genera el diálogo interno. Nos podemos visualizar como una figura onírica, como una especie de fantasma.

2. Eliminar el apego y el rechazo. Como consecuencia de lo anterior, es lógico que los fenómenos vagos e ilusorios del sueño no generen apego. De hecho, esta segunda práctica es la medida de que la primera la estamos haciendo bien: si vemos todo sin apego/rechazo, con ecuanimidad, es que estamos considerando que todo es un sueño.

3. Fortalecer la intención. Cada noche, al ir a dormir, hay que revisar los sucesos del día, siempre del presente hacia atrás: como se hace en los sueños, desde el último recuerdo se va reconstruyendo la escena hacia atrás. Debemos considerarlos como recuerdos de un sueño. Desarrollamos ahora la intención de tener un sueño lúcido esa noche. Esta práctica tiene mucho que ver con la técnica DILD occidental «de intención».

4. Cultivar la memoria y el esfuerzo gozoso. Hay que empezar el día con la firme intención de mantener la práctica. Se debe examinar la noche anterior para ver si recordamos algún sueño y si estuvimos lúcidos, y sentir esa felicidad. Generar, durante el día, la intención de desarrollar un sueño lúcido. La clave es reconocer todo como un sueño, tanto lo que ocurre estando despierto como dormido, sin diferencia entre un estado y otro.

Yoga del cuerpo ilusorio
(Padmasambhava, 1998)

El libro general de Padmasambhava que trata sobre el yoga del sueño se titula *Liberación natural* y se refiere a que «Todos los fenómenos son no existentes, pero aparecen como si existiesen de varias formas, por ejemplo, blanco y rojo. Todo es impermanente, pero lo percibimos como permanente; todo es no existente, pero lo percibimos como existente… Considera que todas las cosas, ya que no tienen permanencia, estabilidad o inmutabilidad, no poseen naturaleza inherente, son como una ilusión».

La práctica del **yoga del cuerpo ilusorio impuro** se hace como sigue. Sitúa un espejo muy claro frente a ti. Báñate y ponte buenos vestidos y joyas. Ensálzate y observa si se genera una emoción de placer o displacer. Cuando haya placer, podemos decirnos: «Cada vez que surge placer cuando se ensalza este cuerpo, que es como el reflejo en un espejo, estoy confuso. Este cuerpo es una simple apariencia, debido a la suma de causas y condiciones dependientes, pero nunca ha existido. ¿Por qué aferrarse a este cuerpo y complacerse en él?». Meditamos, durante un tiempo, en la imagen reflejada en el espejo. Posteriormente, criticamos el cuerpo, sentimos el displacer y generamos desapego. Esa sería la primera sesión.

No es suficiente meditar una o dos veces sobre este tema como si fuese una curiosidad, sino que deberíamos hacerlo durante muchos días, hasta desarrollar una actitud de desapego al cuerpo. Muchos de nosotros habremos experimentado durante la infancia una gran cantidad de halagos de nuestros padres y familia hacia nosotros y nuestra apariencia. De esta forma, desarrollamos apego a los halagos durante toda la vida y somos capaces de hacer cualquier cosa por obtenerlos, nos mezclamos completamente con el pensamiento mundano, y nuestra única preocupación es la opinión de los demás.

Luego, nos entrenamos en el aprendizaje de que todos los sonidos son como un eco; debemos ir solos a un lugar donde haya eco. Debemos gritar palabras agradables y desagradables; cuando el eco las devuelva, observamos cómo generamos emociones agradables o desagradables ante algo vacío. Sobre esa base, practicamos la sensación de que nuestras palabras y las de los demás son como un eco. Posteriormente, nos entrenamos en que nuestros pensamientos sean como un espejismo. Imaginamos un espejismo y comprobamos que no puede ser encontrado por mucho que se busque, lo mismo ocurre con el ensamblaje de pensamientos que mueve la mente; aunque se busque, no se puede encontrar, porque los pensamientos no tienen una existencia inherente, como un espejismo. Esta sería la segunda sesión.

Más tarde, imaginamos que nuestro cuerpo, reflejado en el espejo, se disuelve en nuestro propio cuerpo físico. Meditamos sobre nuestro cuerpo como una apariencia que no tiene naturaleza propia. Y consideramos estas palabras del Buda, quien comparaba todos los fenómenos con estas diez analogías: «Todos los fenómenos compuestos son una ilusión, como un sueño, como un espejismo, como un reflejo, como una ciudad de *gandharvas* (una deidad de bajo nivel, producto de haber practicado una ética básica), como un eco, como el reflejo de la luna en el agua, como una burbuja, como una ilusión óptica, como un fantasma. No existen realmente».

Imaginamos que alguien nos dice palabras agradables, y nos gusta, o desagradables, y nos disgusta. Neutralizamos esos sentimientos con las diez metáforas del Buda. Imaginamos que somos robados, golpeados y maltratados. Neutralizamos los sentimientos desagradables meditando sobre la ausencia de naturaleza inherente. Sentimos que somos ensalzados y criticados, y neutralizamos ambos sentimientos. Esta es la tercera sesión, y, cuando desaparezca cualquier sentimiento de agrado o desagrado, habrás dominado el yoga del cuerpo ilusorio impuro.

El yoga del cuerpo ilusorio puro es una práctica avanzada, en la que el discípulo visualiza una deidad otorgada por su maestro, generalmente Vajrasattva. La imagen aparece como un objeto mental, sin naturaleza inherente, e imaginamos que se disuelve en nuestro propio cuerpo y que nuestro cuerpo se convierte en él. Con el tiempo, podemos ver así a todos los seres animados e inanimados, sin existencia inherente. Al principio, es una visualización, pero con el tiempo se convierte en una percepción directa de la realidad. Ambos yogas del cuerpo ilusorio permiten que controlemos el sueño durante la noche, algo que es difícil de conseguir desde el mismo sueño. Puede comprobarse la enorme semejanza y fundamento de esta práctica tibetana y la práctica de las máscaras toltecas que veremos en el siguiente capítulo.

Técnicas WILD orientales

Incluyen prácticas preparatorias y principales:

a) PRÁCTICAS PREPARATORIAS ANTES DE DORMIR
Se recomiendan tres (Wangyal Rinpoche, 2019):

1. Práctica de la respiración de purificación en nueve rondas: se describe más tarde.

2. El yoga del gurú: se requiere tener un maestro formal o gran confianza en alguien que enseñe la tradición budista. Consistiría en fusionar nuestra consciencia con la suya, sintiendo que la suya es la consciencia primordial.

3. Protección: adoptando la postura del león, hay que visualizar las *dakinis* que nos rodean y protegen. Hay una *dakini* (seres energéticos en forma femenina que representan el movimiento de la energía en el espacio) del yoga del sueño llamada Salgye Du Dalma («aquella que clarifica más allá de la concepción»). Podemos visualizar a las *dakinis* rodeándonos en la habitación y protegiéndonos. Creamos la firme intención de tener sueños vívidos. Transformamos nuestra habitación en un entorno protegido y sagrado.

b) PRÁCTICAS PRINCIPALES (Wangyal Rinpoche, 2019; Namkhai Norbu Rimpoché, 2012)

Son las siguientes:

1. Llevar la energía a los canales centrales: se practica en las primeras dos horas de la noche. Nos acostamos en la postura del león y nos concentramos en la A pura, traslúcida y teñida de rojo por el color de los cuatro pétalos rojos del chakra de la garganta, donde la visualizamos. Habría cuatro letras en cada uno de los pétalos del chakra: RA en el de delante, LA en el de la izquierda, SHA en el posterior y SA en el de la derecha. Podemos obviar las letras de los pétalos y, simplemente, fundirnos con la A central. El objetivo de esta práctica es llevar el *prana* al canal central.

2. Incrementar la claridad: nos despertamos dos horas más tarde y mantenemos la postura del león. Practicamos la respiración siete veces. Cuando inspiremos, intentaremos mantener el aire en la zona del ombligo. Para ello, contraemos los músculos del perineo al inspirar como si hiciesen barrera e impidiesen que bajase el aire del todo, quedándose en la zona del ombligo. Al espirar, la relajación muscular es total. Mientras, nos concentramos en el *bindu* blanco en el chakra del entrecejo, al tiempo que nos vamos quedando dormidos. Permitimos que la luz blanca inunde todo, hasta fusionarnos con la luz.

3. Fortalecer la presencia: volvemos a despertarnos dos horas después y nos acostamos sobre una almohada alta y grande, con las piernas cruzadas ligeramente, en posición cómoda. Nos concentramos en la letra HUNG de color negro en el chakra del corazón. Respiramos 21 veces de forma profunda y suave, y nos fundimos con el HUNG negro. Desarrollamos una sensación de seguridad.

4. Desarrollar la ausencia de miedo: tras otras dos horas, volvemos a despertar. Ahora no necesitamos ninguna postura o respiración específica. Nos concentramos en el *bindu* negro y luminoso del chakra secreto, detrás de los genitales. Nos dormimos fusionados con esa luz negra.

Cada vez que despertamos, tratamos de estar presentes: nos quedamos en la postura en que nos hayamos despertado y repasamos lo que ha ocurrido anteriormente. Generamos la intención, durante el día, de practicar la meditación atencional. Mantenemos siempre la atención y la presencia, esto es lo más importante.

Practicas principales según Padmasambhava (1998)

Se estructuran en siete sesiones y en tres aprendizajes. Seguimos su descripción:

Captando el estado del sueño

Primera sesión. Soñar está producido por las predisposiciones latentes; por tanto, durante el día, consideramos todas las apariencias como un sueño, como una ilusión. Tenemos que imaginar que todo lo que nos rodea es una ilusión: nuestra casa, nuestra ciudad, nuestro entorno, los compañeros, nuestras conversaciones y actividades. Debemos decirnos en voz alta frecuentemente: «Esto es un sueño». Combinamos esta práctica con el yoga del cuerpo ilusorio impuro. Cuando vayamos a dormir, hacemos el voto de despertar en el sueño y, tumbados en la postura del león, visualizamos que somos la deidad elegida y dormimos así. Si tenemos dificultades, desarrollamos el orgullo *vajra* (el orgullo de ser la deidad elegida) y dormimos en la confianza de que captaremos el estado del sueño.

Por la mañana, nos alegramos si hemos despertado en el sueño y, si no, desarrollamos una aspiración aún más intensa. Pensamos: «Ni uno solo de los sueños que he tenido esta noche permanecerán durante el día. Por otra parte, ni una sola de las actividades que he realizado durante el día permanecerán durante la noche. No hay diferencia entre los sueños del día y los sueños de la noche».

Segunda sesión. Si, pese a repetir estas prácticas a menudo, no captamos el estado del sueño (no se vuelven lúcidos), seguimos realizándolas y añadimos el visualizar nuestra deidad elegida vivamente en nuestra garganta, del tamaño de un pulgar, cuando vamos a dormir. Dirigimos nuestra atención hacia ella, de forma relajada, para caer dormidos mientras la visualizamos y pensamos que reconoceremos el estado del sueño.

Tercera sesión. Si seguimos teniendo dificultades para reconocer el estado del sueño, visualizamos en nuestra garganta un loto de cuatro pétalos con la letra OM en el centro, AH en el pétalo frontal, NU en el de la derecha, TA en el de la parte posterior y RA en el de la izquierda. Primero, dirigimos la atención hacia la OM central; cuando empecemos a estar aturdidos por el sueño, ponemos atención en la AH frontal; conforme vamos cayendo dormidos, nos movemos a la NU de la derecha; cuando estemos más profundamente dormidos, pasamos a la TA posterior, y cuando hayamos caído dormidos, ponemos la atención en la RA de la izquierda. Intentamos que no haya ningún otro pensamiento en nuestra mente en todo este proceso.

Cuarta sesión. Si las sílabas semilla en el loto no las vemos de forma clara y seguimos sin captar el estado de sueño, focalizamos nuestra atención de forma clara y vívida en un *bindu* de luz en nuestra garganta y establecemos la intención de despertar en el sueño mientras dormimos.

Con estas prácticas, incluso el discípulo menos dotado comprenderá el estado del sueño en un mes. Al principio, habrá más sueños, luego serán más claros y, finalmente, comprenderemos que son un sueño. Si aparece alguna pesadilla, es fácil reconocerla y decir: «Esto es un sueño». Si, pese a todo, no captamos el estado de sueño, puede ser porque hemos roto alguno de nuestros votos tántricos. Debemos tomar refugio, desarrollar la *bodhichitta*, restaurar nuestras faltas mediante la confesión, practicar el mantra de cien sílabas, hacer ofrendas, evitar la contaminación por deseos mundanos y seguir practicando. Como máximo, en 2-3 meses deberíamos poder captar el estado del sueño.

Entrenando la transformación y emanación en el sueño

Quinta sesión. Una vez captado el estado del sueño, pensamos: «Puesto que ahora estoy en el cuerpo de sueño, este puede ser transformado de cualquier manera». Nos transformamos en cualquier cosa que aparezca en el sueño: una aparición demoníaca, un mono, gente, perros, etcétera. Nos transformamos, mediante la meditación, en la deidad elegida. Nos multiplicamos en muchas deidades, como una emanación, y nos transformamos en todo lo que queramos.

Sexta sesión. En el estado de sueño, podemos ir, si desarrollamos una profunda aspiración, al reino puro de Abhirati (La Tierra Pura del Este o el Reino de la Alegría), en el este, o a la Tierra Pura de Orgyen, en el oeste. Podemos ir a cualquiera de ellos y profundizar sobre las enseñanzas. Podemos subyugar las apariciones demoníacas, emanar como un ave garuda (ser mitológico del panteón tibetano con aspecto humano y alas de águila), como la divinidad Hayagriva u otras, y transformarnos en lo que queramos. Practicamos el condensar muchas cosas en una y en multiplicar una en muchas.

Séptima sesión. Reconocido el estado del sueño, podemos aspirar a viajar a un reino puro, o podemos permanecer en nuestro entorno y considerarlo un reino puro. Podemos visualizar cualquiera de los budas o deidades que deseemos. Podemos ir a la orilla de un gran río y, siendo conscientes de que no hay nada que temer, saltar y dejar que nos lleve la corriente. Al principio, debido al autoaferramiento, tendremos miedo, pero cuando nos hayamos acostumbrado, desaparecerá. De forma similar, practicamos así con cualquier peligro producido por los cuatro elementos: fuego, precipicios, animales carnívoros. La clave de todo esto es entrenarnos durante el día en ver todo como un sueño y en la práctica del cuerpo ilusorio. Y, por la noche, poner nuestra atención, sin distracción, en la garganta y visualizar la deidad elegida, sílabas sagradas o *bindus*.

Dispersar los obstáculos del sueño

Se expondrá en el capítulo 19: «Técnicas para mantener el sueño lúcido».

VERSIONES SIMPLIFICADAS OCCIDENTALES

Laberge y Rheingold (2014) describen tres técnicas del budismo tibetano que simplifican y aíslan de su contexto religioso, a fin de que sea más sencilla su utilización para los practicantes occidentales. Son técnicas de atención a las imágenes hipnagógicas, utilizando, como soporte, una visualización compleja, que tiene una simbología específica dentro del budismo tibetano. Las visualizaciones para obtener sueños lúcidos en la tradición tibetana suelen situarse en la garganta, ya que este chakra se asocia a los sueños, lo mismo ocurre en la kábala (Holecek, 2020). Ya hemos explicado que el chakra de la garganta se considera que regula el proceso del dormir y de soñar (Evans-Wentz, 1975).

PRELIMINARES

Describiremos tres técnicas preliminares de estabilización y purificación antes de dormir que preceden a la técnica de inducción principal. Puede realizarse cualquiera de ellas o varias. Son las siguientes:

- Respiración en forma de olla.
- Respiración de purificación en nueve rondas.
- Perlas negras.

RESPIRACIÓN EN FORMA DE OLLA

Es una respiración clásica en la meditación del budismo tibetano. Se recomienda que sea enseñada por un maestro. Así la resume el gran maestro zen vietnamita Thich Nhat Hanh:

Técnica de la respiración en forma de olla (adaptada de Hanh, 2007)

1. **Adoptar una postura cómoda.** Habitualmente, se recomienda hacer esta práctica en postura sentada y no tumbado para evitar dormirse, pero las primeras veces podemos hacerla tumbados para experimentar mejor la respiración. Cerramos los ojos, apoyamos las manos en la parte inferior del abdomen de forma que los pulgares toquen la parte inferior de las costillas y los dedos corazón se sitúen por encima del ombligo.

2. **Observar la respiración.** Hacemos una larga y lenta inspiración, seguida de otra larga y lenta espiración. Volvemos, poco a poco, a un ritmo normal de respiración, pero algo más lento y profundo. Sentimos los movimientos del abdomen y cómo este se llena de aire a partir del abdomen y, posteriormente, hacia el tórax.

3. **Respirar lenta y profundamente en forma de olla.** Dejamos que la respiración encuentre un ritmo tranquilo y profundo. Sin forzar, intentamos que el abdomen contribuya más a la respiración y adquiera una forma más redondeada, en forma de olla. Cuando lo consigamos, visualizamos cómo el *prana*, la energía del aire según la tradición yóguica, en forma de luz blanca o amarilla, inunda nuestros pulmones y, posteriormente, todas las células de nuestro cuerpo.

RESPIRACIÓN DE PURIFICACIÓN EN NUEVE RONDAS (HOLECEK, 2020)
También se denomina «expeler el aire impuro». Es útil si se padece insomnio y para mejorar los sueños lúcidos. En postura sentada y con la columna derecha, colocamos los pulgares en la base del dedo anular, lo que cierra un canal sutil asociado con el pensamiento discursivo. Luego:

- Tapamos la fosa nasal derecha con el índice derecho.
- Tomamos una respiración profunda por el conducto izquierdo y, cuando los pulmones estén llenos, hacemos una pausa.
- Iniciamos la espiración de forma suave y lenta, pero, al final, espiramos todo el aire con fuerza, a la vez que estiramos los dedos de la mano izquierda.
- Sentimos que todo el aire inútil se espira no solo por el conducto nasal izquierdo, sino también por cada poro de nuestra piel.
- Repetimos este proceso tres veces.
- Hacemos lo mismo tapando con el índice izquierdo el conducto nasal izquierdo. Lo repetimos tres veces.

Las tres últimas veces no tapamos ningún conducto nasal y respiramos por ambos y, al espirar, estiramos los dedos de las manos.

PERLAS NEGRAS (HOLECEK, 2020)
Resulta útil si se tiene insomnio o cualquier otra circunstancia que impida dormir. Consiste en visualizar dos perlas negras en la parte de debajo de los pies, intentando sentirlas realmente en ese lugar de forma intensa. Situando la atención en los pies, estamos llevando los vientos a ese lugar, desplazamos la consciencia a esa zona. Se denomina «el camino extremo al medio». Lo que pretendemos es que los vientos y los *bindus* no se queden atascados en el chakra

de la cabeza, lo que produce insomnio, sino llevarlos al chakra del corazón, que es lo que ocurre en el sueño.

TÉCNICAS FUNDAMENTALES WILD ORIENTALES SIMPLIFICADAS POR OCCIDENTALES

LaBerge y Rheinhold (2014) describen tres técnicas tibetanas.

1. La técnica del punto blanco y la técnica del punto negro, ambas tomadas de Evans-Wentz (1975).
2. La técnica del loto y la llama, tomada de Tarthang Tulku (1981).
3. La técnica de dibujar un loto de cuatro pétalos (Holecek, 2020).

TÉCNICAS DEL PUNTO BLANCO Y DEL PUNTO NEGRO

Consisten en visualizaciones de un punto blanco o negro, ligado a los chakras, asociado a la intención de despertar en el sueño. Serían una mezcla de la técnica de observar las imágenes del sueño usando esta visualización + técnica de la intención.

Técnica del punto blanco

Al acostarnos
- Decidimos firmemente reconocer el estado del sueño.
- Visualizamos en nuestra garganta la sílaba AH de color rojo y muy radiante. Esta sílaba, según la tradición yóguica, es el sonido especial o «sílaba semilla» asociada a este chakra.
- Nos concentramos en la luz que emite la sílaba AH, que ilumina el universo, y nos hacemos conscientes de que todo es irreal, de que todo posee la naturaleza de los sueños.

Al amanecer (en los últimos sueños REM)

- Practicamos 7 veces la respiración en forma de olla.
- Desarrollamos 11 veces la intención de comprender la naturaleza del sueño de forma que se convierta en lúcido.
- Concentramos nuestra mente en un punto de color blanco-hueso situado entre las cejas, hasta que descubramos que estamos soñando.

Técnica del punto negro

Al acostarnos

- Concentramos nuestra mente en un punto de color blanco-hueso situado entre las cejas.

Al amanecer

- Practicamos 21 veces la respiración en forma de olla.
- Desarrollamos 21 veces la intención de comprender la naturaleza del sueño, de forma que se convierta en lúcido.
- Concentramos nuestra mente en un punto negro en forma de pastilla situado en la base del pene o de los ovarios, hasta que descubramos que estamos soñando.

TÉCNICA DEL LOTO Y LA LLAMA

Tarthang Tulku (1981) explica que el yoga del sueño está principalmente ligado a la orden Nyngma, la más antigua de las cuatro escuelas del budismo tibetano, ya que estas técnicas las llevó al Tíbet el sabio y místico del siglo VIII Padmasambhava, fundador de dicha orden. Tarthang Tulku (1981) describe que la llama representa la consciencia que es capaz de mantener la continuidad entre la vigilia y el sueño. Y el loto, según la iconografía budista tibetana, representa el desarrollo espiritual desde lo más humilde (el loto crece en el barro) hasta la perfección (ya que se considera una de las flores más bellas). Representa la iluminación que puede surgir aun partiendo de lo más material. Se debe tener en cuenta el significado de este simbolismo mientras visualizamos.

Debemos ser conscientes de que los occidentales visualizamos con dificultad, porque no es una habilidad que estemos acostumbrados a desarrollar. Hay un pequeño porcentaje de personas que son más visuales, a las que les resultará más fácil, pero la mayoría de nosotros tendremos que ejercitarnos en la visualización para hacer este ejercicio. Podemos entrenarnos visualizando una llama real e intentando reproducirla en nuestra mente con los ojos cerrados.

Técnica del loto y la llama

1. **Relajarse**. Aunque se puede practicar esta técnica al principio de la noche, es más eficaz hacerlo tras despertar de un sueño. Hay que tumbarse boca arriba o en alguna postura propia para el sueño, como la del león. Tensamos los músculos y luego los relajamos, hasta que estemos completamente relajados. Practicamos *mindfulness* o meditación, para que la mente no genere pensamientos.
2. **Visualizar la llama en el loto**. Visualizamos en nuestra garganta una flor de loto de pétalos blandos de color rosa claro, que se enroscan ligeramente hacia dentro. En el centro del loto imaginamos una

llama incandescente de color naranja. Observamos la llama que es más brillante en los extremos que en el centro. Nos concentramos en la parte superior de la llama.

3. **Observar las imágenes del sueño.** Las imágenes del sueño aparecerán necesariamente y se mezclarán con la visualización de la llama en el loto. No generamos ningún pensamiento y mantenemos la visualización.

4. **Mezclarse con la llama y entrar en el sueño.** Observamos la llama hasta que sintamos que ella y nuestra consciencia se funden. Cuando esto ocurra, estaremos metidos en las imágenes del sueño que se estaban produciendo alrededor de la llama y descubriremos que estamos soñando.

La técnica de dibujar un loto de cuatro pétalos (Holecek, 2020)
Es una técnica de atención en la que se visualiza un objeto de gran tradición simbólica, como un loto en el chakra de la garganta, donde se produce el proceso del sueño. El esquema de la práctica sería este:

- Cuando nos echamos a dormir, ponemos las manos en el ombligo y contamos 21 respiraciones.
- Visualizamos un loto rojo de cuatro pétalos en la garganta.
- Visualizamos el boceto general del loto varias veces para que la imagen general quede en la mente.
- Llevamos la atención al pétalo frontal, el más cercano a nosotros, y permanecemos allí unos segundos; y, posteriormente, nos desplazamos al pétalo de la derecha y permanecemos dibujándolo durante unos segundos.

- Cuando notemos que estamos algo más dormidos, saltamos al pétalo posterior, el más lejano, y lo dibujamos durante un tiempo.
- Cuando el sueño sea más profundo, nos desplazamos al pétalo de la izquierda y lo dibujamos unos segundos.
- Cuando apenas podamos mantenernos despiertos, saltamos al centro del loto y nos dejamos ir.

Esta «visualización descendente» es una de las prácticas más potentes, según Holecek (2020), aunque no es útil para todo el mundo. Como todas, requiere tiempo y paciencia.

15. Prácticas chamánicas diurnas y nocturnas

> El mundo que perciben es una ilusión:
> una ilusión creada por la descripción que les contaron
> desde el momento mismo en que nacieron.
>
> CARLOS CASTANEDA, *El arte de ensoñar*

Basándose en la visión del mundo y del ser humano que tiene el chamanismo y que hemos explicado en el capítulo 6, las principales prácticas del sueño chamánicas, diurnas y nocturnas, serían las que siguen.

PRÁCTICAS DIURNAS

1. Disminuir la importancia personal

Ya se ha descrito que, dado que la energía del ser humano es limitada, si quiere dedicarla al sueño, debe redistribuirla, eliminándola de otros menesteres, lo que se denomina «el camino de los brujos» o «camino del guerrero». Se recomienda no encarar el mundo de la forma habitual, es decir, resignándose a sus demandas o peleando. La alternativa es disminuir la «importancia personal». Para ello, no hay que emplear nuestra energía en la compulsiva presentación y defensa del «yo», en la preocupación acerca de ser o no admirados, queridos o aceptados. Como se ve, esta visión es muy parecida al concepto de los ocho *dharmas* mundanos del budismo tibetano, en los que se intenta ser ecuánime ante la pérdida y la ganancia, la crítica y el elogio. También, todo ello, para disminuir la sensación del «yo».

2. La recapitulación

a) ORDENADA

Puesto que los sueños utilizan las experiencias que hemos tenido desde nuestro nacimiento, una forma de liberarlos de ellas, para dejar paso a la consciencia, es la recapitulación o rememoración de la vida. Consiste en traer al recuerdo cada uno de los momentos de nuestra vida con el máximo detalle posible. Este proceso permite que nos liberemos de bloqueos emocionales, nos deshagamos de la pesadez de nuestras vidas y nos volvamos más y más vaporosos.

El cúmulo de emociones, frustraciones, temores y ofensas recibidas componen nuestros sueños normales. La recapitulación libera la energía que ha quedado atrapada en cada experiencia positiva o negativa de nuestras vidas. Por eso, se debe escribir todo lo que se recuerde, bueno y malo, e intentar zanjar los asuntos pendientes. Por ejemplo, si en la infancia nos sentimos ofendidos por un amigo, parte de nuestra energía quedó atrapada en esa experiencia. Si la escribimos, junto con nuestras impresiones sobre el hecho, y perdonamos a esa persona que nos ofendió, esa energía volverá. El mismo proceso sería necesario si hubiésemos sido nosotros los responsables de la ofensa. Disculpándonos por escrito, ante nosotros mismos, recuperaremos la energía perdida en esa emoción. Debe hacerse lo mismo con las experiencias positivas. Recordándolas y escribiéndolas, podremos recuperar la energía que quedó en ellas.

La mejor forma de llevar a cabo la recapitulación es haciendo una lista de todas las personas que hayamos conocido en nuestra vida, empezando por el presente. Luego, todo eso se debería ordenar, dividiéndolo en áreas de actividad: trabajo, familia, escuela, viajes, amigos. Y, finalmente, revivir y escribir con todo detalle las experiencias vividas con esas personas, desde la primera a la última. El detalle es muy importante; no hay que quedarse sólo en la superficie o en lo genérico.

Escribir una biografía, con todos los acontecimientos, personas y sentimientos que recordemos de nuestra vida, es un trabajo arduo que puede llevar años, pero lo importante es empezar e ir progresando. De esta manera, las experiencias que nos han marcado durante nuestra vida quedarán resueltas al volver a analizarlas. La recapitulación debe ser un documento íntimo, donde se vierta la verdad que uno percibe sobre sí mismo. Cuanto más honrados seamos, menor importancia personal tendremos y ahorraremos más energía para el entrenamiento en el control de los sueños.

Mientras se recapitula, hay que emplear una técnica de relajación basada en la respiración. La respiración es un vehículo mágico para los chamanes: la espiración permite expulsar energía ajena que se quedó en uno durante el acontecimiento que se está recapitulando; y la inspiración sirve para traer la energía que dejó uno en dicho acontecimiento. Conforme se vaya realizando la recapitulación de forma ordenada, y con el máximo detalle posible, se irá acumulando cada vez más energía, que se puede utilizar para el control de los sueños.

Pasos de la recapitulación

1. **Decidir hasta qué punto uno va a implicarse** en el intento por controlar sus sueños y el tiempo del que se dispone para ello.

2. **Adquirir una actitud vital ecuánime,** adaptándose a las circunstancias personales que vayan surgiendo, con tranquilidad y decisión firme. Es importante no perder más energía.

3. **Confeccionar una lista con todas las personas que se han conocido a lo largo de la vida,** empezando por el presente.

4. **Ordenar esa lista por áreas de actividad**: trabajo, familia, amigos, escuela, viajes.

5. **Recordar y escribir, con el máximo detalle posible, todos los sucesos que hayamos vivido** en relación con cada persona, indicando:
   • Escenario en que se desarrolló.
   • Personas presentes.
   • Sentimientos que tuvimos.

6. **Mientras se rememoran las situaciones en que ha habido interacción con otras personas, hay que respirar rítmicamente**, sintiendo que expulsamos la energía de otros y recuperamos la nuestra. Perdonamos a las demás personas y a nosotros mismos, hasta que sintamos que ya no existen emociones intensas en esa situación.

7. **Hacer esta tarea con diferentes personas/situaciones en las diferentes áreas.**

8. **Recapitulación al azar**: una vez que hayamos terminado con todas las personas de la lista, lo que puede llevar varios años, comenzamos una recapitulación desordenada, como se explica en el siguiente punto.

Terminar la recapitulación ordenada puede llevar años, y aquí es donde decidimos el grado de control que deseamos alcanzar.

b) Recapitulación desordenada o aleatoria

Si se desea seguir avanzando en el grado de control sobre los sueños, entonces se puede comenzar con la segunda parte: la recapitulación desordenada. Consiste en sumirse en un estado de silencio y relajación mental durante unos minutos, sin pensar en nada para, a continuación, escoger la vivencia que se va a recapitular. Al contrario que en la recapitulación ordenada, en este modelo no se tiene que seguir una secuencia ordenada, sino dejarse fluir y elegir al azar. No hace falta pensar la escena de nuestra vida que se va a elegir, sino lo primero que llegue a nuestra mente, sin pensarlo. Cuando termine esta recapitulación desordenada, estaremos en disposición de convertirnos en maestros del control de los sueños lúcidos.

Los efectos de la recapitulación son:

1. Nos obliga a mirarnos a nosotros mismos para dejar de ser espectadores y pasar a ser actores.

2. Al dejar de identificarnos con nuestra biografía (en la recapitulación) o con nuestra cara actual (ejercicio de la máscara), la historia de nuestra vida, nuestra cara y nuestro yo se van desligando, hasta que se rompe el vínculo.

3. Ejercicio de la máscara

Es un ejercicio que también permite la deconstrucción del yo, como la recapitulación chamánica y como el yoga del cuerpo ilusorio tibetano. Cuando soñamos, somos el mismo personaje que en la vida de vigilia. Ese único personaje produce que nos repitamos tanto en vigilia como en los sueños. Uno de los primeros trabajos es romper la relación entre nuestra cara, es decir con nuestro yo, y nuestro pasado. El medio que se utiliza es ponernos una máscara frente a un espejo. La práctica se llama en la tradición tolteca «el quetzal venerable». El quetzal es uno de los pájaros sagrados de México, actualmente en peligro de extinción. Cuando vuela, pierde el color verde y se transforma en colores iridiscentes. La práctica haría perder nuestro yo y nuestro pasado, convirtiéndonos en un ser de luz. Se utilizan dos tipos de máscaras: unas de nariz larga, que representan el tonal, y otras de nariz chata, que representan el nagual. Los primeros 15 días se usan máscaras de tonal, con nariz; posteriormente, máscaras de nagual, sin nariz. Se puede cambiar de máscara 2-3 veces cada día, por eso conviene tener varias de cada tipo. Seguiremos nuestra intuición para hacer el cambio.

La práctica consiste en ponerse de pie frente a un espejo, colocarse una máscara y narrar ante el espejo, con la máscara puesta, la historia de nuestra vida. Hay que contar en voz alta nuestros problemas, nuestras preocupaciones, en suma, nuestra biografía, como si se lo contásemos a un psicoterapeuta. Aquí se puede unir tonal y nagual, mente consciente e inconsciente. Hay que hablar de nuestros problemas y preocupaciones, hasta que nos sintamos libres de nuestra vida actual. Se deben dedicar, todos los días que se pueda, de 30 a 45 minutos, cada día, durante 36 días. Hay que ser puntual con los tiempos.

El resultado de la práctica suele ser que, hacia el día 15, se descubre que la historia de nuestra vida ya no nos la creemos, y ni siquiera nos importa. Cambiando de máscaras, uno se ríe de su propia vida. Se llega a un punto en que no se tiene nada que hablar y uno se encuentra ante el espejo cambiando de máscara. Ya nada de nuestra vida nos hace sentir mal y los sueños cambian a mayor lucidez.

EFECTO DE LAS PRÁCTICAS DIURNAS

La disciplina y la constancia son atributos muy importantes. Por eso se conoce a este proceso de ahorro de energía como «el camino del guerrero». La avalancha de acontecimientos que provienen del mundo exterior producen el diálogo interno en vigilia y la actividad de los sueños. Poco a poco, gracias a la actitud de moderación y decisión rápida ante lo que sucede todos los días, y a la recapitulación de nuestra vida o a la práctica de las máscaras, se consigue ir liberándose de todas las obsesiones, luchas internas y temores.

Todos podemos emplear 30 minutos al día para recordar y escribir nuestras vidas, o para mirarnos al espejo y hablarnos. Es muy útil realizar el registro escrito en soporte informático, al igual que el diario de sueños, ya que este permite mayor facilidad en la búsqueda, almacenamiento, corrección de errores o ampliaciones posteriores. La recapitulación o la práctica de las máscaras son pasos opcionales pero muy recomendables. Se puede tener sueños lúcidos sin necesidad de seguir todo este proceso, pero estos se verán interrumpidos con frecuencia por fragmentos de sueños que le recuerden a uno asuntos no resueltos de su vida. De todas las condiciones exteriores que perturban a los sueños lúcidos, esta de los asuntos no resueltos es la que más lo hace, ya que se encuentra en el centro mismo de la producción de imágenes de sueño. Pero no es necesario acabar la recapitulación para comenzar a tener sueños lúcidos; son procesos complementarios. Es decir, se puede empezar un día a hacer la recapitulación y aplicar las técnicas para conseguir sueños lúcidos a la vez. Cuando se consigan los primeros éxitos en el control de sus sueños, estos nos recordarán mejor algunos aspectos de nuestra vida y nos ayudarán a ir completando la recapitulación.

Los toltecas evitan los sueños en los que solo son espectadores. Somos espectadores porque no estamos acostumbrados a observarnos en el estado de vigilia. Nos miramos al espejo solo durante breves momentos, para peinarnos o comprobar nuestro aspecto físico. Cuando soñamos, también creamos esa visión parcial: el tonal se desconecta y el nagual lo presencia y transmite un mensaje que solo puede recibirse a través de la experiencia de la vida. El nagual debe observarse en el espejo en estado de vigilia durante largo tiempo. Así, adquiriremos la costumbre de observarnos a nosotros mismos, y el nagual se convertirá en un actor en el sueño, y llegaremos al sueño lúcido.

PRÁCTICAS NOCTURNAS

Prácticas WILD

EL INTENTO

Para darse cuenta de que nos estamos quedando dormidos, a diferencia de otras tradiciones, no hay pasos que seguir, uno solamente intenta estar consciente del acto de quedarse dormido. Se hace mediante «el intento». Los brujos intentan cualquier cosa que se proponen intentar simplemente intentándolo. A nuestra mente le cuesta entenderlo, porque no lo ponemos en el contexto apropiado. Creemos que entender es exclusivamente del dominio de nuestra razón, de nuestra mente. Para entender esto, hay que ir al campo del intento y del acto de intentar. Comprender eso pertenece al campo de la energía. Hay que aceptar el reto de intentar. Poner una determinación, que no admita palabras o pensamientos, para convencerse a uno mismo de que ha llegado a su cuerpo energético y es un ensoñador. Hacer esto nos pone automáticamente en la posición de darnos cuenta de que nos estamos durmiendo.

Para preparar el sueño lúcido, hay que tener un propósito práctico y preciso para no dejar que se esfumen o cambien. El control no es diferente del control que uno tiene en la vida diaria. Para comenzar a practicar, lo primero es tratar de mirarse las manos en los sueños. Daría igual buscar cualquier otro elemento. El objetivo de este ejercicio no es tanto encontrar una cosa específica como emplear la atención de ensueño, es decir, el control de los sueños. Buscar en los sueños un determinado objeto es una excusa para darse cuenta de que uno se está quedando dormido. Sostener la vista en un objeto que se mire en el sueño permite comprobar esto. Los ensoñadores enfocan su atención en algo específico, usándolo como punto de partida, para después echar fugaces vistazos a todo lo que está presente en el sueño. Y regresan al punto de partida, el objeto inicial, tantas veces como sea necesario.

La atención de ensueño es la llave que abre todas las puertas en el mundo de los brujos. Entre la multitud de objetos de nuestros sueños existen verdaderas interferencias energéticas, cosas que son colocadas ahí por fuerzas ajenas a la nuestra. Ser capaz de encontrarlas y seguirlas es el logro de la atención de ensueño.

Ensueño perfecto

Para que el ensueño sea perfecto, hay que parar el diálogo interno. A fin de pararlo, puedes poner entre los dedos dos cristales de cuarzo o un par de piedras de río pulidas, doblar los dedos y presionarlos contra ellas. Cuando se convierte en una presión casi dolorosa, esta sensación tiene la extraña propiedad de parar el diálogo interno. Parece ser que los cristales de cuarzo dan mejores resultados, aunque, con la práctica, cualquier cosa es adecuada. Quedarse dormido en un momento de silencio total garantiza la perfecta entrada al ensueño y la atención de ensueño.

Los ensoñadores deberían usar un anillo de oro que quede un poco apretado. El anillo sirve como puente para emerger del ensueño y regresar al mundo cotidiano, o para sumergirse, desde la consciencia cotidiana, en el mundo de los seres inorgánicos. El contacto con el anillo tiende este puente. Si un ensoñador ensueña con un anillo puesto, ese anillo atrae la energía del mundo inorgánico que la guarda. Cuando es necesario, según la tradición tolteca, el anillo libera esa energía en los dedos del ensoñador, y eso lo transporta al mundo inorgánico. La presión del anillo sirve igualmente para que el ensoñador regrese a su mundo, al crear en el dedo una sensación familiar y constante.

Para asegurar la agudeza y precisión de la atención de ensueño, debemos sustraerla de detrás de nuestro paladar, donde se localiza un enorme depósito de atención en todos los seres humanos. Se trata de alcanzar disciplina en presionar la punta de la lengua contra el paladar mientras se ensueña. Es una tarea difícil y desgastante, como encontrarse las manos en un sueño, pero que, una vez perfeccionada, da asombrosos resultados en el control de la atención de ensueño.

SABER QUE ESTAMOS SOÑANDO: NO VERNOS LA NARIZ

Cuando miramos algo estando despiertos, la única parte de nuestra cara que podemos ver es la punta de la nariz. Para los toltecas, el mundo exterior y ser conscientes de él está relacionado con la punta de la nariz; sin embargo, cuando soñamos, la punta de la nariz no está presente. Por eso, durante el sueño, mirar la nariz y comprobar que no la podemos ver es un sistema de comprobación de que estamos dormidos y no en el mundo real. Si no podemos vernos la punta de la nariz, es que estamos dormidos o muertos. No obstante, y pese a lo que dice la tradición tolteca, si uno está soñando y el sueño no es lúcido, la mente puede limitar lo que ocurre. Así, podríamos tirarnos del dedo y que este no se estire, o mirarnos la nariz y verla.

16. Evidencia científica de las técnicas para el desarrollo de los sueños lúcidos

> Transitorio es este mundo,
> como los fantasmas y los sueños,
> sustancia no tiene.

TILOPA, yogui y místico tibetano, *La canción del Mahamudra*

La única revisión sistemática de las técnicas de inducción del sueño fue realizada por Stumbrys y cols. (2012). Identificaron 35 estudios, de los cuales 24 eran trabajos de campo y 11, estudios de laboratorio. El 60% de ellos tenían escasa calidad metodológica, y el resto, solo moderada. Más de la mitad eran tesis doctorales no publicadas. Todos los trabajos mostraban escasa validez externa, ya que los participantes eran estudiantes universitarios o soñadores lúcidos altamente experimentados y autoseleccionados. Además, estos trabajos presentaban otras muchas limitaciones (Aspy, 2017): pequeños tamaños muestrales, no aleatorización, ausencia de variables que mostrasen la operativa de cómo se realizaba el estudio, o bien operativización inconsistente del sueño lúcido. Algunos de los resultados de los estudios hasta 2012 consistían en afirmar que la verificacion de la realidad es más eficaz que la autosugestión (Levitan, 1989; Schlag-Gies, 1992) y más eficaz también que la sugestión posthipnótica (Purcell y cols., 1986) o la intención (Schlag-Gies, 1992). La comparación de la verificación de la realidad con la técnica MILD (*Mnemonic-induced Lucid Dream*) resultó ambigua, porque en un estudio parece que MILD es más efectiva (LaBerge, 1988), mientras que, en el otro, la verificación es más efectiva (Levitan, 1989).

Aunque en las últimas dos décadas ha decaído el interés investigador por los sueños lúcidos, estos que siguen son los resultados de otros estudios posteriores a Stumbrys y cols. (2012). Taitz (2011) encontró que la «verificación de la realidad» durante dos semanas no era efectiva. De manera similar, Dyck y cols. (2017) confirmaron que llevar un diario de sueño, la verificación de la realidad y una combinación de WBTB (despertarse y volver a la cama) y técnicas de afirmación (reforzar la intención de obtener sueños lúcidos) eran ineficaces. En otro estudio de Konkoly y Burke (2019), 19 participantes realizaron verificación de la realidad, MILD y WILD (*Wake-induced Lucid Dream technique*), y solo reportó que se consiguieron 39 sueños lúcidos, pero no aportó estadísticas. En el otro extremo, el estudio de Saunders y cols. (2017) demostró que una gran proporción de participantes que realizaban técnicas como verificación de la realidad, MILD y WBTB experimentaban sueños lúcidos en 12 semanas (45%), comparado con los controles (6%), quienes no habían utilizado técnica alguna. Kumar y cols. (2018) informaron de baja eficacia (máximo de un 6% de los días presentaban sueños lúcidos) con la técnica combinada de Tholey. En cuanto a estímulos externos, Franc y cols. (2014) encontraron baja eficacia en un estudio de laboratorio con estímulos externos basados en *flashes* de luz y vibración. Tampoco la estimulación habitual directa transcranial (tDCS) en el córtex prefrontal dorsolateral durante el sueño REM fue eficaz (Stumbrys y cols., 2013).

Dos grandes estudios internacionales han evaluado la eficacia de las técnicas de inducción del sueño. El primero fue el Estudio nacional australiano de inducción de sueños lúcidos (National Australian Lucid Dream Induction Study o NALDIS) (Aspy y cols., 2017). En 169 participantes, evaluaron tres técnicas: verificación de la realidad, MILD y WBTB. Como pueden asociarse, se hizo un escalado en el que se estudiaban estas técnicas solas y asociadas. La inducción de la realidad aislada se consideró ineficaz, mientras que lo más eficaz era la asociación verificacion de la realidad + MILD + WBTB, pero no sabemos lo que la verificación de la realidad aporta a esta asociación. Es un dato clave, porque es una técnica que requiere mucho tiempo y, si no es eficaz, puede sustituirse por las otras dos. Cuando se asociaban las tres, se obtenía un 9,4% de noches con sueños lúcidos en la semana 1 (que servía de muestra basal sobre la que comparar el resto de las semanas del estudio), y subía a 17,4% en la semana 2 (que era la de intervención).

El Estudio internacional de inducción del sueño lúcido (International Lucid Dream Induction Study o ILDIS) (Aspy, 2020) comparó la eficacia de cinco técnicas en 355 individuos, tras practicar durante una semana: verificación de la realidad, inducción mnemónica de sueños lúcidos (MILD), despertarse y volver a la cama (WBTB), iniciación del sueño lúcido con los sentidos (SSILD) y una técnica mixta compuesta de MILD y SSILD. En ella, MILD y SSILD eran igual de eficaces, mientras que la técnica combinada no mostraba ninguna ventaja. Las técnicas eran eficaces, independientemente de la experiencia previa o de la frecuencia de sueños lúcidos previos.

Los marcadores de eficacia en ambos estudios fueron: 1) buena habilidad para recordar los sueños, y 2) capacidad de quedarse dormido en el período de 5-10 minutos posterior a realizar la técnica. Si se hacía así, la frecuencia de sueño lúcido subía al 45,8% (Aspy y cols., 2017). A continuación, incluimos un cuadro con el resumen de la eficacia de las principales técnicas psicológicas.

TÉCNICAS	COMENTARIOS SOBRE LA EFICACIA
SSILD (Iniciación del sueño lúcido con los sentidos)	Pese a ser muy reciente, se considera la más eficaz de todas (Aspy, 2020).
MILD (*Mnemonic-induced Lucid Dream*)	Junto con SSILD, la más eficaz, como sugieren LaBerge y Rheingold (2014) y Stumbrys y cols. (2012) y confirman NALDIS (Aspy y cols., 2017) e ILDIS (Aspy, 2020). La asociación de ambas no aumenta la eficacia (Aspy, 2020), pero, pese a ello, se recomienda asociarlas.
WBTB (Despertarse y volver a la cama)	Es considerada eficaz por Stumbrys y cols. (2012) y recomendada por LaBerge y Rheingold (2014). Se ha incluido en los megaestudios NALDIS (Aspy y cols., 2017) e ILDIS (Aspy, 2020). Se considera una técnica para añadir a las dos primeras, no para su uso aislado.
Verificación de la realidad	Muy recomendada por LaBerge y Rheingold (2014), Tholey (1983) y la revisión de Stumbrys y cols. (2012). Pero en otros muchos estudios no ha demostrado eficacia (Taitz, 2011; Dyck y cols., 2017; Konkoly y Burke, 2019) y, sobre todo, en NALDIS (Aspy y cols., 2017) y en ILDIS (Aspy, 2020)

Combinada de Tholey	Muy recomendada por LaBerge y Rheingold (2014), el propio Tholey (1983) y la revisión de Stumbrys y cols. (2012). Otros estudios muestran resultados decepcionantes (Kumar, 2018).
Autosugestión y sugestión posthipnótica	Considerada de eficacia intermedia por Stumbrys y cols. (2012), no muy recomendada por LaBerge y Rheingold (2014), aunque si por Tholey (1983). No estudiada posteriormente.
Diario de sueño	Recomendada por todos los autores. Es ineficaz aislada (Dyck y cols., 2017), se considera una preparación previa. Recordar sueños es un factor predisponente para los sueños lúcidos (Aspy y cols., 2017; Aspy, 2020).

Por último, debemos ser conscientes de que las únicas técnicas evaluadas científicamente son las occidentales, pero eso no quiere decir que las orientales y chamánicas no lo sean, simplemente no han sido evaluadas.

17. Obstáculos para el progreso en los sueños lúcidos

La literatura no es otra cosa que un sueño dirigido.

JORGE LUIS BORGES, *Ficciones*

En cualquier actividad humana, para desarrollarla existen una serie de obstáculos. Ahora bien, estos deben ser interpretados adecuadamente, no como un problema, sino como una oportunidad. Se dice que «los obstáculos no impiden el camino, son el camino en sí mismo». Podrían dividirse en externos e internos. Vamos a resumir los principales.

Obstáculos en el desarrollo de los sueños lúcidos (Holecek, 2020)

a) EXTERNOS

- ESCASA IMPORTANCIA SOCIAL DE LOS SUEÑOS. Uno de los principales obstáculos para el desarrollo de los sueños lúcidos es la escasa importancia que se le concede en el mundo desarrollado a los sueños. Se considera que es una pérdida de tiempo, un dato anecdótico y colateral. Pero no es así en todas las culturas, y ni siquiera en nuestro entorno cultural ha sido así en todas las épocas, como ya hemos visto al describir el contexto histórico de los sueños. De los 400 grupos culturales que se considera que existen en el mundo actual, más del 90% ha valorado los sueños como una realidad enriquecedora (Lumpkin, 2001). Las culturas llamadas polifásicas (Laughlin, 1992), que consideran que existen diferentes estados de consciencia, son más adaptables y exitosas que las monofásicas, como la sociedad desarrollada actual, que solo conoce un único estado de consciencia asociado al mundo ordinario. En las culturas polifásicas, «la experiencia del sueño, igual que la experiencia en vigilia, conforma el sistema general de conocimiento de la sociedad sobre el yo y el mundo, así como el desarrollo de la identidad personal» (Laughlin, 1992).

• CENTRAMIENTO EN EL MUNDO DESPIERTO. En segundo lugar, nuestra sociedad desarrollada y monofásica solo valora el estado de consciencia despierto. El yo, uno de los elementos nucleares que nos mantiene en estado de ensoñación y la diana fundamental de las meditaciones más avanzadas (García Campayo, 2020), se estructura de forma sólida en el estado despierto, mientras que zozobra durante el sueño, sobre todo si es lúcido. Los sueños hiperlúcidos, que trascienden los estados normales de consciencia, ayudan a trascender los límites del yo. El famoso maestro vedanta advaita Ramana Maharsi decía: «Lo que no existe en el sueño profundo sin ensoñaciones no es real».

• AUSENCIA DE MODELOS DE PRESTIGIO. Es excepcional encontrar científicos o personajes famosos en cualquier ámbito que estén interesados, y lo digan públicamente, en el desarrollo de los sueños lúcidos. Incluso Ursula Voss, una de las principales investigadoras internacionales en temas de sueño, cuando se le acercó un experimentado soñador lúcido pidiéndole colaboración en este tema, le contestó que prefería investigar en temas «más científicos». Posteriormente, y pese a esta predisposición inicial, este ha sido su principal tema de investigación (Holecek, 2020).

b) INTERNOS

Normalmente, las fases que atravesamos en la práctica de los sueños lúcidos pueden resumirse en tres (Holecek, 2020):

1. Manía. Hemos leído libros sobre el tema, empezamos a practicar y es posible que tengamos algún éxito. Estamos emocionados e ilusionados. Esto puede durar semanas o meses.

2. Desencanto. Tras un tiempo de cierta mejora, hay un claro estancamiento, cuando no un retroceso. El cansancio hace mella y no tenemos tanta energía. Pueden alternarse fases de bajón con otras de euforia, aunque las primeras son las más frecuentes y duraderas.

3. Madurez. Entendemos que esto no es una carrera de velocidad, sino una maratón, un estilo de vida, generalmente ligado a otras disciplinas, como la meditación. Y comprendemos que el proceso no es lineal, siempre hacia la mejoría y el avance, sino ondulante. Aunque visto con perspectiva cada vez vamos mejorando, si analizamos trayectos más breves, como un año o algunos meses, pueden observarse incluso retrocesos.

Los principales obstáculos internos son los siguientes:

- EL HÁBITO DE NO ESTAR ATENTO. Como explicamos cuando hablamos de la atención plena (*mindfulness*), nuestra sociedad se caracteriza por el piloto automático y la multitarea, es decir, por la inatención. El sueño lúcido exige suficiente atención como para darse cuenta de que estamos durmiendo, mientras estamos durmiendo. ¿Qué hacemos en el día a día? ¿Potenciamos la atención y la consciencia o el piloto automático y la distracción? Toda la multimillonaria industria de la distracción y el entretenimiento fomenta la no lucidez. Observemos nuestra vida y analicemos lo que predomina: ¿disfrutamos y fomentamos la atención o la inatención? Según como vivamos, así serán nuestros sueños
- EXCITACIÓN. Cuando uno alcanza su primer sueño lúcido, suele desarrollar una gran excitación. Pero tiende a despertarse inmediatamente de ese sueño lúcido, ya que una de las claves es intentar mantener el sueño «funcionando», aunque seamos conscientes; y esa intensa emoción hace que no podamos controlarlo. En cuanto alcanzamos la lucidez, es clave recordar nuestras metas en el sueño lúcido. Una forma de manejarse con este tema es, durante el día, cada vez que una emoción intensa nos absorba, parar en ese momento e intentar no dejarnos atrapar por ella, observarla con metacognición, desde el observador, como hacemos en *mindfulness*. De esta forma, cuando el sueño se convierta en lúcido, seguiremos manteniendo la calma y nos pondremos a actuar de forma adecuada, sin quedar embargados por la emoción. Por otra parte, la excitación va a generar el deseo de nuevos sueños lúcidos; y, como ocurre en la meditación,

demasiado deseo de conseguir algo suele ser un obstáculo. Es mejor practicar sin apegarse demasiado al resultado. Actuar de forma adecuada sin la ansiedad de querer conseguirlo, pero sin que sea tan indiferente que no nos esforcemos.

• DESESPERANZA. Es uno de los principales obstáculos. Hay múltiples causas para la desesperanza. Puede aparecer desde el principio, porque no conseguimos recordar sueños después de intentarlo; o bien aparece tras la excitación de tener algún sueño lúcido, porque no conseguimos repetirlos. También, aunque tengamos bastantes despertares en el sueño, podemos entrar en desánimo porque no conseguimos mantenerlos. La recomendación es celebrar cada pequeño éxito; llevar un diario donde apuntemos todos nuestros progresos, por pequeños que sean, y aprender de nuestros errores. Debemos observar qué tenemos que modificar para conseguir resultados. Es importante que identifiquemos cuál es el problema como tal y que lo abordemos.

18. Menú para conseguir sueños lúcidos

Era tan pobre que tenía que soñar sueños de segunda mano.

RAMÓN GÓMEZ DE LA SERNA, *Total de greguerías*

Para alcanzar los sueños lúcidos no existe una única técnica que sea útil para todos. Existen múltiples modalidades para alcanzar ese objetivo, por lo que es conveniente conocer diferentes técnicas, probar algunas de ellas y adaptarlas a nuestras características. Debemos mezclar adecuadamente estos ingredientes y adaptarlos a nuestras características para obtener el resultado. Podría decirse que es un trabajo de investigación a medio plazo, como el que realizan los científicos.

A las técnicas hay que darles una oportunidad de 2-4 semanas. Ninguna es útil para todo el mundo, pero es recomendable probarlas todas. Con ellas descubriremos aspectos importantes de nosotros mismos y aumentaremos la lucidez sobre nuestro propio psiquismo, lo que facilitará los sueños lúcidos. Cuando encontremos alguna técnica que aumente la cantidad, calidad o control sobre los sueños, deberemos mantenerla e incrementarla lo máximo posible. Y, cuando la estabilicemos, podremos ir añadiendo nuevas técnicas hasta lograr el grado de maestría deseado. Sin embargo, si saltamos de una a otra técnica con demasiada rapidez, sin permitirles el tiempo suficiente para probar su eficacia, es posible que ninguna se muestre eficaz.

P<small>LAN RECOMENDADO</small>

Lógicamente, existe una gran variabilidad en lo que puede ser eficaz para cada persona, pero, según la evidencia recogida en este libro, la recomendación que hacemos es la siguiente:

1. Fase de conscienciación y preparación (3 meses)

En este período, debemos consolidar un interés en nuestra vida por todo lo relacionado con el sueño, un conocimiento a fondo de las técnicas y circunstancias que permiten el sueño lúcido, una higiene adecuada del sueño y un desarrollo del proceso de recordar los sueños con asiduidad. Los pasos incluirían los siguientes:

• **Leer este libro y algunos otros artículos y libros que nos interesen sobre el tema**. Todos los días deberíamos leer al menos 15 minutos sobre este tema. Apuntarnos a algún grupo interesado en sueños lúcidos o *newsletter*, de manera que este asunto pase a ser algo importante en nuestra vida.

• **Desarrollar a fondo la intención**. Debemos repetirnos a menudo que queremos despertar en los sueños lúcidos, estructurar nuestra motivación y contarnos por qué queremos hacerlo. Intentar que esa búsqueda conecte de alguna forma con nuestro desarrollo personal/espiritual y sentir que podemos ayudar a otras personas. Las motivaciones que van más allá de nosotros mismos suelen ser más eficaces y sostenibles.

• **Mantener una adecuada higiene del sueño**. Que sea algo

sencillo para nosotros, de forma que sistemáticamente podamos dormir de forma fácil, sin insomnio, las horas adecuadas y levantarnos descansados. Debemos ensayar las posturas habituales, como la del león o la de la almohada grande. En la fase de inducción, deberíamos dedicar un día a la semana a los ensayos de sueño. Tenemos que pensar qué día podría ser y qué ajustes tenemos que hacer en nuestra vida familiar/profesional para ello.

• **Probar los reforzadores y decidir si usaremos algunos y cuáles en la siguiente fase**. Es recomendable que utilicemos algunos de ellos, al menos inicialmente.

• **Desarrollar el diario del sueño y la capacidad de recordar los sueños sistemáticamente**. Esto es muy importante y el mejor indicador de si podemos pasar a la siguiente fase.

Para pasar a la siguiente fase, el tema clave es que podamos recordar al menos un sueño casi todas las noches, como mínimo 5 días a la semana. Además, debemos haber convertido el tema del sueño lúcido en una prioridad en nuestra vida, leer casi diariamente algo sobre ello, así como tener un sueño adecuado y reparador de forma sistemática.

2. Fase de inducción (6 meses)

Constaría de varios apartados:

a) Trabajar con los materiales del sueño.

• Con el material del diario del sueño, hay que identificar nuestras principales señales oníricas, es decir, los contenidos que se repiten más frecuentemente y que sean raros.

• Aprender los signos del sueño más habituales en otras personas, es decir, aquello que produce la lucidez en la mayoría de la población. De esa forma, intentaríamos detectarlos en la vida real y en nuestros sueños.

b) Prácticas diurnas

Directamente ligadas al sueño (técnicas DILD)

• Durante el día, es importante hacer la verificación de la realidad al menos 5-10 veces al día y, aún mejor, una vez cada hora que estemos despiertos, de manera que lo echemos de menos si no lo hacemos continuamente. Tiene que ser algo frecuente que nos digamos a nosotros mismos: «Esto es un sueño».

• Desarrollar la intención de despertar en el sueño: repetirnos con frecuencia que esa noche tenemos que despertar en el sueño. Tiene que convertirse en algo vital para nosotros.

• Es útil entrenarse en observar la ensoñación previa al sueño, si esta ocurre, pero no busquemos ensoñar, ya que esta tendencia desaparece conforme practicamos *mindfulness*/meditación.

Generales, no directamente ligadas al sueño

• Trabajar con los valores: tengamos o no creencias espirituales, y aunque vayamos a usar el sueño lúcido con una función básicamente recreativa, el trabajo con los valores es importante. Para mantener una acción y motivación exigente, como la que se requiere para tener sueños lúcidos, el tema debe estar en consonancia con nuestros valores y sentido de la vida, si no, no se mantendrá en el tiempo.

• *Mindfulness*: es importante hacer, de forma casi diaria, prácticas de meditación o *mindfulness*, como preparación general para el sueño lúcido. Una sesión nocturna, de unos 30 minutos, antes de dormir, es lo ideal.

• Técnicas deconstructivas: intentar llevar a cabo una recapitulación ordenada o, como mínimo, desordenada. También la práctica de las máscaras durante 36 días puede producir un avance extraordinario. En cualquier caso, tenemos que experimentar que el diálogo interno es mínimo.

c) Reforzadores

La recomendación sería utilizar un reforzador alimentario, por ejemplo, la galantamina o la vitamina B a las dosis y de la forma que se han descrito, y un estímulo lumínico como, por ejemplo, las gafas con luces incorporadas.

d) Prácticas nocturnas

• Sería conveniente dedicar un día a la semana a hacer prácticas intensivas de sueño, lo cual implica que el descanso puede ser peor que otros días; una víspera de festivo puede ser lo más indicado. Habría que utilizar siempre la técnica de despertarse y volver a la cama (WBTB). Sobre ella, emplear cualquiera de las dos técnicas más eficaces, la MILD o la SSILD.

• Despertares múltiples: en retiros de sueño (Morley, 2019), los participantes van a la cama a las 22.30 y se despiertan a las 3.30, a las 5, a las 6.30 y a las 8. Estos cuatro despertares cuatriplican las posibilidades de tener sueños lúcidos si se compara con el sueño de una noche normal.

• Los días que no nos dedicamos a practicar específicamente y que no nos vamos a levantar dos horas antes para hacer WBTB, podemos emplear las mismas técnicas MILD o SSILD, o podemos usar otras técnicas como la combinada de Tholey, o la de las alucinaciones hipnagógicas. La técnica de atención al cuerpo (único o gemelos, con modificaciones propias del desdoblamiento astral) vale la pena que intentarla durante un tiempo.

e) Las siestas y los *naps*

Cualquier período de sueño fuera de la noche, siestas o cualquier otro momento de somnolencia (lo que en inglés se denomina *naps*) son momentos ideales para hacer prácticas WILD, sobre todo SSILD, contar u observar las alucinaciones hipnagógicas. Se sugiere que, si antes del *nap* se hace un período de 15 minutos focalizado en alguna actividad concreta (leer un libro sobre sueños, escribir sobre el tema), aumentarán las probabilidades de lucidez (Levitan, 1992). No es útil incluir un *nap* cuando nos despertamos tras una noche de sueño, eso no aumenta la lucidez. Tienen que ser períodos durante la mañana o la tarde, pero varias horas después de habernos despertado por la mañana (Levitan, 1992).

f) La luna llena y los retiros

El período cercano a la luna llena debería ser una semana (3 días antes y 3 después) de máxima actividad en busca de los sueños lúcidos. En los retiros de meditación, sobre todo con una duración a partir de 5 días, la probabilidad de sueños lúcidos es muy elevada por la intensa dedicación a la práctica.

g) Hacernos conscientes de nuestro depósito de energía y de lucidez

Hay que incrementarlo todo lo que podamos e intentar que no disminuya. En este apartado, es clave resolver conflictos que actúan como otros tantos bloqueos mentales: relacionados con ofensas hechas o sufridas, situaciones incómodas vividas, preocupaciones futuras, etcétera. Para una buena parte de estos problemas, la mejor vía de solución pasa por la deconstrucción del yo (García Campayo, 2020) y sus técnicas asociadas, como las máscaras en el espejo y otras.

h) Diario de práctica
Se recomienda llevar un diario donde tener en cuenta:

• Sueños: si se han recogido los sueños por la mañana, el número de veces que se hace la verificación y a qué horas, qué actividades se hacen en relación con los sueños y qué técnicas DILD/WILD se utilizan cada día.

• Conexión con los valores: si cada día al levantarse se repiten las frases que resumen nuestros valores y se conectan con los sueños lúcidos. Si se reflexiona, al menos una vez al día, sobre la importancia de los sueños lúcidos en nuestra vida.

• Prácticas deconstructivas: contabilizar el tiempo que dedicamos a prácticas como meditación, recapitulación, máscaras o yoga del cuerpo ilusorio. Idealmente, deberíamos dedicar como mínimo 30 minutos al día.

• Energía: actividades en relación con la energía de la lucidez. Ya hemos descrito en el capítulo 7 que las técnicas mente-cuerpo (yoga, taichí, chikung), meditar o la práctica de aficiones aumentan la energía; mientras que el uso de pantallas, el exceso de trabajo o las emociones negativas intensas la disminuyen.

3. Fase de mantenimiento y consolidación (toda la vida)

a) Estabilizar el sueño cuando se convierte en lúcido: las dos técnicas más recomendables son mirarse la mano y girar. Wallace (2019) también recomienda frotarse el cuerpo.

b) Modificar el sueño. Podemos empezar, durante una temporada, a explorar mediante sueños de vuelos y viajes, hablar con algunos personajes, e intentar crear en el sueño algo que te interese. Pero, con el tiempo, la recomendación es meditar en el sueño o dormirse en él, para alcanzar las compuertas del sueño descritas por los toltecas, o profundizar en la experiencia onírica, usándola para el despertar espiritual, como por ejemplo, meditar en el sueño.

II. 3. Mantenimiento y manipulación del sueño lúcido

19. Técnicas para mantener el sueño lúcido

¿Qué es la vida? Un frenesí.
¿Qué es la vida? Una ilusión;
una sombra, una ficción
y el mayor bien es pequeño.
¡Que toda la vida es sueño
y los sueños, sueños son!

PEDRO CALDERÓN DE LA BARCA, *La vida es sueño*

Una vez que uno despierta en un sueño y se hace lúcido, la dificultad es mantenerse en él. Lo más habitual es que se esté tan emocionado de haberlo conseguido que no se sepa qué hacer, que el sueño se desmorone poco a poco y uno se despierte. Otra de las posibilidades, simplemente, es que se vuelva a perder la consciencia del sueño, ya que la actividad onírica, igual que en el mundo de vigilia, es muy absorbente, y se pasa de sueño lúcido a no lúcido. Mantenerse lúcido en el sueño lúcido es una capacidad que debe aprenderse y mantenerse, y que resulta de un difícil equilibrio. Es algo que frustra a muchos soñadores, porque tras la dificultad de conseguir un sueño lúcido, no pueden desarrollarlo, ya que se pierde inmediatamente.

Con el tiempo, se identifican las situaciones que hacen perder la lucidez y se pueden evitar. LaBerge describe, en su tesis doctoral (LaBerge, 1980), su progresión cuando empezó a trabajar con sueños lúcidos: en el primer año perdió la lucidez en 11 de 62 sueños (17,74%), en el segundo año en 1 de 111 (0,9%) y en el tercer año en 1 de 215 sueños (0,46%). En los siguientes 10 años, siempre estuvo por debajo del 1%. Para evitar despertarse de forma prematura, hay que hacer alguna actividad durante el sueño que nos ancle al mundo onírico.

¿Cómo y por qué desaparece el sueño cuando se convierte en lúcido?

El primer signo de que un sueño lúcido va a terminarse es que falla el sentido de la vista. Los demás sentidos pueden permanecer algo más, y el tacto es el último que desaparece. Generalmente, lo primero que se percibe es una pérdida de color y realismo de la imaginería visual. Se diluyen los detalles visuales y se produce una apariencia de cartón piedra o dibujos animados, como si hubiesen lavado los objetos hasta decolorarse. La luz es cada vez más tenue y la visión, más débil. Suele suceder muy rápido, en cuestión de segundos. Entonces, el sueño se convierte en una especie de manto negro sin nada en lo que focalizar la visión. Por esta razón, LaBerge (1995) insiste en desarrollar técnicas de estabilización no visuales, aunque estas sean las más populares.

La razón de por qué se desvanece el sueño, según LaBerge (1995), es porque, al hacerse lúcido el sueño, la mente entra en un conflicto entre las percepciones del sueño, que en el momento de la lucidez se hacen más débiles, y las percepciones del mundo real (contacto con la cama, sonidos, luminosidad, vejiga llena). La mente no puede procesar ambas a la vez y va a elegir una de las dos fuentes perceptivas, la que aparezca con más intensidad. Si el sueño se desvanece al convertirse en lúcido y no nos agarramos a las percepciones del sueño, la mente se irá a las percepciones del mundo exterior y se despertará.

¿Cuándo utilizar técnicas para estabilizar el sueño lúcido?

Para mantenerse lúcido en el sueño lúcido debemos llevar a cabo alguna técnica que mejore la concentración. Esto producirá un entorno del sueño estable, que no desaparecerá, y que podremos explorar durante un período de tiempo más largo. Debemos usar técnicas para anclar el sueño en tres situaciones básicas (Tucillo y cols., 2013):

1. Al inicio del sueño lúcido

Este es el momento crucial. Antes de involucrarnos en el sueño, debemos mantener la calma e intentar relajarnos. Hacemos una pausa de un segundo y algunas de las técnicas que comentaremos a continuación. Si nos introducimos demasiado rápido en el sueño, lo habitual es que desaparezca. Los científicos creen que el sueño lúcido desaparece porque, al estar despierto en él, empezamos a recibir estímulos del exterior y entran en competición con los del sueño. Si estabilizamos la atención hacia los elementos del sueño, compiten con los estímulos del mundo externo y el sueño se estabiliza.

2. Cuando el sueño empieza a desvanecerse

Notaremos cuándo el sueño va a desaparecer mediante la visión onírica, porque los objetos visuales se desvanecen, se vuelven borrosos y pierden intensidad: es el preludio de que vamos a despertar físicamente.

3. Para incrementar la lucidez

Aunque el sueño permanezca estable y estemos lúcidos, siempre podemos incrementar un nivel más la lucidez si hacemos estas técnicas. El nivel de lucidez registra un amplio abanico, como ya hemos comentado.

Técnicas específicas para estabilizar el sueño lúcido

Son muchas las que han descrito los soñadores a lo largo de la historia. A continuación, se describen algunas de las consideradas más efectivas.

1. Mirarse las manos

Esta es una de las técnicas más populares. Descrita por Carlos Castaneda en su libro *Viaje a Ixtlán* (1984), fue comentada por el psicólogo clínico G. Scott Sparrow en su obra *Lucid dreaming: Dawning of the clear light* (1976). Ya hemos visto que puede usarse como prueba de realidad, pero también para estabilizar el sueño. Según Sparrow, el cuerpo del soñador es uno de los elementos menos cambiantes del sueño, por lo que puede ayudar a estabilizar al soñador (aunque al mirar repetidas veces el cuerpo, como cualquier otro elemento del sueño, se produzcan cambios de una vez a otra).

Castaneda (1984) propone fijar la vista en un número limitado de objetos del sueño, sólo durante unos segundos, saltando de un objeto a otro de forma cíclica. El objeto de partida debe ser estable, por ejemplo, las manos o el suelo. A partir de ese punto de partida, miramos los objetos del sueño sólo unos pocos segundos. En principio, el número de objetos puede ser cuatro o cinco, para ir ampliando el número conforme se vaya adquiriendo más experiencia en prácticas sucesivas. Según explica Castaneda (1984), cada vez que miramos el objeto de partida recibimos una carga de energía que nos permite seguir en el sueño lúcido.

Carlos Castaneda (1984) relata así la enseñanza de Don Juan en *Viaje a Ixtlán*:

«Dos días después de la madrugada, tras conducirlo a la cumbre de una alta colina, le declaró: "Aquí mismo voy a enseñarte la primera etapa del poder […] voy a enseñarte cómo elaborar el sueño". Sus primeras instrucciones fueron: "Esta noche, en tus sueños, te mirarás las manos" […] Le explicó que el examen de un objeto es indispensable para "elaborar" el sueño, ya que las cosas vistas en sueños cambian constantemente, se difuminan y desvanecen, para dejar paso a otras que, a su vez, hacen lo mismo. […] El soñar es real cuando se consigue que todo sea claro y nítido».

También el marqués de Saint-Denys (1867; 1982), tras probar otros estabilizadores del sueño, eligió las manos, porque «conservaba un control tan completo de su actividad mental como en estado de vigilia».

No solo el soñador es estable, sino también el suelo bajo sus pies. De ahí la razón de la siguiente técnica, que puede usarse de forma combinada con esta.

2. Mirar el suelo

Técnica descrita por primera vez por el médico alemán Moers-Mesmer (1938). Presenta las mismas ventajas que la anterior. Sparrow (1976) describe en su libro un ejemplo de un sueño en que lo utiliza:

> «Iba paseando por la calle. Era de noche y miré al cielo, asombrado por la claridad de las estrellas. Parecían tan cercanas […] En ese momento alcancé la lucidez del sueño. El sueño "se derrumbó" momentáneamente. Inmediatamente miré al suelo, y me concentré en solidificar la imagen y permanecí en el paisaje del sueño. Entonces fui consciente de que, si dirigía mi mirada a la estrella polar, encima de mi cabeza, la imagen del sueño se estabilizaría. Así lo hice hasta que la claridad de la estrella volvió a ser como antes».

Uno de los problemas de usar técnicas que empleen la vista como anclaje es que, cuando el sueño se derrumba, lo primero que se pierde es este sentido, como ya hemos comentado. LaBerge desarrolló otras técnicas (1995), debido al hecho de que otros sentidos podrían durar más cuando el sueño se desvanece.

3. Dar la vuelta sobre uno mismo

Es una técnica introducida por LaBerge en 1978. Como describe en su libro (LaBerge y Rheingold, 2013), inicialmente intentó, cuando el sueño se desmoronaba, dormirse en el sueño. Pensaba que era importante disminuir la tensión que aparecía en el cuerpo físico al temer que el sueño acabase, pero descubrió que, durmiéndose en el sueño, despertaba. Él creía que físicamente, pero solo soñaba que despertaba, y el sueño no era ya lúcido. Lo comprobó varias veces y, por eso, modificó la estrategia hacia el movimiento. Así desarrolló la técnica de dar vueltas sobre sí mismo, que consta de varios pasos (Laberge y Rheingold, 2014):

Técnica de dar vueltas sobre uno mismo

1. **Hacerse consciente de que el sueño se desvanece**. Ya hemos descrito el proceso.
2. **Dar vueltas sobre uno mismo, de pie en el suelo**. No basta con imaginárselo, debe haber sensación de movimiento. Hay que estirar los brazos y girar tan rápidamente como sea posible con nuestro cuerpo onírico. Hay que girar como un derviche o como un niño, pero se debe sentir con intensidad el movimiento.
3. **Mientras damos vueltas, hay que recordar que lo próximo que veamos, probablemente, será un sueño**. La alternativa es que habremos despertado en el mundo físico.
4. **Evaluar el lugar a donde hemos llegado**. Hay que comprobar que es un mundo estable y si es un sueño o la realidad. A veces uno sueña que está en su cuarto. Hay que comprobar la hora en un reloj que tengamos en el cuarto, o confirmar que ese cuarto es real o un sueño. Tenemos que recordarnos que estamos soñando; si no, podemos soñar que estamos despiertos y perder la lucidez. Un típico

falso despertar es sentir que con las manos hemos golpeado la cama y creer que estamos despiertos. Debemos pensar que la mano onírica ha golpeado la cama onírica, pero que seguimos en un sueño. Mucha gente sigue creyendo que está despierta, pese a las tremendas incongruencias del sueño.

La Berge (1995) hipotetiza que, como la información sobre el equilibrio y el movimiento están muy relacionados con la información visual, por eso, girar estabiliza el campo visual. Dice que, cuando giras en la vida real, aunque la imagen de la retina cambia, el sistema vestibular hace que la imagen que percibimos apenas se modifique para que mantengamos el equilibrio. Piensa que, cuando se gira en el sueño, como la sensación de movimiento es también muy vívida, como en el mundo real, puede ponerse en marcha el mismo mecanismo. Por otra parte, parece que el sistema vestibular tendría algún papel en el sueño REM (Hobson, 1988), lo que apoyaría la hipótesis. La otra razón es la que ya hemos explicado, dar vueltas es una actividad compleja que atrae toda la atención de la mente hacia el sueño, ignorando las percepciones del mundo real.

LaBerge comprobó que era mucho más eficaz que las anteriores técnicas que utilizaba para estabilizar el sueño (1995). Llevó a cabo un experimento comparando dos técnicas de estabilización: 1) dar vueltas sobre sí mismo, y 2) frotarse las manos. La técnica que se consideraba control en ese estudio era «dejar fluir el sueño», que consistía en seguir haciendo lo que se hacía, cuando se percibía que el sueño se iba a desvanecer, pero repitiéndose «lo siguiente que aparezca será un sueño». Se les advirtió a los participantes en el estudio de que se aseguraran de persistir con la técnica que estuviesen analizando, hasta que estuvieran en un sueño vívido o completamente despiertos. Cuando creyeran que se habían despertado, no debían moverse y tenían que continuar haciendo la técnica en su mente durante unos 60 segundos. Se recomendó este paso porque algunas personas informaron de haber regresado al estado de sueño después de haber despertado por completo si persistían en practicar la técnica en su imaginación. Si, en este punto, los sujetos se sentían como si estuvieran realmente despiertos, debían asegurarse de usar una prueba de realidad para verificarlo con cuidado y asegurarse de que todavía no estaban soñando para evitar despertares falsos. Por otra parte, al hacer la verificación de estado en vigilia, la costumbre de hacer el chequeo de estado en el sueño se hará más frecuente.

Los resultados fueron que, de los 34 sujetos que participaron, con la técnica control que consistía en «dejar fluir el sueño», solo se mantuvieron lúcidos en el 33% de los sueños, frente al 90% de frotarse las manos y el 96% de dar vueltas; todo, según el juicio de dos evaluadores independientes.

LaBerge (1995), al igual que Wallace (2018), enfatizan una característica específica de esta técnica en relación con las otras. Consideran que mirarse la mano u otras técnicas visuales son más estables, pero no cambian el entorno del sueño. Mientras que el giro, que es una técnica algo más difícil, necesariamente va a cambiar el escenario. Por eso, usando una u otra técnica, decidimos si cambiamos o no la escena del sueño.

4. Tocar o usar otros sentidos

Linda Magallón (1987) describe esta técnica para que no se desvanezca el sueño lúcido, centrándose en sentidos diferentes a la vista, como el oído y el tacto.

Con las manos podemos tocar cualquier objeto que aparezca; intentar sentir ese tacto. Ella describe las siguientes técnicas, aparte de volar, que ya hemos dicho que es muy común:

- Escuchar voces, música o la respiración.
- Comenzar o proseguir con una conversación.
- Frotarse o abrir los ojos del cuerpo del sueño.
- Tocarse las manos o la cabeza, o ser tocado por otra persona.
- Tocar objetos como gafas, cepillos o el borde de un espejo.

Dependiendo de las experiencias en el sueño, se puede elegir una u otra técnica. Algunas personas apenas oyen sonidos en los sueños; por eso, suele ser más fácil tocar. Frotarse las manos es una recomendación de Linda Magallón, pero también podemos tocar cada uno de los dedos con la otra mano, o una pared o el suelo o plantas o seres vivos. Hay que observar cómo se nota el tacto en el sueño. La alternativa es escuchar sonidos, como los que propone Magallón, u otros que nos resulten accesibles en los sueños. La idea fundamental es mantener la atención en el sueño. El mecanismo es similar a la técnica anterior: centrarse en los estímulos del sueño para que la mente descarte las percepciones del mundo real y no se despierte.

5. Hablar con nosotros mismos y recordarnos que es un sueño. Darnos cuenta

Igual que mantenemos un dialógo continuo con nosotros mismos en el mundo real, lo que se ha denominado «diálogo interno» o «la voz», para no perdernos en los sueños podemos hacer lo mismo. Sparrow (1976) recomienda recordarnos a nosotros mismos, continuamente, que estamos en un sueño. Podemos decirnos: «Esto es un sueño», «esto es un sueño» […]. Podríamos hacerlo en voz alta, pero es mejor que lo hagamos mentalmente, porque si no invadirá todo el sueño y lo modificará de forma inesperada. También aconseja que esto lo hagamos frecuentemente durante el día, con el fin de poder estar entrenados para hacerlo por la noche. Esto es similar a lo que recomiendan las tradiciones tibetanas del yoga del sueño.

Darse cuenta es la conclusión lógica de lo anterior. Igual que en la meditación nos damos cuenta de que perdemos la atención, porque la mente divaga, yéndose a otro objeto, tendríamos que mantener la atención en el sueño y, en cuanto notemos que la atención se pierde, volver al sueño lúcido. La práctica que desarrollemos en la meditación formal para no divagar nos servirá para mantener el sueño lúcido (Holecek, 2020).

Técnicas generales para estabilizar y dar claridad al sueño

Son las siguientes:

• Permanecer activo, pero no centrarse en un solo objeto. Esta sería la regla de oro: permanecer activo. Si estamos pasivos, no hacemos nada y dejamos que el sueño siga su inercia, pronto nos olvidaremos de que estamos en un sueño, y pasará a ser un sueño no lúcido. La forma más sencilla de interactuar es la táctil, como luego comentaremos. Pero la segunda parte de esta afirmación también es clave: si nos centramos solo en un objeto demasiado tiempo, también nos olvidaremos de que es un sueño.

• DIRIGIR EL SUEÑO. Cuando lo que aparezca en el sueño no nos guste o no lo controlemos, podemos tomar el mando del sueño, simplemente, dando una orden en voz alta o, incluso, gritando. Si queremos más lucidez podemos decirlo: «¡Lucidez! ¡claridad!». Esto servirá de recordatorio a nuestro subconsciente. Podemos usarlo siempre que lo necesitemos para dar más claridad al sueño.

• MEDITAR. Esta es una de las técnicas que permite la máxima claridad que se puede alcanzar y lo que recomiendan algunas tradiciones espirituales, como el budismo tibetano. Se alcanza un nivel de consciencia muy superior. Es necesario que estemos sentados. Hay que concentrarse en la respiración y en los sonidos que nos rodean; y recordar en todo momento que estamos en un sueño. Desarrollar la idea de que estamos en nuestro subconsciente y que todo lo que aparezca es el reflejo de nosotros. Intentar percibir el suelo, escuchar sonidos, percibir la brisa, sabiendo que todo es irreal.

¿Qué hacer si despertamos de un sueño lúcido?

Si despertamos del sueño lúcido sin querer, no todo está perdido. El soñador Alan Worsley (1988), el primero que se estudió en un laboratorio de sueño con Keith Hearne (1978), recomienda quedarse en la cama en la misma posición, absolutamente inmóvil. Relajarse y no abrir los ojos. Concentrarse de nuevo en el sueño, sobre todo en las imágenes de alrededor. Recordar los detalles y visualizarse regresando al sueño, al tiempo que uno se dice a sí mismo: «Estoy soñando… Vuelvo al sueño de… (la trama principal que se desarrollase)…». También podemos visualizarnos frotándonos las manos en el sueño que acaba de disolverse (Holecek, 2020). Hay que poner la máxima intención de volver al sueño, como se hace en la técnica MILD. Esto es muy importante (Holecek, 2020). Es posible que el sueño REM se reactive solo y, a veces, podamos volver al mismo sueño. Worsley afirma haber tenido decenas de sueños lúcidos con este método, pero es probable que su sistema REM sea diferente al de la mayor parte de nosotros y tenga mayor propensión a los sueños lúcidos.

Recomendaciones de Padmasambhava (1988)

Este gran sabio tibetano describe en su obra cinco recomendaciones para sobreponerse a los obstáculos de los sueños lúcidos. Es increíble la perfección con que describe los problemas que podemos encontrarnos para tener sueños lúcidos. De las recomendaciones, muchas nos serán útiles, pero otras están enmarcadas dentro de la tradición tibetana y pueden resultarnos más extrañas. Son las siguientes:

1. Dispersión por el despertar físico. Tan pronto como el novicio reconoce «Esto es un sueño», se despierta físicamente y se olvida de ese reconocimiento. Para evitarlo, hay que concentrarse a la altura del corazón y por debajo, además de focalizar la mente en un *bindu* negro del tamaño de un guisante, que se encuentra a la altura de las suelas de los pies. Esto impedirá el despertar.

2. Dispersión por el olvido. En cuanto nos damos cuenta de que estamos soñando, tendemos a estar confusos y a dejar que el sueño evolucione como es habitual, (es decir, perdemos la lucidez, caemos de nuevo en el sueño). Para evitar esto, hay que entrenarse en el cuerpo ilusorio durante el día y acostumbrarse a sentir siempre que permanecemos en el estado del sueño. Cuando nos vayamos a dormir, debemos repetirnos: «Que pueda reconocer el estado de sueño como tal y no dejarme confundir». Y cultivar el estado de *mindfulness* durante el día.

3. Dispersión por la confusión. Si consideramos el sueño solamente como apariencias engañosas de propensiones latentes perjudiciales, nuestra atención será difusa y nunca despertaremos en el sueño. Durante el día, hay que enfatizar el cuerpo ilusorio y ser conscientes de que todo es un sueño. Hacer purificaciones para contrarrestar los obstáculos, observar los votos, realizar la confesión y las ofrendas a las deidades. Se debe practicar *pranayama* (yoga de la respiración) para aumentar la energía vital.

4. Dispersión por el insomnio. Si no dormimos por la anticipación intensa (que produce ansiedad), imaginamos un *bindu* negro en el centro del corazón. Se debe generar anticipación sin esfuerzo y, por un instante, relajar la atención, sin meditar en el sueño, y así caeremos en el estado de sueño.

5. Dispersión por indolencia. Debido a la decepción con el ciclo de la existencia, puede que hagamos pocas prácticas en retiros y similares. Puede que desarrollemos el estado de sueño, pero como no se ha eliminado el apego por la gratificación sensual, seguimos atrapados en entretenimientos absurdos. Con una escasa disposición a la meditación, nos convertimos en un ser ordinario con una práctica espiritual débil. Esto ocurre porque estamos demasiado atrapados por el *samsara*. El antídoto es meditar en las Cuatro Nobles Verdades y en los cuatro pensamientos que cambian la mente. Estos últimos son las practicas previas a los preliminares en el budismo tibetano e incluyen: 1) la preciosa vida humana; 2) la muerte y la impermanencia; 3) el karma, y 4) la estructura defectuosa del *samsara*. Este problema surge, sobre todo, cuando el practicante adquiere una cierta fama como meditador: es un error en el que se cae fácilmente.

Mi primer sueño lúcido

Incluyo esta experiencia personal porque es representativa de otras muchas que me han contado soñadores lúcidos en las primeras ocasiones que despiertan y porque ilustra este proceso. Ocurrió cuando yo tenía 16 años y pertenecía a un grupo espiritual en el que meditaba más de una hora al día y mi interés por los sueños lúcidos era intenso. Diariamente hacía la técnica de «verificación de la realidad» en muchas ocasiones.

> Me encontraba paseando por una calle de mi ciudad, iba a visitar a un amigo que vivía en el portal número 34. Era una mañana radiante y, curiosamente, apenas había tráfico ni gente por la calle. Tras pasar el número 32, apareció el 36, pero no el portal número 34 donde vivía mi amigo. Me volví hacia atrás y hacia delante, buscando el portal que faltaba, sin encontrarlo. El suceso me parecía extremadamente raro y, por primera vez en mi vida, me pregunté si estaría en un sueño. Sin convencimiento, realicé la prueba de confirmación que se utilizaba en mi grupo de meditadores, que consistía en estirarse el dedo índice. Al hacerlo, este se estiró más de un metro. Me di cuenta de que estaba despierto dentro de un sueño.
>
> Estaba muy contento de estar viviendo la experiencia. Di un saltito

y, sin querer, subí más de un metro. No sabía qué hacer. No se veía a nadie y chillé preguntando si había alguien, pero nadie contestó. Anduve por la calle queriendo encontrarme con alguien para hablar, pero fue inútil. Observé la belleza y brillantez de los colores. Poco después, los objetos se desvanecieron y desperté.

Como se ve, aunque quería tener sueños lúcidos y me entrenaba, no tenía claro qué hacer en el sueño si despertaba. No conocía ninguna de las técnicas de mantenimiento del sueño lúcido, por eso duró poco tiempo. Y tampoco tenía ninguna meta ni objetivo para hacer estando lúcido. Ambos temas son importantes y hay que tenerlos planificados antes de experimentar un sueño lúcido.

20. Técnicas para la manipulación del sueño, tanto lúcido como no lúcido, y sus límites

> Todo lo que vemos o parecemos
> es solamente un sueño dentro de un sueño.
>
> EDGAR ALLAN POE, *Poems, A dream within a dream*

Técnicas para manipular el sueño no lúcido

Como dice Waggoner (2009): «Ningún marinero controla el mar. Del mismo modo, ningún soñador lúcido controla el sueño»; pero sí que es posible tener cierto control parcial del sueño. Tart (1988) escribió una magnífica revisión sobre este tema. Describe tres formas de influir en el contenido del sueño.

1. Mediante sugestión implícita

Se expone a los sujetos a un estímulo y se les despierta a lo largo de la noche en el laboratorio del sueño para ver si el estímulo afecta al contenido de su sueño. A los sujetos no se les informa de que tengan sueños sobre el tratamiento experimental ni se les avisa de que el propósito del experimento es observar el efecto de la intervención sobre el sueño. Incluyo un ejemplo de la gran cantidad de estudios que se realizaron en la década de los 1970. Así, el estudio de De Koninck y Koulack (1976) analiza 16 sujetos a los que se les estudia tres noches no consecutivas en el laboratorio, tras exponerles a una película sobre un accidente industrial. En ella, un obrero perdía varios dedos de la mano al cortarse con una máquina y otro moría al ser alcanzado por una sierra circular que otro obrero manejaba de forma inadecuada. A la mitad de los participantes se les mostró la película y a la otra mitad, además, se les puso la banda musical de la película mientras dormían. Solo este segundo grupo (película presueño y banda musical durante el sueño) mostró incorporación de elementos de la película en el sueño, pero con una baja magnitud del efecto. Esta baja incorporación es constante en los estudios de sugestión implícita.

2. Mediante sugestión explícita

Son estudios en los que a los sujetos se les pide soñar sobre un tema específico antes de dormir. En el estudio de Catwright (1974), a 17 estudiantes preuniversitarios se les pide desarrollar rasgos de carácter de un yo ideal, mediante repetición continua en estado despierto de este rasgo. Los resultados son una incorporación débil e indirecta de estos rasgos al sueño. Estos resultados son constantes en este tipo de estudios, siendo relevante uno de Hiew (1976), en el que se pide a 70 sujetos que sueñen sobre una comida placentera para ellos. Comprueba que el éxito tiene que ver con cualidades de los experimentadores que luego se describirán en sueños lúcidos, como la capacidad de tener sueños vívidos, recordarlos, y que el sueño sea una actividad importante para el individuo.

3. Mediante sugestión posthipnótica

Se relatan varios estudios sobre el tema, desde los más antiguos, sin las condiciones experimentales de laboratorio del sueño y en contexto psicoanalítico, hasta los más científicos, realizados en la década de los 1970, entre los que destaca el de Tart y Dick (1970). En él se estudian 13 sujetos altamente hipnotizables que recibieron varios tratamientos hipnóticos antes de pasar dos noches en un laboratorio de sueño, tras una noche de adaptación. La conclusión de esta serie de estudios es que la sugestión posthipnótica es la técnica más eficaz: se consiguieron incorporaciones de hasta un máximo de 25 elementos en un único sueño, con una media de 5-15 elementos. Por el contrario, la eficacia de las técnicas de sugestión implícita y explícita es una media de 1-2 elementos incorporados por sueño.

Técnicas para manipular el sueño lúcido

Son múltiples las técnicas para manipular el sueño lúcido. Tholey (1983), en este magistral artículo, identifica y describe las siguientes.

1. Manipulación antes de dormir por medio de la intención y de la autosugestion

Igual que el sueño lúcido puede ser influido por la intención adecuada y la autosugestión, su contenido también puede ser manipulado, hasta ciertos límites, por estas mismas técnicas. Esto se ha hecho, sobre todo, en el campo de la psicoterapia. Los pacientes que se duermen con la intención de aprender algo de su problema psicológico mediante un sueño lúcido encuentran a menudo respuestas. Las soluciones se las ofrecen directamente alguna de las figuras del sueño y, después, tiene lugar la interpretación de lo que ocurre en el sueño por parte del terapeuta.

2. Manipulación mediante el deseo

Basta con querer que algo ocurra, y eso modifica el escenario del sueño. Es posible cambiar el escenario simplemente deseándolo. Podemos modificar, por ejemplo, nuestro cuerpo, o ser transportado a otro lugar o a otro tiempo. El soñador nunca sabe cuándo ni de qué manera exacta sus deseos serán cumplidos. Incluso, aunque los cambios ocurran, el soñador puede sentir que son independientes y que no están afectados por el deseo del soñador. Los deseos son más fáciles de cumplir si no requieren «milagros» dentro del sueño. Querer ver a alguien simplemente conjurando su nombre es poco probable que ocurra, pero es más fácil que podamos verlo si vamos a su casa o a un lugar donde suele estar. Cuanto más parecido sea el deseo a lo que ocurre en el mundo real, más posible será que ocurra, pero es menos probable cuanto más hay que «forzar» el sueño.

3. Manipulación modificando nuestro estado interno

El entorno del sueño está muy condicionado por el estado mental del soñador. El escenario del sueño y, sobre todo, la apariencia y conducta de las otras figuras del sueño están fuertemente condicionados por la situación emocional del individuo. Si está asustado, las figuras actuarán de forma aterradora. Y si el soñador afronta con valentía la figura amenazadora, esta desaparecerá o modificará su conducta. La manipulación del contenido del sueño de esta forma, modificando el estado interno del soñador, ha sido exitosamente descrita (Falt-Schriever, 1981).

4. Manipulación mediante la mirada

Un control apropiado de la mirada puede finalizar, prolongar o alterar el sueño lúcido. Fijarla en un punto estable, en el escenario del sueño, produce que el soñador despierte en 4-12 segundos. Si se hace esto, el punto comienza a difuminarse y todo el escenario se desvanece. Los individuos experimentados pueden usar este proceso para construir un nuevo escenario acorde a sus deseos, reestableciendo el escenario mediante movimientos rápidos de los ojos. La explicación que propone Tholey (1977) al hecho de que fijar los ojos haga que se desvanezca el escenario es que…

1. el despertar está condicionado por la falta de movimiento de los ojos, y
2. el despertar se produce por saturación del sistema nervioso central.

Los estudios posteriores tiende a apoyar la segunda hipótesis (Tholey, 1981).

Hay todavía otra forma de usar la mirada en un sueño: si a una figura hostil se la mira directamente a los ojos, pierde su naturaleza amenazante. Lo que ocurre es que esta acción no siempre es fácil, por dos razones: primera, mantener la mirada en un punto facilita el despertar, y, segunda, la figura del sueño puede resistirse, y hay soñadores que describen que la figura escapa de la mirada atacando por detrás, sacudiendo la cabeza o poniéndose una capucha.

5. Manipulación mediante declaracion verbal

Se puede influir en el sueño dirigiéndose a él de forma apropiada. La simple pregunta «¿quién eres tú?» hace que figuras del sueño desconocidas pasen a ser familiares. La conversación con figuras del sueño es, según Tholey (1981), una de las experiencias más interesantes y terapéuticas del sueño lúcido. Nuestro inconsciente, a menudo, las distorsiona. Dirigiéndonos a la figura desconocida de esta forma, se torna en conocida, cosa que nos permite llegar a la forma más elevada del sueño lúcido según la perspectiva occidental: entender qué es lo que simboliza cada figura. Al contrario de lo que defienden autores como Faraday (1975), que propone enfrentarse violentamente con las figuras del sueño, según la experiencia de Tholey (1983) y Wallace (2019) esto nunca es necesario y no suele ser efectivo.

6. Manipulación mediante ciertas acciones

Tholey (1983) describe ciertas acciones, casi rituales, que producen experiencias extraordinarias, como experiencias fuera del cuerpo, sueños de volar, de estar eufórico o viajar a través del tiempo. Sin embargo, estas técnicas difieren mucho de persona a persona; por eso parece que los elementos de sugestión deben de ser muy importantes. En el capítulo posterior describiremos algunas maniobras de diferentes autores, en dependencia con el objetivo por conseguir. Por otro lado, hay maniobras comunes: muchas personas usan un salto, para alcanzar una gran altitud, como la forma más eficaz de sentir que vuelan o flotan.

7. Manipulación mediante la asistencia de otras figuras del sueño

A veces se pueden experimentar ciertas experiencias gracias a otras figuras del sueño. Así, un soñador utilizaba un fantasma para volar, y otro utilizaba un hipnotizador para alcanzar una experiencia de éxtasis. Otros son llevados a otros lugares o tiempos gracias a un mago. Tholey (1983) alcanzaba la lucidez en el sueño gracias a otra figura del sueño. Algunas de estas figuras, supuestamente, han desarrollado extraordinarias habilidades y algunos soñadores las ponen a prueba. Parecería que tuviesen su propia perspectiva perceptual, habilidades cognitivas y motivaciones (Krist, 1981).

Límites en la manipulación de los sueños lúcidos

Con el entrenamiento, la manipulación de los sueños lúcidos es más intensa y completa, pero nunca los sueños son exactamente como quiere el soñador; existen varias razones fisiológicas y psicológicas. Se sospecha que los procesos fisiológicos periféricos tienen una importante influencia en el contenido de los sueños. Esto parece especialmente importante en los sueños lúcidos hipnagógicos. Por ejemplo, varios fenómenos relacionados con el movimiento en estos sueños se considera que se deben a procesos retinales (Tholey, 1981).

Para este autor, el hecho de que la fijación de los ojos se asocie a la disolución del escenario del sueño se debe a un proceso de saturación del sistema nervioso central, es decir, que el cerebro ya no puede procesar esa información.

Algunos de los aspectos no controlables y sus razones son:

1. Factores biológicos

a) AUMENTAR LA LUMINOSIDAD DEL SUEÑO. Es algo imposible, incluso aunque se encienda un interruptor imaginario. Hearne (1982) explica que existe un techo para el nivel de brillantez que puede conseguir la imaginería. Tholey (1983) realizó un estudio con ocho personas en el que intentaban aumentar la luz del escenario del sueño encendiendo una luz, tras usar una técnica corporal. Nadie pudo conseguirlo de forma brusca, pero sí se consiguió un aumento progresivo de la luminosidad empleando técnicas como usar una linterna, cuya luz se incrementa progresivamente, o una fuente de luz que se acercaba poco a poco. Lo mismo describe Worsley (1988), reconociendo que es fácil dar la luz en una habitación iluminada, pero que, si la escena está oscura, no hay forma de aumentar la luminosidad de forma inmediata: el proceso durará al menos 10 segundos. Estos hallazgos confirman que la luz del sueño puede incrementarse progresivamente pero no de forma brusca, por razones fisiológicas.

b) LEER EN SUEÑOS. Es imposible leer en los sueños lúcidos dos veces seguidas el mismo párrafo sin que cambien las letras, o se modifique lo que se lee de alguna manera. No permanece estable. Esto puede ser utilizado como un signo del sueño, para confirmar que estamos soñando (LaBerege y Theingold, 2014). La causa parece ser la activación del hemisferio derecho cuando estás durmiendo y la desactivación del hemisferio izquierdo, que predomina en vigilia y que se requiere para procesar la información en orden secuencial. Esto permitiría distinguir el sueño lúcido, en el que no se puede leer, de una experiencia fuera del cuerpo (*out-of-body experience*). Muchas OBE (experiencias fuera del cuerpo) son sueños lúcidos o hiperlúcidos en los que se podría leer. Este hecho nos permitiría diferenciarlos. Sobre este asunto regresaremos en el capítulo 26.

2. Factores psicológicos cognitivos: incapacidad para ejecutar acciones imposibles en el mundo real

a) CONTRADECIR EL MUNDO REAL. Los soñadores poco experimentados solo pueden hacer en sueños aquello que harían en el mundo real, porque la mente lógica les impide ir más allá. Pero, con entrenamiento, puede eliminarse completamente esta limitación; a menudo, usando instrumentos que faciliten esa transición, como hemos explicado.

b) CERRAR LOS OJOS. Holececk (2020) describe que cerrar los ojos en sueños con frecuencia produce un despertar en el mundo físico. Sin embargo, con maestría, y como veremos en la tradición tolteca en el capítulo 25, uno podría dormirse en el propio sueño, para pasar a la tercera compuerta, y, lógicamente, los ojos oníricos están cerrados.

c) DECIR NUESTRO NOMBRE EN SUEÑOS. LaBerge y Rheingold (2014) describen esta interesante historia sobre las limitaciones que nos imponemos en los sueños con nuestra autosugestión. Describen cómo el famoso filósofo y místico ruso Ouspensky (1931; 1971) afirmaba que «el ser humano no puede pensar sobre sí mismo en sueños, a menos que el pensamiento en sí sea un sueño». De ahí razonaba que

«si uno pronuncia su nombre en sueños, inmediatamente despertará».
Era una idea extendida, aunque no existía una razón lógica para ello.

La influencia de Ouspensky fue enorme sobre varias generaciones
de buscadores oníricos. Una soñadora lúcida, estudiada por la psicóloga inglesa, Celia Green (1968), que conocía las obras del filósofo,
quiso comprobarlo ella misma y, cuando lo hizo, sintió tal atolon-
dramiento que se detuvo, lo cual confirmaba «la profecía». Años
después, Garfield (1974), también atraída por este tema, despertó
en un sueño en el que estaba grabado su nombre en una puerta, se
acordó de la frase de Ouspensky y la atmósfera del sueño retumbó
e, inmediatamente, se despertó. Ella concluyó que no era imposible
grabar el nombre pero sí perturbador. Sin embargo, LaBerge (La-
Berge y Rheingold, 2014), quien no creía nada de esto, decidido a
comprobarlo en el sueño, confirmó que es perfectamente posible
pronunciar el propio nombre en el sueño y que no ocurre nada.

3. Factores psicológicos afectivos: aspectos éticamente discutibles o infantiles

Son más potentes que los cognitivos. Suelen aparecer cuando el
soñador tiene que ejecutar acciones que, éticamente, le resultan
inaceptables. O si tiene que viajar a épocas infantiles en las que se
haría consciente de algunos aspectos desagradables de sí mismo.
En el sueño, alcanzar estos recursos se lo impiden figuras del sueño
atemorizantes o que son muy agresivas, o fuerzas invisibles que le
bloquean. Ambas podrían interpretarse, psicoanalíticamente, como
resistencias o defensas. Un adecuado manejo de esas figuras del
sueño podría permitir la resolución de los conflictos (Tholey 1981,
1982, 1983).

II. 4. ¿Qué se puede hacer en el sueño lúcido?

21. Actividades que realizar en el sueño (I): viajar, sanar y desarrollar superpoderes

> Una de las características del sueño
> es que nada nos sorprende en él.
> Sin ningún pesar, aceptamos vivir en él
> con extraños completamente desconectados
> de nuestros hábitos y amigos.
>
> JEAN COCTEAU, *La difficulté d'être*

Las reglas que funcionan en el mundo del sueño son diferentes de las del mundo real. Debemos conocerlas para manejarnos en él. Cuanto más tiempo pasemos en el mundo de los sueños, más desarrollaremos estas habilidades. Vamos a analizar algunas de estas capacidades y cómo desarrollarlas (Tucillo y cols., 2013).

Viajar

Ir del punto A al B en el sueño es cuestión de intención y concentración. Los principios que se aplican son los siguientes:

- **Ingravidez**: podemos romper las leyes de la gravedad cuando queramos; saltar y volar sin problemas. Eso sí, los objetos no vuelan como cuando estamos en una atmósfera sin gravedad. Y nosotros tampoco, si no estamos convencidos de que podemos hacerlo.
- **No hay espacio ni tiempo**: solo existe el presente eterno. Viajar al pasado o al futuro no podemos hacerlo directamente; necesitaremos usar alguna técnica específica, como luego describiremos.
- **Movimiento mediante la voluntad**: no hace falta desplazarse por los medios habituales, como andando o en automóvil. Simplemente, basta desearlo para que ocurra.

a) Volar

La forma preferida de los soñadores es volar, pero puede haber variadas formas de hacerlo. La sensación de libertad, el viento en la cara y otros estímulos hacen muy especial este desplazamiento. Ahora bien, debemos tener algunos temas en cuenta. Al principio, tras estabilizar el sueño con alguna técnica apropiada, para volar podemos saltar hacia arriba, y flotaremos. Habrá una cierta tendencia a caer, porque estamos acostumbrados a la gravedad. Tenemos que mirar al cielo, o decirnos a nosotros mismos «volar», y con eso suele ser suficiente. A veces, podemos necesitar visualizarnos con alas para que nuestra mente lógica no se resista a la posibilidad del vuelo. Esto no es imprescindible, pero puede ayudar. El modelo de vuelo puede ser batiendo las alas como un pájaro, como «Superman» con los puños hacia delante, o como nadando en el aire.

En cuanto a la altura, al principio se recomienda una altitud de unos 300 metros, es decir, no demasiado lejos del suelo (Worsley, 1988; Tucillo y cols., 2013). En cuanto a la velocidad, la que sea cómoda. No se recomienda demasiado deprisa porque es difícil maniobrar. Girar u otros movimientos resultarán casi imposibles a cierta velocidad.

Intentaremos evitar los giros al principio para no desestabilizarnos. Los vuelos en línea recta son más fáciles. Solo cuando tengamos más experiencia, podremos girar. La forma de hacerlo es progresiva y es como cuando vamos en moto: inclinando el peso hacia donde queremos girar. Si tenemos que parar bruscamente, porque chocamos con un edificio, podemos movernos con la cabeza. Girar con la cabeza señalando el lugar a donde queremos ir nos permitirá movernos hacia allí. Hagamos lo que hagamos, no debemos quedarnos atrapados por el sueño. Siempre tenemos que estar verificando la realidad y repitiéndonos «esto es un sueño».

Para aterrizar, pensamos el lugar donde queremos parar. Descendemos poco a poco, como si fuésemos en avión. Nos inclinamos hacia atrás, como si tirásemos de las riendas de un caballo. Tomamos tierra suavemente, moviendo los pies, como si estuviésemos andando. En el sueño, no podemos hacernos daño, pero un aterrizaje brusco nos despertaría.

b) Otras formas rápidas de viajar

Volar es divertido, pero no es la forma más rápida de viajar y, dado que el sueño lúcido es breve, podrían interesarnos otros métodos. Como en el sueño podemos hacer lo que queramos, lo único que tenemos que hacer es convencer a nuestra mente lógica de que estas opciones son posibles. Podemos usar:

- TELEPORTACIÓN. Con que pensemos en ir a un lugar, ya hemos llegado. Solo necesitamos una intensa intención. Podemos hacerlo en tres fases: 1) Concentrarnos y desarrollar una fuerte intención; podemos decírnoslo en voz alta: «Quiero ir a tal sitio». 2) Cerramos los ojos: aunque no usemos entradas o portales (son puertas que visualizamos para desplazarnos en el sueño, como se ve en el siguiente apartado), podemos cerrar los ojos o tapárnoslos, como hacía el gran soñador lúcido marqués de Saint-Denys (Martin, 2003); podemos decirnos: «Cuando abra los ojos estaré en la cima del Himalaya». 3) En vez de cerrar los ojos, podemos usar la técnica de dar vueltas en círculo sobre nosotros mismos. Igualmente, pensar en el destino deseado e incluso decirlo en voz alta. Cuando dejemos de dar vueltas, las formas y colores se estructurarán en el destino que hemos elegido.
- ENTRADAS Y PUERTAS. Es el mismo proceso. Simplemente, para vencer la lógica de la mente, podemos generar una puerta, un espejo, un muro, o cualquier objeto que tengamos que atravesar, de forma que represente una especie de proceso. Al atravesar la entrada, tenemos que decir en voz alta a dónde queremos ir: «A la salida de esta puerta estaré en Marte». También podemos dejar que sea el sueño quien nos lleve y decir: «Llévame a don-

de tenga que ir». Intentamos conectar siempre con la emoción, aparte de decir el lugar donde queremos viajar.

- ATRAVESAR OBJETOS. Relacionada con las puertas, como elementos transicionales para viajar, está la posibilidad de atravesar objetos; por ejemplo, paredes, rocas, la tierra. Todo lo que es sólido puede ser atravesado en un sueño si lo creemos. Son ilusiones de la mente, no es una barrera física. La sensación que tendremos al atravesar cada uno de estos objetos será diferente, variando la textura, la dificultad y las sensaciones en general. Constituye un curioso e interesante ejercicio atravesar diferentes objetos en el sueño.

c) Viaje a través del tiempo

No hay secuencia temporal en el sueño, todo son lugares alcanzables. Podemos visitar cualquier época histórica pasada o futura que deseemos. La forma habitual para ello sería la incubación del sueño. En el período de despertar y volver a la cama, pensamos en la época que queremos visitar, por ejemplo, la Edad Media. Conviene leer libros o ver imágenes (no en ordenador, siempre en libros, pues permiten visualizar mejor) de ese período. De igual forma, podemos escuchar música o vídeos de ese momento.

Para el desplazamiento, podemos visualizar una especie de máquina del tiempo que nos dará la cobertura «racional» para poder viajar a ese período, de forma que la mente no se resista a ese proceso no lógico. Autores como Robert Moss (2010) recomiendan lo que él denomina «el río del tiempo». Podemos sumergirnos en él y decirnos que cuando salgamos estaremos ya en otra época: «Cuando salga de este río estaré en la Edad Media». Antes de salir del río, dejar la máquina del tiempo o salir por la puerta que nos va a permitir atravesar el tiempo, volvemos a repetir tu intención: «Cuando salga de aquí estaré en tal época».

Sanar

Desde la antigua Grecia, en los templos de Esculapio, se usaban los sueños para curar. Los enfermos permanecían en ayuno varios días y se tumbaban sobre la dura piedra. Esperaban que los dioses, en un sueño, les transmitiesen el secreto de la curación de su enfermedad (Farnell, 1921). En la vida real, nuestra mente anticipa reacciones sobre sucesos que no han ocurrido: ver una hamburguesa nos hace salivar, pensar en nuestro jefe desagradable nos puede producir una crisis de angustia, pensar en alguien atractivo puede generar una erección. Un sueño lúcido en el que nosotros creamos el guion es mucho más cercano a la realidad que la imaginación.

Maslow decía que el objetivo de toda terapia es la integración (Wilson, 1973). Todo lo que no está integrado nos disocia, nos divide, nos enferma. La palabra inglesa curar (*healing*) proviene de la palabra griega «entero» o «todo» (*holos*), y las palabras «totalidad» (*whole*), «sano» (*healthy*) y «sagrado» (*holy*) tienen esa misma raíz.

Para usar los sueños como sanación podemos intentar los siguientes medios (Tucillo y cols., 2013):

- Buscar personajes oníricos que puedan ser símbolos de nuestras dificultades de salud, como personas tristes, con heridas o enfermas, y hablar con ellos. Preguntarles qué les pasa o cómo se pueden curar.

• Buscar una persona, animal u objeto que pudiera representar un aspecto oculto de nosotros. Podemos intentar fusionarnos con él simplemente gritando en el sueño que queremos fusionarnos, o intentarlo de alguna de las formas que hemos comentado.
• Podemos incubar un sueño específico que pensemos que puede curar la afección concreta que tenemos.

Se sabe que la visualización o imaginería guiada es eficaz en el tratamiento de la ansiedad y el dolor prequirúrgicos (Álvarez-García y Yabán, 2020), facilita la producción de memorias asertivas terapéuticas (Morina y cols., 2017) y mejora diferentes alteraciones (Van Kulken, 2004). Un sueño lúcido es imaginería guiada en su máxima expresión. Podría incubarse para actuar del mismo modo que la visualización. Podemos soñar con un color curativo que penetre nuestro cuerpo en la zona enferma, o con un fuego que se apaga echándole agua (metáfora muy adecuada en el dolor), u otras acciones similares.

En general, y como en las pesadillas, la idea es enfrentarse a los personajes del sueño que nos angustian o dan miedo de la forma que describiremos en el capítulo sobre las pesadillas; eso facilitará la integración. El psicólogo Tholey (1988) afirma que debemos encontrar a los «perros ladradores» ocultos en la psique; es decir, aquellos personajes del sueño que reflejan nuestros conflictos. Tholey (1988) dice que los descubriremos porque se mueven de la luz a la oscuridad, de los lugares superiores a los inferiores y desde el presente hacia el pasado. En un estudio que realizó (Tholey, 1988), más del 60% de los participantes encontraron importantes mejorías al enfrentarse de forma amigable a los personajes y situaciones amenazadoras que surgieron en sus sueños lúcidos. La calidad general de su vida en vigilia mejoró. Por el contrario, salir huyendo de las figuras amenazantes no modificaba la sintomatología. Él dice que quienes resolvieron sus problemas en el sueño «se ajustaron» mejor dentro de sí mismos y respecto al mundo.

LaBerge y Rheingold (2014) proponen este ejercicio:

Afrontar los problemas psicológicos en el sueño lúcido

1. **Determinar nuestro propósito**. ¿Qué queremos trabajar en el sueño? ¿Qué problema o enfermedad? Formular una frase del tipo: «Esta noche me enfrentaré en el sueño a tal problema/enfermedad/ miedo». Repetirlo hasta que fijemos la intención.
2. **Inducir la lucidez**. Utilizar la técnica que deseemos.
3. **Buscar los problemas en el sueño**. Cuando seamos conscientes de que estamos soñando, repetimos la frase que resume nuestra intención. Hay que buscar algún problema en el entorno onírico y, si no lo hay, buscar lugares que nos produzcan inquietud, tipo sótanos, alturas, sitios aislados, etcétera.
4. **Afrontar la dificultad**. Mostrarnos abiertos y amables. Preguntarnos por qué nos inquieta eso. Si es un personaje, hablar con él, igual que en las pesadillas. ¿Qué quiere? ¿Por qué nos persigue? ¿Cómo podemos ayudarle a él o él a nosotros? Repetirse frases del tipo: «Puedo afrontar esto». Mantenernos allí hasta que nos sintamos cómodos.
5. **Recompensarnos de alguna forma, tanto en el sueño lúcido como despiertos**.

Si para realizar cualquiera de estas actividades sanadoras pensamos que no estamos preparados, podemos comentarlo con nuestro terapeuta. Aunque no es lo habitual, cada vez más profesionales han oído hablar de los sueños lúcidos y estarían de acuerdo en incluirlos de alguna forma en la terapia.

Conflictos con personas

Cuando se acaba una relación, bien por separación (generalmente conflictiva), o por fallecimiento, a menudo quedan temas sin resolver, cabos emocionales sueltos. Son temas que pueden afectar a las relaciones futuras y que consumen energía mental. Esta visión está en línea con la recapitulación propuesta por el chamanismo.

Es habitual que estos temas se intenten resolver con otra persona, generalmente un amigo o un terapeuta. A ellos se les cuenta el impacto emocional y los conflictos y, de alguna forma, pueden llegar a resolverse. También puede hacerse mediante los sueños lúcidos. Por supuesto, la persona no está allí, en nuestro sueño, pero la reparación se produce con nuestros conflictos inconscientes, no con ellos. Tholey (1988) ha estudiado el uso de los sueños lúcidos con esta función, la resolución de conflictos en relaciones terminadas. Concluye que es posible alcanzar una reconciliación con las representaciones internas de las personas importantes de nuestra vida, llegándose a la resolución.

Salud física

Aunque la relación entre los sueños lúcidos o no lúcidos y la mejora
de la salud física es un campo más arriesgado que la salud psicológica, muchos autores consideran que es posible (LaBerge y Rheingold,
2014). En el capítulo de utilidades y beneficios de los sueños, ya
hemos expuesto los beneficios de la visualización en la salud física.
Existen estudios ya antiguos sobre la relación entre la visualización
y la salud (Jaffe y Bresler, 1980; Simonton y cols., 1980), y se acep-
ta que la intensidad de las visualizaciones, el realismo con que se
producen, se correlacionan con su acción sobre nuestro organismo
(Richardson, 1984). Lógicamente, los sueños lúcidos serían la máxima expresión de esa visualización. Wallace (1998), representante del
budismo tibetano, apunta a la posibilidad de que, curando el cuerpo
del soñador, eso repercuta en el cuerpo físico.

Superpoderes

El ser humano siempre ha tenido este deseo: tener poderes que otros
no tuviesen y que le permitiesen hacer cualquier cosa. Pondremos
solo algunos ejemplos, pero no hay límite para la imaginación en
los sueños (Tucillo y cols., 2013).

Cambiar de forma

1. Incubar el sueño. Decidir en qué nos queremos transformar y,
tras una fase de despierta-y-vuelta-a-la-cama, imaginar cómo nos
sentiremos en ese cuerpo y hacer las actividades que haríamos con

esa forma. Una vez lúcido, imaginar esa forma y sentirla con todos los sentidos.

2. Utilizar una ayuda. A menudo, visualizar la imagen no es suficiente, por la resistencia de la mente, así que podemos usar alguna ayuda, como tomar una pócima, o generar un mago que nos cambie con una varita mágica, o algún otro tipo de truco más creíble en el mundo real.

3. A la desesperada. Si esto no es suficiente, podemos visualizar un espejo y ver cómo nuestro cuerpo cambia en el espejo hacia la forma que deseamos. Y si esto no basta, hacer algún acto desesperado: si queremos ser un pájaro, tirarnos desde un acantilado; o si queremos ser un pez, sumergirnos en el océano. Mandamos a la mente el mensaje de que estamos preparados y que lo creemos. Con todo, podríamos despertarnos en el mundo físico si la mente no es capaz de asumirlo.

Telequinesis

Mover cosas con la mente también es posible en sueños si creemos que podemos hacerlo. La forma que se recomendaría sería:

1. Empezar por cosas pequeñas: tras hacer la incubación, cuando estemos lúcidos, empezamos por objetos pequeños, de los que nos separe escasa distancia, y que nuestra expectativa sea moverlos ligeramente.

2. No estresarse ni enfadarse: no lo vivamos como una competición o un desafío, sino como un juego en el que estamos «desafiando» a la mente. Si no sale, volvemos a intentarlo con más confianza.

3. Todo el sueño es nuestra mente: cuando algo no salga, pen-

samos y sentimos que todo lo que aparee en el sueño no es algo externo, es una extensión de la mente. Sentimos los objetos como parte de nosotros, el aire y todo lo demás. Se mueven y cambian con nosotros, según cambia la mente. Con esa certeza, volvemos a intentarlo una vez más.

Manejar la energia

Generar energía en el sueño puede servir con cualquier función: defenderse de enemigos, destruir objetos, o cualquier otra acción. Para desarrollar esta energía condensada, por ejemplo, en la forma de una bola, los pasos serían los siguientes:

1. Visualizar la energía alrededor: tiene que salir de alguna parte. Hay que contemplarla como algo visible, una luz amarilla, blanca o azul, según nuestras creencias sobre el tema. Si no lo conseguimos, visualizamos algo que tenga energía eléctrica: una bombilla o una torre de alta tensión.

2. Tocar la energía: usamos la mano para tocarla y sentirla, para saber que está ahí. Tenemos que creerlo.

3. Convertir la energía en una bola: modelamos con la mano una bola del tamaño que deseemos con la energía. Giramos las manos para condensar esa energía y que no se escape, y la mantenemos a cierta distancia de nosotros, no pegada.

4. Controlamos la bola: observamos si la bola se mantiene. A veces, se deshace o modifica su aspecto y tenemos que volver a modelarla. Si permanece estable, la lanzamos donde queramos. Hemos conseguido manejar la energía en el sueño y ya podemos usarla como deseemos.

Otros poderes

El concepto de poderes o *siddhis* surgidos como resultado de la meditación se encuentra en muchas tradiciones orientales, desde el hinduismo, donde aparece por primera vez, hasta en la religión *sikh* o el budismo. En el hinduismo (Jacobsen, 2011), incluye poderes como aumentar o disminuir de tamaño infinitamente, convertirse en muy pesado o ligero, viajar de forma instantánea a cualquier lugar, hacer cualquier cosa que uno desee, controlar todos los seres vivos y fenómenos naturales, conocer el pasado y el futuro, así como la mente de los seres, soportar el frío y el calor o cualquier otro peligro para la vida (fuego, agua, venenos). En el budismo, los *siddhis* están descritos, entre otros textos clásicos, en el *Visuddhimagga*, escrito por Buddhaghosa (2016), y son muy similares a los descritos en el hinduismo. Incluyen también el control sobre los cuatro elementos, por eso se puede andar sobre las aguas, atravesar objetos sólidos, volar, o no ser quemado por el fuego. Cualquiera de estos poderes puede desarrollarse en los sueños, siguiendo los pasos generales que hemos descrito.

Cada vez que en los sueños consigamos desarrollar un superpoder, la sensación de bienestar y autoconfianza puede dispararse. En todo caso, recordamos lo obvio, que el sueño no es el mundo real, solo es un sueño, y que no podemos trasladar esos logros a este mundo.

22. Actividades que realizar en el sueño (II): interactuar con los personajes

En las cajas de lápices guardan sus sueños los niños.

RAMÓN GÓMEZ DE LA SERNA, *Total de greguerías*

Los sueños, lúcidos o no, están llenos de personas que reaccionan de muy diferentes formas. No todos son hospitalarios, y la relación que pueden tener con el soñador puede ser muy variable. No todos los personajes son humanos: algunos sí, otros pueden ser vegetales o animales, y otros pueden mostrar apariencias muy variables y diferentes.

Objetos y personajes en los sueños (Pérez, 2010)

Un objeto del sueño lúcido es un elemento limitado que no posee consciencia de ser. Hay dos clases de objetos en nuestros sueños: los habituales y los extraños. Los habituales existen en vigilia y sus propiedades no nos resultan extrañas. Por contra, los objetos extraños son los que no existen en nuestro mundo habitual y poseen propiedades inusuales. A su vez, se dividen en conocidos (por ejemplo, una vaca que está volando: aunque el objeto es conocido, su actividad es inusual) o desconocidos (por ejemplo, un monstruo de varias cabezas y cuerpo deforme).

Una de las técnicas de prolongación de los sueños lúcidos consiste en mirar, sucesiva y fugazmente, los objetos que aparecen en el sueño, regresando a un objeto que elijamos como punto de partida. Si nos detenemos un tiempo excesivo en la contemplación de un objeto normal, el sueño lúcido se desvanecerá; pero si nos fijamos en los detalles de un objeto extraño, sea conocido o desconocido, el escenario del sueño cambiará y seguiremos siendo lúcidos. Por tanto, los objetos extraños funcionan como un transporte en los sueños lúcidos; por eso resultan muy interesantes. Los objetos pueden ser seres camuflados, y solo nos percataremos de ellos si se dirigen a nosotros de forma comprensible. También pueden ser distinguidos en el sueño por un especial «chisporroteo» o brillo que emiten, según afirman tanto Castaneda (1993) como Pérez (2010).

Los seres son objetos que poseen consciencia de ser. En cualquier momento, pueden hablarnos o tocarnos, razonar con nosotros, u ofrecernos cualquier tipo de información valiosa. Al igual que los objetos, los seres pueden clasificarse en habituales y extraños. Los habituales serían los que actúan de la misma forma que en nuestro mundo de vigilia; los extraños, aquellos cuya actitud difiere de la habitual.

¿Qué tipos de personajes hay en los sueños?

Tucillo y cols. (2013) hablan de tres tipos de personajes:

• **Baja consciencia o zombis**: no se pueden mantener con ellos conversaciones racionales, bien porque no contestan, o porque sus respuestas son especialmente incongruentes respecto a lo que se les pregunta. Pese a ello, intentaremos tratarlos como personas, con aprecio, no como objetos. No sabemos la importancia que pueden tener para la comprensión de nuestro inconsciente.

• **Consciencia media o colegas**: responden a preguntas coherentemente, presentan gran tendencia a relacionarse con nosotros, suelen ser buenos conversadores. Serían como colegas o amigos en un sentido general, como actores de reparto en una película. Es sensato llevarse bien con ellos.

• **Alta consciencia o maestros**: parecen saber mucho más que nosotros en algunos o muchos aspectos de la vida. Suelen darnos informaciones importantes, guiándonos por el mundo onírico, o trayéndonos información importante en la vida cotidiana. Su presencia suele ser impactante. Parecen estabilizar el sueño, hacerlo más real y vívido. Pueden adoptar cualquier forma, no solo humana.

¿Por qué tendríamos que interactuar con los personajes de los sueños?

Habría otras muchas actividades que realizar en un sueño lúcido. Las razones por las que vale la pena mantener trato con los personajes de nuestro sueño son las siguientes (Tucillo y cols., 2013):

- **Sexo**: suele ser la principal preocupación de muchos soñadores lúcidos. Son raros los que no han tenido sexo onírico cuando han estado lúcidos. Los estudios sobre el tema (LaBerge, Greenleaf y Kerdzieski, 1983) confirman que los orgasmos experimentados en el sueño correspondían a las respuestas eléctricas de un orgasmo verdadero. No es nuestra intención juzgar nada, pero quizá deberíamos plantearnos si es lo mejor o lo más interesante que podemos hacer en la situación excepcional de un sueño lúcido. En cualquier caso, mantener una relación sexual completa es uno de los ejercicios de control del sueño lúcido más difíciles (Pérez, 2010).
- **Sanación**: hablar con un personaje del sueño permite conocernos más a nosotros mismos. Podemos hacerle preguntas importantes sobre diferentes temas, que podrían llegar a tener un profundo impacto sobre nosotros.
- **Conocimiento**: algunos de estos personajes son fuente de sabiduría e información. Podemos obtener muchos beneficios, tanto en el propio sueño como en la vida despierta, con lo que nos guíen. Por supuesto, debemos ser sensatos y solo hacer caso o incorporar aquello que tenga sentido y valor para nosotros.

¿Cómo interactuamos con ellos?

Siempre desde el respeto, no sabemos lo que son. Muchos soñadores lúcidos tienden, sobre todo al principio, a espetar a los personajes frases del tipo: «¿Sabes que no existes en realidad, que te has colado en mi sueño lúcido?». Con frecuencia, los personajes miran asombrados, cuando no enfadados. En un estudio sobre el tema realizado en 2005 por la Harvard Medical School (Kahn y Hobson, 2005), más del 80% de los participantes creían que los personajes de sus sueños tenían sentimientos. Por tanto, sean reales o no, deberíamos ser educados con ellos. Algunos de estos personajes pueden ser aterradores y producir pesadillas. En el capítulo 23 sobre cómo afrontar pesadillas y cómo usar los sueños para la sanación, ampliamos este tema. Aquí resumiremos una técnica que recomiendan LaBerge y Rheingold (2014), basada en Tholey (1988) y Kaplan-Williams (1985).

Técnica para conversar con los personajes oníricos

1. **Practicar los diálogos imaginarios en estado de vigilia.** Elegimos un sueño reciente en que hayamos tenido una interacción con otra persona que sea desagradable, o que queramos trabajar por la razón que sea. Pensamos qué objetivos tenemos y planteamos las preguntas adecuadas para alcanzarlos. Podemos escribirlas en un papel y practicarlas mediante visualización en vigilia. Pensamos qué esperaríamos que nos contestasen, qué querríamos resolver y cómo consideraríamos que la conversación se cerraría de forma adecuada.

2. **Establecer la intención de despertarse en el sueño la próxima vez que tengamos un encuentro problemático.** Decidimos qué querríamos hablar con estos personajes.

3. **Conversar con las figuras problemáticas.** Siempre que aparezca una situación conflictiva con otra persona, nos preguntamos si estamos soñando. Si es así, recordamos nuestro objetivo y hacemos las preguntas adecuadas al objetivo, quizá recordando lo que hemos ensayado en vigilia. Escuchamos las respuestas y necesidades del

personaje y las nuestras, intentando llegar a un acuerdo y a un aprendizaje. Intentamos llegar a una resolución que nos resulte cómoda
y nos aseguramos de despertarnos físicamente antes de que se nos
olvide, de forma que podamos apuntarlo.

4. **Evaluar el diálogo.** Nos preguntamos si estamos satisfechos con el
resultado. Si no es así, pensamos en cómo podemos mejorar estos
resultados la próxima vez, para lo que podremos repetir el proceso
desde el primer paso.

¿De qué hablar con estos personajes?

La recomendación sería no perder el tiempo con ellos en charlas superficiales: no sabemos cuánto tiempo tendremos de sueño lúcido. Podemos preguntarle quién es o cómo se llama, o también dónde estamos.
Y, por supuesto, preguntas más concretas y profundas, como si quiere
enseñarnos algo, si puede ayudarnos en algo, si representa algo importante en nuestra vida, o qué nos recomendaría hacer con nuestra vida.

¿Qué son estos personajes?

Por supuesto, la gran pregunta es qué son estos personajes. Las dos
explicaciones más aceptadas serían:

- **Proyecciones de nuestro inconsciente**. Parece lo más obvio
  y coherente con el conocimiento científico actual. Representan nuestros deseos insatisfechos, miedos desconocidos, la

«sombra» de nosotros mismos. Razón más que suficiente para quererlos, como parte de nosotros que somos, y para intentar conocerlos, ya que nos dan luz sobre nosotros mismos.

- **Seres independientes**. Muchas tradiciones contemplativas, como la tibetana o la chamánica, aceptan esta posibilidad, aunque para nuestro conocimiento occidental pueda parecer extraño. Son personajes que parecen tener vida propia, muestran grandes conocimientos y gran autonomía emocional y cognitiva. Dan lecciones, hacen preguntas y sus caracteres están mucho más perfilados que los del resto de personajes. Los autores occidentales como Monroe (1971) defienden esta interpretación.

El sueño de Filemón, del psiquiatra Carl Gustav Jung

El famoso psiquiatra suizo Carl Gustav Jung relata que encontró de forma repetida en sus sueños un personaje llamado Filemón (Jung, 2001). Jung consideraba que «Filemón y otros personajes de mis fantasías me hicieron reparar en el discernimiento de que hay cosas en la psique que no las produzco yo, sino que se producen a sí mismas y tienen vida propia. Filemón representaba una fuerza que no surgía de mí. En estas fantasías mantenía conversaciones con él y él decía cosas que yo no había pensado conscientemente». Aún parece más increíble que el experto en sueños lúcidos Robert Moss (2009) relate que él también encontró un hombre que se llamaba así y que también era un maestro. En aquel entonces no había leído nada de Jung. ¿Sería este el inconsciente colectivo del que hablaba el propio Jung? En todo caso, la coincidencia avala la creencia de que era un personaje independiente de ambos soñadores.

Los personajes del sueño según el chamanismo

Ya hemos visto, al hablar de la manipulación de los sueños lúcidos, que los personajes desconocidos o amenazadores pueden cambiar su aspecto dirigiéndonos a ellos y, con frecuencia, se tornan en personajes conocidos. Pero, si esto es así, ¿qué es lo que hay debajo de un personaje del sueño?

Según refiere Castaneda en *El arte de ensoñar* (1993), los sueños son una compuerta a otros mundos, un pasadizo con tráfico de doble sentido. Nuestra consciencia cruza esa puerta y entra en otros reinos, pero esos otros reinos también mandan exploradores que entran en nuestros sueños. Al cruzar la segunda puerta de ensueño (este concepto se describe más ampliamente en el capítulo 25), los ensoñadores llegan a una fuente universal de energía. El emisario es una carga de energía diferente a la nuestra, una fuerza impersonal que nosotros hacemos personal por el hecho de que tiene voz. Los ensoñadores oyen o ven al emisario cuando tienen suficiente energía para mantener sus puntos de encaje fijos en una nueva posición específica. Cuanto más intensa es la fijación, más intensa es la experiencia del emisario. Si se mantiene cierto grado de desapego con él, nada ocurre; únicamente se describe lo que está frente a uno. Las conclusiones de lo que el emisario o explorador dice son nuestras propias deducciones. Es una fuerza que viene del reino de los seres inorgánicos.

Los exploradores o emisarios son cargas energéticas que se mezclan con los objetos de nuestros sueños normales. Son estallidos de energía ajena que vienen a nuestros sueños y nosotros los interpretamos como objetos conocidos o desconocidos. Si conseguimos detectar a un explorador, aislarlo y seguirlo, este nos dirigirá a su fuente de origen. Cuando se consigue aislar a este elemento energético foráneo, el sueño se disuelve, dejando únicamente la energía ajena. Es el modo de cruzar la segunda puerta.

Los seres del sueño pueden presentarse bajo múltiples formas, por lo que, habitualmente, aparecen en forma de familiares, amigos y demás personas con las que se interacciona en el mundo cotidiano. Que los veamos con una determinada forma es lo que les confiere su significado y lo que los hace «interpretables» desde una perspectiva psicoanalítica. Por tanto, son seres «reales» en el mundo del sueño lúcido; además, tienen una representación simbólica en los sueños y, por eso, los percibimos con esas características y no con otras. Pero existe la posibilidad de liberar a las figuras oníricas de la imagen que tienen en el sueño y darles un aspecto en el que no representen a nadie concreto: es lo que Castaneda llama «ver la energía». Se puede hacer este cambio gritando en voz alta esta intención o señalando con el dedo al ser en el sueño.

Según le cuenta el brujo yaqui Don Juan a Carlos Castaneda (1993) en este mismo libro, al ver la energía de los seres, se distinguen dos tipos de configuraciones: una en forma de huevo luminoso, que corresponde a los seres orgánicos, como los humanos, y otra en forma de vela o palo alargado y opaco, correspondiente a los seres inorgánicos. La vida y la consciencia de ser, siendo exclusivamente una cuestión de energía, no son solo propiedad de los organismos. Existen dos tipos de seres conscientes: los orgánicos y los inorgánicos. Al cambiar el punto de encaje, se crea una energía concreta que capta la atención de los seres inorgánicos. Estos tratarán de intentar que te quedes en su mundo para nutrirse de tu energía.

Según Don Juan, los seres se diferencian de los objetos por el resplandor que emiten. Ese resplandor es el reflejo de la consciencia de estos seres en el mundo de los sueños, y están vivos, si entendemos como vida el poder percibir lo que les rodea. Los seres inorgánicos tendrían una duración de su consciencia de ser, de su vida, mucho más larga que la nuestra, al igual que ocurre con los árboles en el mundo cotidiano.

Como hemos visto, en el budismo tibetano también se habla de otros seres no humanos, allí se llaman elementales, que dificultan a los meditadores su maestría (Evans-Wents, 1975). Y también Wallace (2019) habla de la existencia de seres en nuestros sueños no producidos por nuestra mente.

Mensajes de los personajes del sueño: una experiencia personal

Las interacciones con los personajes del sueño pueden ser desde anodinas hasta amenazadoras, pero también sublimes, de aprendizaje. Relataré un sueño lúcido en que tuve una de estas experiencias. Era un período en el que meditaba a menudo sobre la compasión (*bodhichitta*) y sobre sus aspectos relativo y último. No podría saber si el mensaje venía de mí mismo o, eso sentí, de un maestro.

> Estaba paseando por una ciudad abigarrada y muy poblada, por su aspecto parecía ser la India. De repente, adquirí la lucidez al preguntarme cómo estaba allí. No tenía consciencia de haber viajado en avión y no existía un proceso lógico para haber llegado allí. Me estiré del dedo y se alargó bastante. Ya lúcido, miré embobado el espectáculo. Vendedores ambulantes, mucha gente paseando; hablaban mi idioma y podía entenderlos. Puse la atención en los olores: me

cuesta mucho percibirlos en los sueños, pero, dadas las características de la escena, esperaba notarlos, pero no pude. En un momento, vi a una señora de mediana edad arrodillada en el suelo, llorando. Me acerqué a ella, y parecía que estuviésemos solos los dos. Le pregunté por qué lloraba. Ella me contestó, con voz entrecortada, que había fallecido su hijo y que no podía soportar tanto sufrimiento. Sentí que comprendía de forma real el concepto de *bodhichitta* relativa y última. A nivel relativo, me compadecía de su sufrimiento, que era, evidentemente, intenso. A nivel último, comprendía que estábamos en un sueño y que no existía ni vida ni muerte, nada de aquello tenía realidad ni sustancia.

Con gran cariño le cogí la mano y le dije que compartía su dolor, pero que estábamos en un sueño. Nada de lo que estábamos experimentando era real. Todo desaparecería en algunos segundos y todo sufrimiento que experimentásemos ella y yo eran absurdos, sin sustancia. Ella me miró asombrada pero de forma amistosa, y me preguntó: «¿llorarías por un hijo muerto o por cualquier desgracia que te ocurriese en tu vida real?».

–Claro –le contesté–. En el mundo real sí, porque es real. Pero esto no lo es.

–¿Cómo sabes que este mundo no es real y que el tuyo sí lo es? Tu mundo también desaparecerá como un sueño, sin dejar rastro, y todo sufrimiento en él no tiene sustancia.

La cara de la señora se había transformado. No era ya una mujer indefensa y abatida por una desgracia a la que yo intentaba consolar. Se había convertido en una maestra poderosa y ecuánime, que escrutaba mi mirada para ver si la había entendido. Comprendí que mi sufrimiento y el de todos los seres en la vida «real» es igual de insustancial que el sufrimiento en ese sueño que estaba teniendo.

Algo que era tan obvio no había podido comprenderlo, y me di cuenta en ese momento. No era una comprensión racional, sino vivencial.

 –¿Quién eres? –le pregunté. Pensaba que era un maestro y deseaba que se manifestase.

Ella sonrió y, lentamente, fue diluyéndose, como un globo que se deshincha hasta desaparecer. Tenía la sensación de haber recibido una enseñanza. Me puse a andar. La ciudad y el mercado habían desaparecido. Estaba en una especie de desierto. Temí volver a quedarme no lúcido dentro del sueño y olvidar esta experiencia, por lo que decidí despertar.

23. Actividades que realizar en el sueño (III): afrontar las pesadillas

> Un hombre que nace
> cae en un sueño como un hombre que cae en el mar.
> Si intenta ascender a la superficie,
> como procura hacer la gente sin experiencia,
> entonces se ahoga.
>
> JOSEPH CONRAD, *Lord Jim*

Las pesadillas

Las pesadillas son el punto oscuro, negativo, del mundo del sueño, ya que provocan angustia y miedo. Se consideraban la visita de un demonio. De hecho, la palabra inglesa *nightmare* procede del sajón *mare* que significa íncubo o duende. Un íncubo es un demonio masculino que aparece por la noche para robar favores sexuales a las damas; y el súcubo es el demonio femenino, que busca el mismo fin con los varones.

Las pesadillas, aunque muy frecuentes en los niños, no solo les ocurren a ellos: un estudio en más de 400 alemanes adultos informó de una media de dos pesadillas al mes (Schredl y Erlacher, 2004), datos similares a los encontrados en otro estudio realizado en China (Kai-Ching, 2008). Entre los estudiantes universitarios se vio que el 5% de los alumnos tenían al menos una pesadilla cada semana (Hartmann, 1984).

El origen de las pesadillas puede ser desde cualquier trastorno psicológico (ansiedad, traumas, depresión, consumo de alcohol o sustancias, entre otros), o preocupación consciente o inconsciente (relación tormentosa o estrés de cualquier tipo), hasta el correlato de un malestar físico producido por cualquier enfermedad (las que cursan con fiebre son especialmente frecuentes). También hay fármacos como la L-Dopa o los betabloqueantes que aumentarían las pesadillas (LaBerge y Rheingold, 2014). Curiosamente, apenas ocurren en un laboratorio de sueño, o en los niños cuando se acuestan con sus padres; parece que la sensación de protección que se genera en ambos casos las anula.

Freud (1988) consideraba que todo sueño era el cumplimiento de un deseo. La pesadilla debería serlo de un temor, ya que es difícilmente imaginable que alguien desee ese sufrimiento. Jung, el famosos psiquiatra suizo, consideraba que las pesadillas son «elementos sombríos», partes de nosotros que repudiamos (Wagoner, 2009). Representarían aspectos indeseables de nuestra mente que hemos rechazado o negado. Según Jung, deberíamos reintegrarlas en nuestras psiques para convertirnos en personas más equilibradas (Snowden, 2010). Actuarían como un niño herido que quiere ser escuchado.

Jung, discípulo de Freud, describe los arquetipos del «inconsciente colectivo» como representaciones simbólicas de aspectos universales de la mente inconsciente, y considera que existen muchos, como «el sabio» (representa el conocimiento y la sabiduría), «la madre» (la crianza, el amor incondicional, lo femenino), o el «Yo superior» (la unidad interna, «la mejor versión de uno mismo»). Él considera que hay un arquetipo que es el único que no es innato: «la sombra», que es el contenido psicológico inaceptable de nuestra mente y se compone de todo lo que hemos rechazado, reprimido o negado a lo largo de nuestra vida. Son todos nuestros tabúes, perversiones y temores. Todo esto aparecerá de forma recurrente en las pesadillas. También habría una «sombra positiva»: rasgos positivos de nosotros mismos que no queremos o no somos capaces de reconocer como propios. Para Jung, la sombra es la sede de nuestra creatividad. La integración de estas contradicciones nos llevará a la «individuación», según Jung, y en los sueños lúcidos es donde mejor podemos integrar estas características (Stevens, 2001; Jung, 2003; Morley, 2019).

Dado que la pesadilla nos genera miedo, puede ser un desencadenante perfecto para hacernos conscientes de que estamos en un sueño y que eclosione la lucidez. Muchas pesadillas son narrativas de héroes o protagonistas en peligro: aparecemos desnudos o indefensos ante la gente, nos persiguen, no llegamos a un examen o a un medio de transporte. Lo que la convierte en pesadilla, a menudo, no es el argumento, sino la emoción desagradable que la acompaña. La ansiedad sería el resultado de la respuesta inadecuada del soñador a la demanda onírica (LaBerge y Rheingold, 2014). La ansiedad surgiría del miedo a algo y del convencimiento de que no podemos o sabemos resolverlo. La ansiedad permitiría replantearnos nuestras respuestas a la situación. De hecho, es una causa frecuente de generación de sueño lúcido en aquellas personas que no se despiertan físicamente (LaBerge, 1985).

La parálisis del sueño

La parálisis del sueño (LaBerge y Rheingold, 2014) es la experiencia de no poder mover ninguna parte del cuerpo cuando uno se despierta. El soñador puede sentir que un enorme peso le sujeta, que no puede respirar, distorsiones corporales, como sensación de descarga eléctrica, incluso alucinaciones auditivas, en forma de zumbidos, o visuales, en forma de figuras, generalmente amenazadoras. Se cree que el fenómeno de íncubos y súcubos ocurre en ese momento. También se puede sentir que se está abandonando el cuerpo, flotando o de otra forma, lo que origina la experiencia de experiencias fuera del cuerpo.

La causa probable de este fenómeno es la parálisis muscular total que ocurre en el sueño REM. El individuo toma consciencia de que está despierto, pero el cuerpo sigue sujeto a la parálisis del REM. Este período, que puede durar segundos, se vive como extraordinariamente largo y amenazador. Se dispara la ansiedad, el individuo intenta gritar y no puede. La recomendación es: a) recordar que la experiencia es normal, que todo es un sueño y, por tanto, inofensivo, y b) relajarse y continuar viviendo la experiencia con curiosidad. Los sueños que ocurren en las parálisis del sueño suelen ser intensos y maravillosos.

Las pesadillas como generadoras de sueños lúcidos

Las pesadillas nos producen una situación de malestar tan intenso que, si no nos despiertan en el mundo físico y nos mantenemos en el sueño, pueden inducir un sueño lúcido. Muchas personas han experimentado su primer sueño lúcido tras una pesadilla, como le pasó a Worsley (1988), quien relata así la experiencia: «Mi primer sueño lúcido fue fruto de mi descubrimiento, cuando era un niño de cinco años, de que podía despertarme de las pesadillas intentando gritar ¡Mamá!».

Ya hemos comentado que, según algunos estudios (Gackenbach, 1982), el 15% de los sueños lúcidos (sobre una muestra de 313 sueños) se inician al hacerse consciente de una pesadilla.

Posibles respuestas ante una pesadilla

Habría varias formas de afrontar las pesadillas:

- Huir en un sueño no lúcido, o huir usando los instrumentos del sueño lúcido.
- Agredir y destruir lo que nos asusta.
- Enfrentarse a lo que nos asusta de forma amigable.

Vamos a analizar estas diferentes posibilidades.

Huir sin ser lúcido o en el sueño lúcido

Lo que la inmensa mayoría de la gente suele hacer en las pesadillas es huir. Eso produce una gran descarga emocional, con ansiedad y miedo. Generalmente, produce despertar físico y sensación de malestar, que se recuerda y mantiene después de haber despertado. El miedo a volver a tener la pesadilla es fácil que pueda convertirla en una pesadilla recurrente, como luego veremos.

A menudo, ese malestar que produce la pesadilla hace que seamos conscientes de que estamos durmiendo. Aunque la mayoría de las personas despiertan físicamente, unos pocos podrían experimentar un sueño lúcido. Una vez en este sueño consciente, uno podría seguir huyendo de la misma forma que en un sueño no lúcido y despertarse físicamente o usar sus poderes, como volar o cambiar el escenario del sueño, para huir de lo amenazador (LaBerge y Rheingold, 2014). En general, no se recomendaría este afrontamiento, porque no resuelve la pesadilla, aunque autores como Wallace (2019) opinan de forma contraria.

Agredir y destruir lo que nos asusta

El antropólogo Kilton Stewart (1972), haciéndose eco de la cultura senoi de Malasia, una de las que más ha trabajado sobre los sueños, propone enfrentarse y derrotar el peligro. Patricia Garfield populariza estas ideas en su libro *Creative dreaming* (Garfield, 1974). Basándose en que en los sueños no puede ocurrirnos nada, ella describe algún ejemplo muy útil de cómo enfrentarse a lo que se teme:

> «Me encontraba en un metro parecido al de Londres. Llegué a una escalera mecánica. Los primeros peldaños no funcionaban. Supuse que tenía que subir andando. Tras empezar a subir, observé que estaba funcionando. Al mirar hacia arriba, vi la maquinaria amarilla que estaba en la parte superior y comprendí que al seguir subiendo perecería aplastada por la maquinaria. Me asusté mucho y comencé a despertarme. Pero después me dije a mí misma: "No, tengo que seguir avanzando. Tengo que enfrentarme a eso". Mi corazón comenzó a latir con fuerza y me sudaban las palmas de las manos, mientras me acercaba cada vez más. Me dije: "Esto es malo para mi corazón", pero seguí ascendiendo. No sucedió nada, conseguí atravesarlo y todo estaba bien».

En la mentalidad senoi (Stewart, 1972), que Garfield (1974) resume, la idea es que a cualquier personaje del sueño que se comporte de manera agresiva o no cooperativa deberíamos atacarlo agresivamente y someterlo. Si es necesario, se recomienda destruir esa figura para liberar una fuerza positiva. Una vez sometida, se le debe obligar a que nos entregue un regalo de valor que podamos usar en nuestra vida en vigilia. También se sugiere tener una lista de personajes amistosos y cooperativos que nos ayuden a superar a la figura amenazante. Muchas personas que han descrito este método refieren que han conseguido resultados que empoderan de esta forma.

Sin embargo, Tholey (1988) describe que atacar a los personajes oníricos, ya sea física o verbalmente, suele transformarlos en seres más agresivos o aterradores, pudiendo pasar de una madre a una bruja y, luego, a una bestia, por ejemplo. Según Tholey (1988), esa respuesta agresiva suele producir en el soñador síntomas de ansiedad y culpa, y en los siguientes sueños pueden aparecer «vengadores oníricos» que nos castiguen por lo que hicimos. En general, nuestros personajes oníricos suelen ser más útiles como humanos comprensivos que como bestias subyugadas.

Quizá la única excepción a esta recomendación sea cuando los sucesos aterradores del sueño reproducen otros de la vida real, como maltrato infantil o violación. En esos casos, la técnica senoi puede ser la más eficaz, siendo lo más sano destruir al atacante. En estos casos de agresión, «dejar que pasen las cosas» no es lo más adecuado, ya que, según Tholey (1988), «una conducta indefensa casi siempre conduce a experiencias desagradables de miedo o desánimo». Las figuras hostiles suelen crecer en tamaño y fuerza respecto al soñador. La Berge y Rheingold (2014) creen que la razón se halla en que los personajes amenazantes son una representación de algunos rasgos negativos de nuestra personalidad y que, al sucumbir a sus ataques, permitimos que se hagan cargo de nuestra vida.

Enfrentarse a lo que nos asusta de forma amigable

Los soñadores lúcidos nos recomiendan cómo afrontar las pesadillas. Así, el gran pionero del siglo xix Saint-Denys (1982) describe cómo, mirando a la cara a un demonio, lo hace desaparecer progresivamente:

> «Me estaban persiguiendo unos monstruos aterradores [...] Me encontraba huyendo a través de una interminable serie de habitaciones interconectadas [...] Los monstruos lanzaban gritos espeluznantes mientras se me acercaban. Tuve el deseo de enfrentarme a esas ilusiones, en lugar de salir huyendo [...] Contemplé los fantasmas que hasta ese momento solo había divisado vagamente [...] Clavé la mirada en mi principal atacante, que parecía un demonio peludo, como los de los bajorrelieves de las catedrales [...] La conmoción inicial fue fuerte [...] Sus compañeros habían desaparecido. Él mismo había ralentizado sus movimientos y perdido su claridad [...] hasta que se convirtió en un montón de trapos flotantes».

También Tholey (1988) confirma que, si el ego onírico se muestra valiente hacia los personajes amenazadores del sueño, estos se tornan menos hostiles. Por el contrario, si uno intenta hacer desaparecer un personaje, como hizo Sparrow (1976) con una pantera onírica, el miedo no desaparece:

> «Me encuentro en un vestíbulo [...], es de noche y todo está oscuro [...] Miro al otro lado de la puerta y veo una figura oscura que es un

enorme animal […] una pantera negra. Mientras coloco mis manos sobre su cabeza, le digo: "Solo eres un sueño". Pero en mi afirmación […] No puedo disipar mi miedo. Rezo para obtener la protección de Jesús y, cuando despierto, todavía me invade el miedo».

Nosotros, como LaBerge y Rheingold (2014), preferimos el modelo de Tholey (1988) ya expuesto en la sección de cómo relacionarse con los personajes del sueño. Como ya hemos referido, algunos personajes negativos suelen representar aspectos negados o rechazados de nuestra personalidad, y destruirlos es una forma de rechazar simbólicamente parte de nosotros, lo que facilita la escisión y no la integración, que debería ser nuestro objetivo. El método de Tholey (1988) consiste en entablar diálogos con los personajes oníricos para intentar reconciliarse con ellos. Él descubrió que, si se hacía esto, las figuras se transformaban desde «criaturas de bajo orden a criaturas de orden superior». Se modificaban de bestias o seres mitológicos a seres humanos, lo que permitía al soñador «comprender de manera inmediata el significado del sueño». He aquí un ejemplo que él relata:

«Me he vuelto lúcido mientras era perseguido por un tigre y quería salir huyendo. Me di la vuelta, mantuve la compostura y pregunté: "¿Quién eres?". Aquello pilló al tigre por sorpresa, se convirtió en mi padre y respondió: "Soy tu padre y ahora te voy a decir lo que tienes que hacer". (Anteriormente había respondido varias veces a esta situación huyendo). Le dije que no podía darme órdenes. Rechacé sus amenazas e insultos. Por otra parte, debo reconocer que algunas de las críticas de mi padre estaban justificadas y decidí cambiar mi conducta. En ese momento, mi padre se volvió amistoso y nos dimos la mano. Le pregunté si podía ayudarme y me animó a seguir solo mi camino. A continuación, mi padre se deslizó al interior de mi propio cuerpo y permanecí solo en el sueño».

Recomendaciones sobre cómo afrontar las pesadillas

Para afrontar la pesadilla, lo ideal sería lo siguiente (Pérez, 2010; Tucillo y cols., 2013; LaBerge y Rheingold, 2014):

Técnica para afrontar las pesadillas

1. **Permanecer con la pesadilla, no huir, sobre todo si es una pesadilla recurrente**. La pesadilla sigue siendo nosotros y nos seguirá a todas partes.
2. **Mecanismo de seguridad**. En el sueño, nunca nos va a pasar nada; pero si la pesadilla nos produce demasiado terror, siempre hay un mecanismo de seguridad: despertar en el mundo físico. Siempre tenemos este as en la manga.
3. **Si algo nos persigue, nos damos la vuelta y lo afrontamos**. Agredirlo no suele ser una buena solución. Tholey (LaBerge y Rheingold, 2014), el famoso experto en sueños lúcidos, asegura que esto da mayor energía al personaje de la pesadilla. Y, además, le seguimos el juego al creer que tiene poder. Hay que hacerse consciente de nuestras emociones negativas, sean las que sean, habitualmente ansiedad y miedo.

4. **Reclutar refuerzos**. Si nos sentimos más seguros, podemos invitar a personajes que nos den tranquilidad, desde el rey Arturo hasta un superhéroe; o quizá algún sabio, como Gandhi o un maestro espiritual, que negocie con la pesadilla (Tucillo y cols., 2013).

5. **Actuar de forma segura y amorosa**. Si es un monstruo, podemos mirarlo a los ojos. Si estamos suficientemente lúcidos, podemos dirigirnos hacia el monstruo con los brazos abiertos y abrazarlo. En resumen, hacemos lo contrario de la conducta evitativa que haríamos de ordinario.

6. **Hablar con el personaje de la pesadilla**. No siempre es algo necesario para resolverla, pero, si nos encontramos con ánimo y tenemos la oportunidad, seguro que podemos aprender algo. Podemos plantearle preguntas clásicas del tipo: «¿Quién eres?», «¿Qué quieres?», «¿Por qué me persigues?», «¿Qué quieres enseñarme o en qué quieres ayudarme?», o «¿Cómo puedo ayudarte?». Cualquier respuesta que nos dé nos va a aclarar temas. Podemos interpretarla en el mismo sueño o «a posteriori».

Además, habría una serie de recomendaciones específicas para pesadillas recurrentes que son comunes a muchas personas. Vamos a resumir algunas de las principales (LaBerge y Rheingold, 2014), que son también una de las principales causas de despertarse físicamente, o de que el sueño se convierta en lúcido.

Recomendaciones específicas
ante ciertas pesadillas recurrentes

- **Ser perseguido**. No se recomienda correr, sino volverse y enfrentarse al perseguidor. Generalmente, el perseguidor desaparece o se convierte en inofensivo. Si no es así, intenta establecer un diálogo conciliador con lo que te persigue. Se le puede preguntar: «¿Quién eres?», o «¿Quién soy yo?"». También puedes pedirle ayuda, pregúntale en qué puede ayudarte.
- **Ser atacado**. No ceder sumisamente al ataque ni huir. Tratar de defendernos inicialmente y, si es posible, intentamos establecer un diálogo conciliador con el atacante, mostrando reconciliación con el lenguaje verbal y no verbal. Otra alternativa es generar compasión y amor hacia esa figura, lo que suele cambiar su actitud.
- **Caer**. Suele producir gran ansiedad, porque se considera que significa que vamos a morir en la vida real. Lo que se recomienda es relajarse y dejar que nuestro cuerpo aterrice. También podemos transformar la caída en un vuelo.
- **Parálisis**. En general, la ansiedad se dispara, lo que aumenta la inmovilidad, y el proceso se magnifica. Sabiendo que en el sueño nada nos puede hacer daño, hay que generar una actitud de curiosidad y aceptación relajada sobre todas las imágenes que aparezcan.
- **Aparecer desnudo en público**. No hace falta sentirse ridiculizado o incómodo. ¿Qué importa eso si estamos en un sueño? Nos divertimos con la idea. Para algunas personas es una experiencia erótica excitante. Otras pueden pedir a la gente que se desnude también. Podemos ser creativos y reírnos.
- **Incapacidad para hacer un examen, dar un discurso, llegar a una cita**. No haría falta que siguiesemos el tema. Una vez conscientes

de que es un sueño, podemos dejar la clase o el lugar y gestionar el sueño lúcido como queramos. Pero si lo que deseamos es aumentar la confianza en nosotros mismos, podríamos contestar el examen o dar el discurso de forma creativa, disfrutando, enfrentándonos a lo temido de forma lúdica.

Manejo de las pesadillas recurrentes

Cuando pensar en una pesadilla se convierte en un acto tan doloroso que lo evitamos, no resulta sorprendente que vuelva a producirse. Como nosotros mismos hemos demostrado (Gamboa y cols., 2017), para que un suceso desaparezca de la memoria debe ser neutro, no debe estar asociado a una emoción, ya sea positiva o negativa. Saint-Denys (1982) intuye el mecanismo de las pesadillas en este comentario sobre el sueño de la gárgola, ya descrito al inicio del capítulo, y que se volvió repetitivo para él:

«Desconozco el origen del sueño. Probablemente lo produjo alguna causa patológica. Pero después se repitió en varias ocasiones durante seis semanas. Estaba claro que solo lo volvían a traer las impresiones que había dejado en mí, así como mi temor instintivo a verlo de nuevo. Si mientras soñaba me encontraba en una habitación cerrada, revivía inmediatamente el recuerdo de este sueño horrible. Al mirar hacia la puerta, el pensamiento de lo que tenía miedo de ver era suficiente como para producir la aparición repentina de los mismos terrores en la misma forma de antes».

LaBerge y Rheingold (2014) consideran que el miedo a los sucesos de la pesadilla y el deseo de que no vuelva a ocurrir aseguran
que será recordada. Posteriormente, en vigilia, algo sucede que nos
recuerda el sueño y, algunas noches después, aparece de nuevo la
pesadilla. Cuando el sueño empieza, el soñador ya espera que la
película se desarrolle como la última vez. Si el proceso se repite,
se va consolidando el recuerdo, de forma que cualquier suceso en
vigilia puede ser el desencadenante y cada nueva pesadilla aumenta
el miedo y el proceso.

Kaplan-Williams (1985), experto soñador, describe una técnica
para reescribir el final de un sueño de una forma que nos parezca
aceptable. Es un método especialmente válido para pesadillas. Se
reentraría en estado de vigilia y, mediante una visualización, se modi-
ficaría el final del sueño. Él describe un sueño propio: «Me encuentro
en una casa y tengo que enfrentarme a algo que da miedo. No quiero
hacerlo y me encuentro completamente solo. Me despierto».

Esta experiencia será muy común para muchos de nosotros. Él
reentra en el sueño, visualiza un nuevo desenlace y tiene la suerte de
dormirse y modificarlo desde un sueño lúcido. Lo relata así:

> «Entro en el cuarto de baño, donde parece encontrarse el origen de
> mis temores. Tengo miedo […] pero, gracias a mi voluntad, entro en
> el cuarto de baño dispuesto a lo que sea […] En el cuarto de baño
> hay una figura luminiscente y corpulenta. No me ataca, sino que
> se convierte en un enano, con brazos largos y cabeza redonda, tipo
> Yoda. Nos miramos a los ojos. Permanece inmóvil […] Mi miedo se
> desvanece cuando experimento lo que hay detrás de la puerta, que
> lleva años desde la infancia. Era el propio miedo y mi incapacidad
> para enfrentarme a él» (Kaplan-Williams, 1985).

En psicoterapia, se utiliza este abordaje. Geer y Silverman (1967) fueron pioneros en esta técnica. Describen a un paciente que estuvo 15 años padeciendo la misma pesadilla. Se le aplicaron cinco sesiones de relajación y otras siete de reexperimentación. A partir de la tercera sesión reviviendo la pesadilla y diciéndose «Solo es un sueño», disminuyó su frecuencia, hasta que, varias semanas después, desapareció. El gran psiquiatra conductista sudafricano Isaak Marks (1978), maestro de generaciones como la mía, describe el caso de una pesadilla recurrente de 14 años de duración, que se resolvió tras revivir el sueño tres veces, estando despierto, con un final no traumático. Un último ejemplo es el estudio de Bishay (1985), que trató siete casos de pesadillas con el simple ensayo de la pesadilla modificando el final. Al año de seguimiento, cuatro de los cinco pacientes, que habían desarrollado un final muy satisfactorio, seguían asintomáticos. El quinto paciente, cuyo final era simplemente agradable, también refería una notable mejoría.

LaBerge y Rheingold (2014) proponen el mismo proceso, pero incluyendo el sueño lúcido, lo cual tendría que aumentar la eficacia, ya que la lucidez implica una especie de realidad aumentada. Describen la siguiente técnica.

Técnica para modificar pesadillas recurrentes

1. **Recordar y registrar las pesadillas recurrentes**. Si tenemos una pesadilla varias veces, la recordamos y anotamos con el mayor lujo de detalles. Analizamos qué querríamos cambiar del guion y desde dónde haríamos la modificación.

2. **Elegir el punto de entrada, nueva acción y final.** Decidimos cómo querríamos cambiar el sueño, desde qué momento y cómo terminaría. Generalmente, es antes de que aparezcan los primeros contenidos desagradables.

3. **Relajarse utilizando *mindfulness*.** Nos aislamos unos 20 minutos donde podamos estar solos. Adoptamos una postura cómoda y practicamos *mindfulness*.

4. **Reproducir la pesadilla y buscar un final alternativo.** Seleccionamos el punto de entrada elegido en el paso 2; visualizamos el sueño hasta ese momento, entramos y lo modificamos como hayamos decidido, hasta terminarlo. Observamos el efecto que tiene en nosotros este resultado.

5. **Evaluar la resolución del sueño reproducido.** Cuando termine el sueño imaginado y modificado, anotamos lo sucedido como si fuese un sueño normal. Describimos cómo nos sentimos. Si aún no estamos suficientemente cómodos, podemos volver a modificarlo desde el paso 2 hasta que consigamos una solución final satisfactoria. Generalmente, esto suele detener la pesadilla, como hemos visto al revisar los estudios de psicoterapia.

6. **Si se repite la pesadilla, intentar resolverla en un sueño lúcido.** Si aún con todo se repite la pesadilla, intentamos no despertarnos físicamente, sino que el sueño se vuelva lúcido y modificarlo.

Las pesadillas en los niños

Los niños suelen tener más pesadillas que los adultos, pero parecen tener menos dificultades para enfrentarse a sus miedos en el sueño.

La primera persona que describió el uso de sueños lúcidos para tratar las pesadillas de los niños fue Mary Arnold-Foster (1921). En la actualidad, Patricia Garfield (1984), en su libro *Your child's dreams,* ofrece claves importantes en este sentido. En general, habría que decirle al niño, cuando relate una pesadilla, que cuando sueñe con lo que teme (generalmente algo imposible en la realidad), se haga consciente de que eso es un sueño; que no puede recibir ningún daño en el sueño y que puede modificarlo a voluntad. Se le invita, como si fuese un juego, a hacerse lúcido y reescribir el sueño.

LaBerge (LaBerge y Rheingold, 2014) describe cómo trató así una pesadilla de su sobrina Madeleine de siete años, que soñaba con tiburones en el embalse de su ciudad. La incitó a reflexionar que no puede haber tiburones en su estado, Colorado; que se hiciese consciente de que era un sueño; que se diese cuenta de que nada podía pasarle, y que entablase amistad y jugase con el tiburón. Pocos días después, la niña le comentó que había montado en el tiburón. LaBerge considera que este afrontamiento empodera al niño, dándole mayor autoconfianza.

¿Cómo actúa el sueño lúcido?

Tholey (1988) considera que el sueño lúcido, a diferencia del no lúcido, produce sus efectos terapéuticos por estas razones:

1. Debido a la lucidez, el ego del sueño se siente menos atemorizado de los personajes y situaciones del sueño; por eso, se produce menor resistencia a confrontar o interactuar con ellos.

2. Usando técnicas apropiadas para manipular los sueños, el ego

del sueño puede conectar con personas, lugares, situaciones y momentos importantes para el individuo.

3. El diálogo con otras figuras permite al ego del sueño reconocer la dinámica de la personalidad actual (función diagnóstica).

4. Mediante una apropiada actividad del ego del sueño, se puede reestructurar algunos aspectos de la personalidad (función terapéutica).

Tholey (1988) considera que lo que sana no es el sueño lúcido como tal, sino la actividad del ego durante el sueño lúcido

24. Actividades que realizar en el sueño (IV): crear y resolver problemas

> No sé si soy un hombre que sueña que es una mariposa
> o una mariposa que sueña que es un hombre.
>
> Chuang Tzu

Crear

En el sueño lúcido puedes crear cualquier cosa, de cualquier forma y tamaño, sin límite de complejidad. También podemos crear o hacer aparecer personas, como familiares o amigos. Como siempre, en el sueño tenemos que tener en cuenta sus leyes:

- **La realidad es creada por nuestros pensamientos y emociones**. Si estamos tranquilos, nuestros sueños serán pacíficos; pero si estamos nervioso, los sueños serán agitados. Por tanto, es clave un pensamiento centrado en el objetivo y una clara intención.
- **El efecto expectativa**. En general, los sueños reflejan nuestras expectativas. Lo que creamos que va a pasar es lo que suele

ocurrir. Y lo que creamos que es imposible que ocurra, no es fácil que suceda. A veces, sin embargo, lo que ocurre es inesperado, porque está producido por nuestros deseos o miedos inconscientes.

• **Nosotros somos el origen del sueño.** Podemos cambiar el paisaje onírico, o podemos cambiarnos a nosotros. Una forma sutil de cambiar el sueño no es tanto cambiar los objetos externos expresando el pensamiento en voz alta, sino cambiarlos modificando nuestros pensamientos y emociones de forma sutil, porque eso modificará el sueño.

Si se quiere crear algo, es mejor empezar por objetos sencillos. Crearlo de la nada es difícil. Algunas ayudas pueden ser las siguientes:

• **Usar un boceto inicial, creando la imagen del objeto en la mente**. Si queremos crear una casa, visualizarla. Con eso, seguramente, no será suficiente.
• **Imaginar el objeto**. Forma, color, peso, tacto. Tenemos que combinar pensamientos y, sobre todo, sentimientos, haciendo que conecten con el objeto. Sobre todo, enfatizar las emociones: ¿qué emociones nos produce la casa que queremos crear?
• **El objeto debe salir de alguna parte para que nuestra mente lo acepte**. Por ejemplo, de alguna puerta o habitación. Debemos pensar: «Cuando entre en esta habitación o atraviese esta puerta, allí estará la casa de mis sueños». Otra opción consiste en cerrar los ojos y, antes de abrirlos, decirnos: «Cuando abra los ojos, habrá aparecido tal objeto».

También podemos crear cosas específicas, como:

• Obras de arte. Son múltiples los artistas y creadores famosos que han utilizado los sueños como recurso En el esquema que sigue incluimos algunos ejemplos. Cuando no se tiene la financiación o los materiales, o se quiere experimentar nuevas opciones, o se requiere mucho tiempo, en el sueño se puede ver el resultado final, o en muchas otras circunstancias, el sueño, sobre todo lúcido, puede resultar muy útil. El esquema que nos proponen Tucillo y cols. (2013) es el siguiente:

1. **Intención**. Poner el despertador antes del último ciclo REM. Pensar, levantado, en la creación que queremos realizar, incubarla y, con la idea bien estructurada, volver a dormir.

2. **Crear las herramientas**. Al principio, la mente está ligada al mundo real y necesitamos crear (usando los esquemas previos) los instrumentos que utilizamos en la vida despierta para realizar la obra. Con el tiempo, no necesitaremos pinceles o instrumentos, crearemos con la mente directamente.

3. **Pensar fuera de la caja**. Es decir, no ceñirse a lo esperado, a lo conocido. Esta recomendación, útil en la vida real, es imprescindible en el sueño. No pintemos un cuadro, sino el planeta. No construyamos una casa, sino una civilización. No compongamos con un instrumento, sino con la naturaleza. Lo que aprendamos en los sueños podremos extrapolarlo a la vida real.

No hay límite a la belleza y originalidad que podemos crear en los sueños, pero nunca seremos como Dios, ya que el soñador nunca podrá controlar completamente el sueño (al menos, hasta estados espirituales muy avanzados), pues el inconsciente es el principal hacedor.

• Amigos y personas. En el sueño, podemos forzar el encuentro con (es decir, crear) personas vivas o muertas que tengan la edad que deseemos, diferente de la actual. El esquema es similar a cualquier otra creación (Tucillo y cols., 2013):

1. Crear el boceto. Visualizamos la imagen de la persona; ayuda haber visto una foto en el período despierto previo al sueño.

2. Percibir su presencia. Asociar una emoción (mejor positiva) a la persona e intentar imaginarla delante de nosotros. ¿Qué hablaríamos con esa persona? ¿Qué es lo que tiene de especial?

3. Buscarla en un lugar especial. Encontrarla donde lo haríamos habitualmente en la vida real, ya sea su casa, el trabajo o los lugares que frecuentase. Hay que hacerlo racional, para que la mente no se resista. Viajamos hasta ese lugar, mediante puertas o cerrando los ojos.

Todas las habilidades descritas en este capítulo, vale la pena que las entrenemos visualizándolas despierto; de esta forma nos acostumbramos a ellas y las podremos recordar cuando soñemos, y será más fácil ejecutarlas en el sueño lúcido.

Creatividad y resolución de problemas

Para la creatividad es importante incubar el sueño, algo que se hacía desde tiempos de los egipcios. Decirse a sí mismo: «Esta noche voy a encontrar la solución a este problema». El sueño lúcido sería más potente. En vez de esperar a que llegue la musa, se la puede invocar. La esencia de la creatividad es combinar viejas ideas o conceptos y darles una nueva forma. La dificultad está en que no sabemos cómo evocar ese grado de creatividad.

Como se expuso en el libro ¿*Qué sabemos del mindfulness?*, se dice que el proceso de creación se estructura en cuatro fases (Go, 2016):

1. PREPARACIÓN. Consiste en la aparición de una amplia gama de ideas (*brainstorming*), utilizando el pensamiento divergente, es decir, el surgimiento espontáneo de ideas asociadas al tema de creación. En esta fase, es necesario calmar la red de control cognitivo, de forma que se active la red cerebral que funciona por defecto (en inglés, *default mode network* o DMN), poniendo en marcha la imaginación. En esta fase, *mindfulness* ayuda porque incrementa el pensamiento divergente. Practicar *mindfulness*, antes de una sesión de lluvia de ideas, hace que estas ideas básicas iniciales sean de mayor calidad.

2. INCUBACIÓN. Una vez que se han generado suficientes ideas, es momento de dejar de generarlas. Hay que hacer otras actividades de la vida diaria, como dormir, jugar y practicar aficiones, tareas rutinarias, etcétera. mientras el cerebro organiza y estructura esas ideas de forma adecuada. En esta fase poco valorada, *mindfulness* es especialmente útil. A muchas personas les resulta difícil dejar de pensar y no obsesionarse por el tema de creación, por lo que se produce un gran estrés. La práctica de *mindfulness* facilita esa desconexión, porque el proceso creativo no llega de forma voluntaria, sino que aparece; podría surgir incluso durante la meditación. *Mindfulness* caminando puede ser una excelente técnica para disminuir ese estrés y facilitar el proceso creativo.

3. ILUMINACIÓN. Es el momento del ¡Eureka! o ¡Ajá! El momento de creatividad en el que las ideas inconscientes y no relacionadas toman sentido y son detectadas por el circuito de saliencia, que identifica la idea creativa en el mar de ideas de la mente. Mediante la práctica de *mindfulness*, se incrementa la toma de consciencia, por lo que en esta fase es más fácil detectar la idea creativa entre la maraña del resto de pensamientos, lo cual es más difícil de lograr en el caos de una mente no *mindful*.

4. VERIFICACIÓN. Hay que exponer la idea a la realidad y ver el resultado. Se requiere pensamiento convergente (usar menos la imaginación y más el control cognitivo y atencional para llevar a cabo una evaluación analítica). *Mindfulness* facilita estar motivado y centrado, usando el pensamiento convergente, para elegir las soluciones más eficaces.

Según LaBerge y Rheingold (2014), la idea que más ayuda a entender la utilidad de los sueños en general, y de los lúcidos en particular, en el proceso de creación, es la de «conocimiento tácito». Existe un conocimiento que sabemos y que podemos expresar de forma explícita, denominado «conocimiento explícito». El tácito incluye lo que no sabemos expresar (por ejemplo, ir en bicicleta o caminar) y lo que no sabemos que sabemos. El tácito es el más extenso. Una forma de acceder a él es a través de los sueños. Si no son lúcidos, no tenemos tanto acceso a este conocimiento a no ser que incubemos el sueño. Pero, en el sueño lúcido, uno puede preguntar directamente a su inconsciente.

Un ejemplo de la fase de iluminación en un sueño es el premio nobel Otto Loewi. Este fisiólogo tuvo una corazonada, al inicio de su carrera científica, sobre cómo se producía el impulso nervioso, pero durante 17 años fue incapaz de pensar un experimento para poder demostrarlo. Tuvo un sueño en el que conectó con la idea:

«Me desperté, encendí la luz y tomé algunas notas en un pequeño pedazo de papel. A continuación, me volví a quedar dormido. Al despertarme, fui consciente de que por la noche había apuntado algo importante, pero no podía descifrar los garabatos. A la noche siguiente, la idea volvió a rondar por mi cabeza, a las 3 de la madrugada. Me levanté, fui al laboratorio e hice un pequeño experimento en el corazón de una rana, siguiendo lo que había soñado aquella noche» (Loewi, 1960).

Pero habría formas estructuradas de utilizar el sueño para la creatividad, como nos recomiendan LaBerge y Rheingold (2014):

Solucionar problemas o crear mediante sueños lúcidos

1. **Plantear la pregunta**. Antes de ir a la cama, definir bien la pregunta o problema que queremos resolver, o lo que queremos crear. Debe tener el formato de pregunta única, tipo: ¿Cuál será el tema de mi novela? ¿Cómo se podría resolver el problema de...? Anotarla, cuando esté bien formulada, memorizarla y recordárnosla antes de dormir.
2. **Incubar un sueño sobre el problema**. Utilizar la técnica de incubación descrita, es decir, definir qué problema queremos resolver y decirle al inconsciente que, en el sueño de esa noche, lo resolveremos.
3. **Utilizar el sueño lúcido para generar soluciones**. Cuando estemos lúcidos, planteamos la pregunta. Podemos preguntar a otros personajes del sueño o plantear la pregunta en voz alta. Podemos crear personajes específicos para que la contesten: para la pregunta del tema de la novela, quizá a algún novelista famoso; para la cuestión

científica, por ejemplo, a Albert Einstein. Vamos a buscar el conocimiento tácito que hay en nosotros.
4. Al despertar, tomar nota rápidamente de todo lo aprendido.

Experiencias de manipulación del sueño de Alan Worsley

Alan Worsley fue el famoso sujeto con el que Hearne (1978) describió el primer sueño lúcido de la historia en el Departamento de Psicología de la Universidad de Hull, Gran Bretaña. Su enorme pericia
como soñador lúcido le ha permitido escribir de forma abundante
sobre el tema. En su texto más importante (Worsley, 1988), describe
algunas de las increíbles manipulaciones que producía en los sueños,
relatando su grado de dificultad e incluso su tasa de éxitos en distintos sueños lúcidos. Vale la pena resumir algunas de sus acciones
oníricas, como ejemplo de las inmensas posibilidades existentes:

• **Penetración en la materia**. Se rompe la expectativa de que
los objetos sólidos no pueden penetrarse. Relata actividades
como introducir la mano en una pared o esculpir la pared con
la mano desnuda. Otras acciones son: atravesar el cristal con
la mano para ver que no produce herida, hundirse en el suelo,
o interpenetrar partes del cuerpo, como introducir un antebrazo
en el otro. Lo más espectacular en esta área fue introducirse
las manos en el cráneo, intentando encontrar dónde estaba el
punto de vista del soñador. Tras taparse los ojos con las manos,
la imagen desapareció y quiso meter los dedos dentro de la ca-

beza para ver dónde estaba el punto, aunque le produjo cierto rechazo. Curiosamente, tras penetrar los lóbulos había una zona central que no podía atravesar, como si hubiese otro cráneo dentro del cráneo. Todas estas maniobras son catalogadas por Worsley como «sencillas».

- **Extender extremidades y partes del cuerpo.** Relata que consiguió con éxito alargar brazos y piernas y otras partes del cuerpo, como la nariz, y otras imaginarias, como tentáculos, que generó desde la frente y el abdomen. Las técnicas las considera «sencillas» si solo son efectos visuales, pero «sentir» lo que esa extensión toca es una maniobra «difícil».

- **Generar sonidos en el sueño.** Parece que es fácil encender la radio y que suene, tocar el piano, hablar en voz alta, o recibir una respuesta audible a una pregunta.

- **Leer.** Es fácil leer una palabra o dos, pero una frase corta es de mediana dificultad, y una frase larga es de dificultad extrema, porque cambia continuamente.

- **Controlar la visión.** Es fácil mirar a izquierda y derecha, así como girar la mirada de forma lateral, o hacer un *zoom* hacia atrás y hacia delante, pero es difícil ese giro de mirada hacia abajo y aún más hacia arriba.

- **Volar.** Es fácil hacerlo a 300 metros sobre el suelo, pero la dificultad es mediana si solo se requiere flotar a unos centímetros (por ejemplo, para comprobar que estamos soñando) o a kilómetro y medio de altura. Para alturas superiores es realmente difícil.

- **Otros efectos.** Generar llamas en los dedos, como si fuesen encendedores, es fácil. Cambiar el color de lo que vemos con un filtro es sencillo. Que se oiga el estallido de un globo o un cañón tiene una dificultad intermedia. Dar la luz en una habitación iluminada es sencillo, pero es imposible aumentar la luminosidad en una escena oscura, ni siquiera dando la luz, ya que el proceso tarda una media de 10 segundos. Este efecto lo hemos descrito como uno de los límites biológicos en los sueños.

La videoteca de los sueños

La experiencia es que, en el mundo de los sueños, se dispone de un caudal de información enorme, pero no sabemos cómo acceder a él. Un truco práctico lo desarrolló también Alan Worsley. Se le ocurrió crear en sus sueños un aparato de televisión con el cual comenzó a experimentar. Manipulaba los controles de brillo, color, volumen o cambio de canal, usando un mando a distancia o con su propia voz. En varias ocasiones obtuvo respuesta a sus órdenes de voz, así que comenzó a preguntarle al aparato de televisión cuestiones más concretas. Su sorpresa fue que el televisor respondía con imágenes y sonidos en relación con su pregunta. Worsley llegó incluso a controlar el aparato como si estuviera conectado a un vídeo y a un ordenador, consiguiendo proezas tales como detener la imagen, efecto *zoom*, rebobinado, imagen lenta.

Este truco podría ser utilizado para plantear preguntas concretas. Hay que crear la televisión y el mando. Se pueden hacer preguntas sobre el pasado, presente y futuro, pedir una grabación que represente nuestra infancia o situaciones similares. Hay que tener en cuenta que estas prácticas requieren un alto grado de maestría en el control de los sueños.

Como la creación de imágenes *de novo* resultará difícil, Pérez (2010) recomienda generar la videoteca de los sueños. Consiste en crear una videoteca al lado del aparato de televisión, con los DVD clasificados por diferentes temas:

• La historia de nuestra vida en años: cada DVD sería un año. Muy útil para la recapitulación de la vida, la práctica tolteca.
• Vídeos familiares y de amigos: con películas que representen nuestra relación con ellos.
• Vídeos de aprendizaje, dependiendo de nuestros estudios o aficiones.
• Cualquier otro vídeo de algún tema que nos interese o necesitemos.

Ejemplos de la influencia de los sueños en las creaciones de personajes importantes (Moss, 2009, 2011; Pérez, 2010)

Escritores

El poeta inglés **Samuel Taylor Coleridge** (1772-1834) concibió un poema completo en un sueño. Cuando despertó, comenzó a escribir el poema «Kubla Khan», según lo había oído en sueños, pero una visita inesperada le interrumpió y sólo pudo componer un fragmento, olvidó el resto del poema.

J. August Strindberg (1849-1912), dramaturgo, novelista y poeta sueco, opinaba que en sueños su pensamiento era mucho mejor que despierto. De ahí que escribiera la frase «Sueño, luego existo», a semejanza de la afirmación que realizara Descartes para no dudar de su propia existencia: «Cogito, ergo sum» (Pienso, luego existo).

Robert Louis Stevenson (1850-1894) escribió *El extraño caso del Dr. Jekyll y Mister Hyde* gracias a la inspiración que obtuvo en sueños.

El escritor americano **David H. Lawrence** (1885-1930) afirmaba que sus sueños le ofrecían conclusiones y decidían su actuación en la vida de vigilia.

Ulises, del novelista irlandés **James Joyce** (1882-1941), y *El cuervo*, del poeta y narrador americano **Edgar Allan Poe** (1809-1849) también fueron inspiradas por sueños.

Músicos

El compositor alemán **Richard Wagner** (1813-1883) se benefició de la creatividad obtenida en sueños para componer la ópera *Tristán e Isolda* y parte de *El oro del Rhin*.

Otro compositor alemán, **Johannes Brahms** (1833-1897), ideó el *Concierto para piano número 1* gracias a un sueño.

Un día, **Paul McCartney** (1998) se despertó con la melodía de *Yesterday* sonando en su cabeza. Durante una época tensa, tuvo un sueño en el que se le apareció su madre fallecida hacía diez años y le decía que no se preocupase. Fue fantástico y le dejó muy tranquilo. No recuerda si ella literalmente le dio *Let it be*, pero ese era el mensaje.

Mozart, Beethoven, Wagner, Saint-Saëns y Tartini encontraban inspiración en el mundo de los sueños.

Pintores

William Blake, Magritte, Dalí, De Chirico y **Paul Klee** han atribuido algunas obras a sueños.

Científicos

Elias Howe (1819-1867) soñó que le atacaban unos caníbales con lanzas que tenían un agujero cercano a las puntas afiladas. Aplicó este concepto a su nuevo invento, la primera máquina de coser de la historia. Ganó la patente a Isaac Singer.

Friedrick Kekulé (1829-1896), químico alemán, descubrió la estructura de la molécula circular de benceno gracias a visiones obtenidas en dos sueños de 1857 y 1858, en los que soñó con la serpiente alquímica.

El físico y fisiólogo alemán **Herman von Helmholtz** (1821-1894), que formuló la ley de conservación de la energía e inventó el oftalmoscopio, obtenía sus ideas más originales después de despertarse por la mañana, tras haber estudiado toda la jornada anterior sobre el tema.

El químico ruso **Mendeléyev** (1834-1907) se basó en un sueño en que vio filas alineadas para completar el diseño de la tabla periódica de los elementos.

El biólogo checo **Gregor Johann Mendel** (1822-1884) soñó con un campo de tréboles de colores perfectamente determinados, con lo que clasificó las leyes de la herencia.

El fisiólogo **Walter B. Cannon** (1871-1945), el primero en utilizar bismuto como medio de contraste para los exámenes de rayos X, usaba los sueños desde la infancia para resolver problemas matemáticos. Las conversaciones de Cannon con muchos matemáticos le hicieron llegar a la conclusión de que la mayoría de ellos aplicaba el sueño lúcido para resolver problemas.

El farmacólogo americano **Otto Loewi** (1873-1961) consiguió el Premio Nobel de Fisiología y Medicina por un experimento desarrollado en sueños y que le sirvió como base para su teoría de la transmisión química de los impulsos nerviosos.

Albert Einstein (1879-1955) describió la teoría de la relatividad gracias a las visiones que tuvo en sueños, en los que se vio cabalgando sobre un rayo.

Niels Bohr (1885-1962), físico danés, experimentó en un sueño la imagen de la estructura del átomo.

Filósofos

El padre de la filosofía moderna, **René Descartes** (1596-1650), se inspiró en los sueños obtenidos el 10 de noviembre de 1619 para desarrollar sus ideas posteriores sobre filosofía, matemáticas y física.

Uno de los líderes de la Ilustración, **Voltaire** (1694-1778), afirmaba que los sueños aportan ideas creativas, al igual que sucede cuando estamos despiertos. Compuso versos inspirados en sus sueños, así como su obra *Candide*.

Directores de cine

El director de cine sueco **Ingmar Bergman** (1918-2007) también destacaba la creatividad que le aportaban los sueños en la realización de sus películas. Quizás eso explique el excelente simbolismo psicológico de sus producciones.

Deporte

Jack Nicklaus (1940), golfista, afirma que en un sueño hizo descubrimientos que le permitieron mejorar sus golpes.

Políticos

Mahatma Gandhi (1869-1948), en su intento por liberar a la India de la colonización británica, meditó durante varias semanas a fin de encontrar un método no violento con el que conseguir sus objetivos. Un sueño le aconsejó una huelga general de masas en la que todo el pueblo indio se dedicara sólo a orar y ayunar. Supuso una de las claves de la revolución no violenta de los indios, que forzó finalmente a los británicos a ceder.

Abraham Lincoln (1809-1865) y **Adolf Hitler** (1889-1945) también llevaron a cabo algunas de sus actividades guiados por los sueños. El primero tuvo un sueño premonitorio sobre su asesinato.

25. ¿Cuál es el límite del desarrollo espiritual en el sueño lúcido?

Es una locura renunciar a todas las rosas porque una te pinchó.
Renunciar a todos tus sueños porque uno de ellos no se realizó.

ANTOINE DE SAINT-EXUPERY, El principito

¿Cuál es el límite en el desarrollo espiritual que puede conseguirse con los sueños lúcidos? Esta es una extraordinaria pregunta que no tiene una fácil respuesta. Tsong Khapa, fundador de la escuela Gelugpa del budismo tibetano, afirma que el sueño lúcido, «per se», puede no ser una práctica meditativa, ya que mucha gente la puede usar solo para volar o para tener experiencias agradables infrecuentes en vigilia. Analizaremos lo que nos dicen cada una de las tres grandes tradiciones que han trabajado con los sueños lúcidos: Occidente, Tíbet y el chamanismo.

El límite según la tradición occidental
(Tucillo y Cols., 2013; LaBerge y Rheingold, 2014)

Ya hemos comentado en el capítulo 6 que la tradición occidental no ha ligado el entrenamiento de los sueños lúcidos con ningún desarrollo espiritual. Su principal función ha sido lúdica, ligada al placer y a la sensación de poder que produce el control del sueño lúcido; como mucho, a cierta función de autoaprendizaje, en el sentido psicoanalítico y, en los últimos años, al tratamiento de algunos trastornos psicológicos.

Así, Freud (1909; 2013) decía que: «La interpretación de los sueños es el camino real que conduce al conocimiento de las actividades inconscientes de la mente». Por último, otras aplicaciones que se han planteado son instrumentales, como aumentar la creatividad, mejorar el rendimiento artístico o profesional, resolver todo tipo de conflictos interpersonales, o solucionar problemas. Como se ve, no existe una conexión espiritual profunda.

Desde la perspectiva occidental, lo más profundo que puede hacerse con un sueño lúcido es interpretarlo durante el mismo sueño. Tucillo y cols. (2013) nos proponen cómo hacerlo:

- **Buscar un guía o tótem**. Es un ser del sueño, animal, vegetal o humano, que nos inspire confianza y sabiduría. Será nuestro aliado para que nos instruya sobre el sueño y sobre nosotros mismos.

- **Interpretar el sueño dentro del sueño**. No tenemos que esperar a despertar físicamente para interpretar el sueño, se puede hacer mientras estamos lúcidos. Podemos preguntarle al sueño: «Muéstrame qué necesito saber». Y sentarnos a observar.

Interpretarlo sin estrés, como si estuviésemos involucrados en una creación.

- **Plantear preguntas claves**. Son las de siempre, las que conocemos de la filosofía: «¿Quién soy?», «¿Qué es Dios?», «¿Qué hay después de la muerte?».
- **Observar el entorno onírico**. Es posible que nos respondan verbalmente, pero también es probable que tengamos que contestarnos basándonos en el paisaje onírico. Tras observar y analizar, debemos intentar contestarnos en el sueño a esas preguntas.

El límite según la tradición tibetana

El yoga del sueño es una de las prácticas más importantes de la tradición meditativa tibetana, que se dice fue llevada al país por el sabio y místico indio Padmasambhava (1988). La razón se halla en que el yoga de los sueños permite acceder a la consciencia substrato, desde la que se puede acceder a la consciencia primordial *(alaja vijñana),* que es no dual, es atemporal y fuente de virtudes; entre ellas, la intuición o la clarividencia. Es libertad total y *bodhichitta* última, que surge espontáneamente. Realizar la consciencia primordial es la «iluminación» (Wallace, 2018). La consciencia substrato es la base de las reencarnaciones y del *samsara*, donde se almacenan los comportamientos como huellas o semillas kármicas que condicionan la vida (Wallace, 2018).

El yoga del sueño no constituye una práctica aislada, sino que se realiza en el contexto del yoga del cuerpo ilusorio. La finalidad básica de esta práctica es entender que nuestro cuerpo, nuestro «yo», en última instancia, y todos los demás fenómenos a los que nos apegamos, son ilusorios. Y que todos los fenómenos que nos rodean lo son también, son de la naturaleza de los sueños. Se pretende contactar con «la clara luz», el aspecto más profundo de nuestra mente universal, con el que solo se puede contactar en tres situaciones: 1) en el espacio existente entre la cesación de un pensamiento y la aparición de otro; 2) en el espacio entre la cesación de las apariencias del estado de vigilia y el surgimiento de las apariencias en el estado del sueño, y 3) en el espacio entre que desaparecen las apariencias de este mundo y aparecen las del estado intermedio o bardo; es decir, cuando morimos.

Las enseñanzas del yoga de los sueños en el budismo tibetano incluyen cuatro fases: 1) comprender la naturaleza del estado onírico; 2) transmutación; 3) percepción del estado onírico como *maya*, y 4) meditación sobre el Eso (la esencia) del estado onírico. Las desarrollaremos a continuación (Evans-Wentz, 1975; Padmasambhava, 1988):

1. Comprensión de la naturaleza del estado onírico

Consistiría en despertar en el sueño para que se convierta en lúcido. Correspondería a la primera compuerta del chamanismo que luego describiremos. Las tres técnicas que se emplean en la tradición tibetana para alcanzar el estado lúcido son:

• **Mediante el poder de la resolución**. Básicamente, es la técnica que describimos en los preliminares. En el budismo, el karma se explica por la intención, por el deseo. Si deseamos y tenemos la intención de generar sueños lúcidos, construimos una base sólida. Es necesario recordarse continuamente durante el día que todos los fenómenos son de la sustancia de los sueños, repitiéndose continuamente, ante cualquier objeto o situación, frases como: «Esto es un sueño». Cuando despertamos por la mañana, pensamos: «Ni uno solo de los objetos del sueño permanece en vigilia, todo es ilusorio». Y cuando vamos a dormir nos decimos: «Ni uno solo de los objetos de vigilia permanece en el sueño, todo es ilusorio».

• **Mediante el poder de la respiración**. Se adopta la postura del león ya descrita y se pone la atención en la respiración.

• **Mediante el poder de la visualización**. Antes de dormir se realiza 7 veces la «respiración en forma de olla» y se repite 7 veces la intención de «comprender la naturaleza del estado onírico». Si esto no es suficiente, las siguientes noches ambos procesos se repiten 21 veces. Posteriormente, se sitúa la atención en el chakra de la garganta y se visualiza la sílaba AH tibetana en color rojo resplandeciente. Otra opción es visualizar en la garganta un loto de cuatro pétalos con las siguientes sílabas en él: OM en el centro (pon la atención inicialmente aquí), AH en el frente (traslada aquí la atención cuando empiece la somnolencia), NU a la derecha (atiende aquí conforme vas cayendo dormido), TA en la parte posterior (pasa aquí cuando el sopor sea mayor), y RA, a la izquierda (termina aquí justo antes de caer dormido). Padmasambava (Gyatrul Rinpoche, 1988) considera que estas habilidades pueden desarrollarse en 2-3 meses, en un retiro de oscuridad.

2. Transmutación del contenido onírico

Consiste en cambiar voluntariamente el contenido del sueño. Correspondería a la segunda compuerta del sueño de los chamanes. Algunos ejemplos que se incluyen son los siguientes:

• Si el sueño fuera sobre fuego, piensa: «¿Qué miedo puede haber al fuego que ocurre en sueños?». Aferrado a este pensamiento, pisotea el fuego.

• Lo mismo habría que hacer con cualquier otro objeto o ser que aparezca en el sueño y produzca temor. Nos plantearíamos qué miedo puede producirnos y lo pisotearíamos o lo enfrentaríamos.

• Después se recomienda visitar los diversos Reinos de Buda, que incluyen el Cielo de Tushita (donde encarnan los *bodhisattvas* antes de reencarnar en la Tierra), el Dewachen (Reino del Buda Amithaba) y otros reinos celestiales. Para ello, se recomienda al acostarse concentrarse en un punto rojo en la garganta y desarrollar la intención de visitar estos lugares. El objetivo es tomar consciencia de que, incluso estos reinos, pese a ser excepcionales, siguen sometidos al *samsara* y son solo una ilusión.

Es interesante saber que la tradición tibetana describe que, en este estadio, hay seres no humanos, llamados elementales, que tratan de impedir al meditador que adquiera maestría en el estado del sueño. Se recomienda establecer amistad con estos habitantes y hacerles ofrendas. Este fenómeno también se describe en la tradición chamánica. Los tibetanos lo explican como el proceso normal cuando se visita un país lejano: sus habitantes vienen a conocer a los visitantes y hay que ser educado con ellos.

3. Percepción del estado y del contenido onírico como *maya*

En esta fase, todavía seguiríamos en la segunda compuerta chamánica, pero dando un salto más: no solo no temiendo a los objetos del sueño, sino modificándolos. Se recomienda abandonar todo sentimiento de temor y transformar los objetos del sueño en otra cosa:

• Si el sueño fuera sobre fuego, transforma el sueño en agua, antídoto del fuego.
• Si el sueño fuera de objetos diminutos, transfórmalos en objetos grandes.
• Si el sueño fuera de objetos grandes, transfórmalos en pequeños.

De este modo, uno comprende la naturaleza de las dimensiones.

Por otra parte:

• Si el sueño fuera de una sola cosa, transfórmala en muchas.
• Si el sueño fuera de muchas cosas, transfórmalas en una sola.

De esa forma, uno comprende la naturaleza de la pluralidad y de la unidad.

Prosigue con estas prácticas hasta ser plenamente experto en ellas. Cualquier objeto que aparezca, sea un demonio, un mono, una persona o un perro, conviértelo en una deidad. Sé consciente de que eres un cuerpo mental en el sueño y que nada puede dañarte. Salta a un río y sentirás cómo te arrastra una corriente de bendición y vacío. De esta forma, el yogui entiende que todos los objetos de la materia, ya sea su forma, su aspecto numérico, o en cualquier otra manifestación, son samsáricos, ilusorios.

4. Meditación sobre el *Eso* del estado onírico

Consiste en meditar sobre la real esencia del *Eso*, para que las propensiones oníricas, de donde surge todo lo que se experimenta en los sueños, se purifiquen. En mi opinión, esto se correlacionaría con la tercera compuerta de los chamanes, ya que el dormir de los chamanes sería el equivalente del meditar de los tibetanos. Se recomienda:

• Visualizar la forma de las deidades en el estado onírico y mantener la mente libre de pensamientos. Así, las deidades se ponen a tono con el no pensamiento de la mente, y de ese modo surge la Clara Luz, cuya esencia es el Vacío.

• Si uno consigue dominar este proceso, percibirá los estados de sueño y vigilia como ilusorios, y comprenderá que todos los fenómenos nacen de la Clara Luz, que es lo que sostiene *maya*, la ilusión. Por eso Padmasambava dice (Gyatrul Rinpoche, 1988): «Aquel que puede mantener el estado de meditación en el sueño sin ensoñaciones tiene el potencial de experimentar la naturaleza de la Clara Luz del Sueño». En mi opinión, esto sería comparable con la cuarta compuerta del sueño de los chamanes, como se verá.

Desde la tradición budista y advaita, los sueños no producen karma, es un estado mental y no tiene consecuencias en el mundo físico. No obstante, como dice Wallace (2019), influyen en nuestra mente: las tendencias que generemos en el sueño (por ejemplo, robar) producen un impacto en nuestro continuo mental, por lo que conviene evitar acciones negativas. También es un índice de la pureza moral del individuo: una persona ética, avanzada espiritualmente, ni siquiera en los sueños generaría acciones inadecuadas.

No todos los practicantes lograrán la maestría en el yoga del sueño. Será imposible para los que hayan violado los votos tántricos, no tengan fe en su maestro, tengan deseo de ganancias materiales, no sigan rituales puros, pierdan ciertas secreciones corporales, tengan muchos pensamientos distractores, o no estén motivados para desarrollar sueños lúcidos

El sueño sin ensoñaciones en la tradición tibetana: la culminación

Según Namkhai Norbu Rimpoché (2012), existen tres fases en el desarrollo del yoga del sueño: 1) inicialmente, se desarrolla la capacidad de lucidez dentro del sueño; 2) en los niveles medios, se desarrolla la capacidad de cambiar los sueños hacia tendencias kármicas positivas, y 3) en los estadios más avanzados, el practicante deja de soñar. Dormir se hace indiferenciable de la Clara Luz, y todos los sueños se disuelven en ella. Esta fase se denomina «los sueños se disuelven en la Clara luz». Sería un estado de no dualidad.

Wallace (2018) también defiende que se pueden tener estados lúcidos con y sin sueños. El más elevado es el estado lúcido sin sueños, que puede aparecer en fase No REM, pero también en la fase REM habitual, donde se generan los sueños con ensoñaciones, simplemente cerrando los ojos oníricos estando lúcido, lo que nos lleva a la consciencia substrato. El sueño lúcido sin sueños es una experiencia del substrato: ahí nacen los sueños y se puede observar el desarrollo embrionario de un sueño. Dominando ese estado, podremos navegar conscientemente en el bardo tras la muerte, que es otra forma de conectar con la consciencia substrato, con el espacio vacío de la mente. Para ello, se dirige la atención a la vacuidad, a la consciencia de estar consciente, que es el evento puro y transparente del conocimiento. Se pregunta uno: ¿cuál es la naturaleza de ser consciente? Se obtiene un gozo y luminosidad sin conceptualización. Se lleva a cabo la práctica de la presencia atencional abierta, que puede permitirnos acceder a la consciencia prístina (o Consciencia Universal), que es la naturaleza del Buda. Se puede ser consciente en la fase de sueño sin sueños, meditando en el espacio vacío de la mente, sin involucrarse en lo que aparece, asentando la mente en su estado natural. Estando lúcido respecto a la actividad mental de vigilia, se facilita la lucidez en el sueño y en la reentrada al sueño. Para eso hay que practicar meditación *samatha* en el espacio vacío de la mente durante la vigilia, para poder hacerlo también en el sueño.

Con el tiempo, se puede estar en un sueño lúcido, con o sin sueños, y a voluntad, durante más de media hora. El gran reto es mantener la consciencia lúcida del sueño y la estabilidad del sueño. Las claves están en evitar las interferencias sensoriales de vigilia y, para el sueño sin sueños, además hay que evitar las interferencias inconscientes del substrato, lo cual se logra con meditación *samatha* y *dzogchen*.

Signos de que alcanzamos la Clara Luz (Gillespie, 1988)

Existen cuatro signos menores que nos indican que estamos alcanzando la Clara Luz, Ripa o la Consciencia Primordial. Son experiencias de luz, progresivamente más brillantes cada vez, y cuya descripción con palabras es solo aproximada. Serían los siguientes:

1. Espejismo: se asemeja a la imagen de un lago en un desierto.
2. Humo ondulante: consiste en un brillo que parece el movimiento ondulante del humo.
3. Luciérnagas: parecen chispas o luciérnagas.
4. Lámpara de mantequilla: simula la luz chisporroteante de una lámpara de mantequilla o la luz de una lámpara estable o la luz de un rayo.

Posteriormente, aparecen los cuatro Signos de Vacuidad, que son experiencias de luz y oscuridad, y que se describen así:

1. Un cielo nocturno con luz de luna clara y sin nubes.

2. La visión de un cielo soleado deslumbrante. El cielo es claro, pero el sol no está presente. No hay memoria ni contenidos mentales.

3. Completa oscuridad. En las dos primeras visiones aún se mantenía la consciencia pero a partir de esta tercera, no.

4. No hay consciencia recordada de la oscuridad. Este es el sueño sin ensoñaciones más profundo.

Todas las manifestaciones visuales de los signos menores y de los signos de vacuidad se producen por la disolución gradual de los contenidos de consciencia. Los componentes de la materialidad se disuelven unos en otros, paso a paso, hasta que todo se disuelve en la Clara Luz, donde todo se origina. Esta luz se compara a la luz del amanecer, porque es brillante y duradera. Cuando el yogui la alcanza, experimenta el nirvana, acompañado de un sentimiento de éxtasis increíble.

Ni el orden ni la descripción tienen por qué ser exactamente estos, ya que cada individuo posee diferentes capacidades y karma, siendo difícil predecir la secuencia y características exactas de la experiencia (Chang, 1963; págs. 77-78).

El límite según la tradición chamánica

Para el chamanismo yaqui de Carlos Castaneda (1984; 1993), hay diferentes grados de control sobre el sueño lúcido, o ensueño, como ellos lo llaman, que van desde la simple visión de los objetos y personajes del sueño hasta la creación libre del mundo particular que vamos a percibir. Para determinar esos grados de control, se usa la idea de un sueño constituido por compuertas que debemos atravesar para obtener un estado de consciencia cada vez más cercano al mundo real. En su libro *El arte de ensoñar* (Castaneda, 1993), se afirma que existen siete compuertas en el sueño, según la tradición yaqui, pero, en sus libros, solo describe estas cuatro:

Primera compuerta:
ser consciente de que estamos soñando

Se alcanza la primera compuerta cuando somos conscientes de que nos estamos quedando dormidos (WILD) o tomamos consciencia dentro del sueño (DILD). Por tanto, cuando tenemos un sueño lúcido estamos alcanzando esta primera compuerta. Conseguimos cruzarla cuando somos capaces de prolongar el sueño lúcido. Con este grado de control, podríamos percibir objetos, personajes y lugares similares o diferentes a los habituales, pero no conseguiríamos cambiar el escenario a voluntad. En *El arte de ensoñar*, Castaneda (1993) describe que este proceso se consigue siguiendo el «camino del guerrero»:

> «[…] Llegar a la primera compuerta del ensueño, de una manera calculada y con control, es llegar al cuerpo energético. Pero mantener ese cálculo y control es básicamente un asunto de tener energía. Los brujos obtienen esa energía organizando, de una manera ingeniosa, la energía natural que poseen y usan para percibir el mundo cotidiano. […] Don Juan explicó que, para rebuscar energía, los brujos reorganizan ingeniosamente la distribución de su energía básica, descartando cualquier cosa que consideren superflua en sus vidas. Llaman a este método el "camino de los brujos" o "el camino del guerrero"».

Segunda compuerta: modificar los objetos del sueño

Se cruza la segunda compuerta cuando somos capaces de cambiar a voluntad los contenidos del sueño e ir de un sueño a otro diferente. Hay dos formas de hacerlo: soñar con que nos despertamos de un sueño (es decir, generar un falso despertar), o usar un objeto del sueño para saltar a otro sueño. Este grado de control nos permitiría trasladarnos de un lugar a otro en el mundo del sueño, pero siempre sin poder salir del espacio mental. La tradición occidental no solo nunca pasa de esta compuerta, sino que no imagina que puede haber nada más allá.

Tercera compuerta: vernos durmiendo en el sueño

Alcanzamos la tercera compuerta cuando tenemos un sueño en el que nos vemos durmiendo. Para cruzar esta compuerta hay que mover el cuerpo de sueño, o cuerpo energético, como lo llama Castaneda, una vez que nos hemos visto dormidos. Sería el equivalente a una experiencia fuera del cuerpo. En esta tercera compuerta, comenzamos a fusionar la realidad del sueño con la realidad del mundo cotidiano, es decir, nuestro estado de consciencia durante el sueño comenzaría a equipararse al que tenemos en la vida de vigilia.

En este nivel, es necesario completar el cuerpo energético mediante la práctica de la meditación y del yoga del sueño. Hay que evitar el deseo irresistible de sumergirse en todo. Una manera de evitarlo es ser tan curiosos, tan desesperados por meternos en todo, que no dejemos que nada particular nos aprisione. En esta puerta entra en juego la recapitulación minuciosa de la vida, trayendo al recuerdo cada uno de los momentos de nuestra vida con el máximo detalle posible. Este proceso permite que nos liberemos de bloqueos emocionales, nos deshagamos de la pesadez de nuestras vidas y nos volvamos más y más vaporosos.

Cuarta compuerta: soñar con el cuerpo en la misma posición que nos hemos acostado

Cruzamos la cuarta compuerta cuando nos acostamos en una posición (por ejemplo, del lado derecho) y soñamos con que nos acostamos en esa misma posición. Esto se conoce como «las posicio-ciones gemelas». Si consigues hacer este ejercicio, habrás alcanzado el máximo grado de control: la percepción total.

En esta compuerta, el cuerpo de sueño puede viajar: a) a lugares concretos de este mundo cotidiano, b) a otros mundos existentes fuera de este mundo, y c) a nuestra propia creación, a lugares que solo existen en el «intento». Este tercer destino está relacionado con los sueños compartidos. Los místicos sufís, representantes del mis-ticismo islámico que comenzó a desarrollarse a partir del siglo VII, parece que controlaban los sueños compartidos con gran destreza. Eran capaces de aparecer en los sueños de cualquier persona a volun-tad e incluso podían incubar sueños colectivos (DeBecker, 1965). A partir de la cuarta compuerta, se podría decir que estás percibiendo el mundo real. En mi opinión, este estado es comparable a la Clara Luz que describen los tibetanos.

Guillermo Pérez (2010) compara las cuatro compuertas con la visita a otro mundo. Así, se podría equiparar la primera compuer-ta a una fugaz visita turística, donde sólo veríamos el paisaje y disfrutaríamos del lugar visitado, sin implicarnos para nada en él. La segunda compuerta sería un viaje de mayor implicación con el nuevo ambiente, donde comenzarían las interacciones con los objetos y personajes característicos del él. Se irían creando lazos con esos personajes que empezarían a atraernos hacia su mundo. En la tercera compuerta ya no estaríamos haciendo un viaje turístico, sino que tendríamos una segunda residencia en el mundo de los sueños. La cuarta compuerta sería un cambio de residencia desde nuestro mundo habitual al mundo de los sueños. La mayoría de los soñadores lúcidos sólo llegan a la tercera compuerta.

Los peligros del sueño lúcido

Guillermo Pérez (2010) considera que en el sueño lúcido existen dos peligros básicos:

1. LOS TRANSPORTES. Los objetos extraños del sueño lúcido actúan como transportes hacia otros lugares del mundo de los sueños. Si vamos a escoger un transporte sin saber a dónde conduce, podemos tener problemas en forma de pesadillas. Una forma de evitarlo es manifestar en voz alta el deseo de viajar a un determinado lugar que conozcamos. Si nos sorprende la posibilidad de hablar en sueños, sólo tenemos que intentarlo. Si queremos arriesgarnos y tomar un transporte hacia un lugar desconocido, que no tiene por qué ser peligroso, sólo necesitamos fijar la vista en el objeto extraño y nos sentiremos transportados hacia otro lugar en el sueño.

2. LA INTERACCIÓN CON LOS SERES. En los sueños lúcidos se puede dialogar con los personajes del sueño y crear afinidades con ellos. Por ejemplo, podemos hablar con nuestro padre en el sueño de forma tan real como en el mundo cotidiano. Ese ser idéntico a nuestro padre nos puede dar consejos erróneos. Lo más importante es la valoración posterior tras el diálogo mantenido con ese ser.

¿En qué consiste el peligro? En los sueños lúcidos no es posible dañarnos a nivel físico, pero nosotros mismos podemos influenciarnos psicológicamente. Si tomamos el control sobre los dos peligros citados, no sufriremos daño físico ni psíquico alguno. Pero si tenemos tendencia a dejarnos influenciar, podemos hacer caso a los seres que aparecen en nuestros sueños. El problema no radicaría en los consejos de los seres del sueño, sino en seguirlos.

¿Hasta dónde tendríamos que llegar en la profundización del sueño lúcido?

De nuevo Guillermo Pérez (2010) hace una recomendación basándose en las características del soñador:

1) Personas sensibles, impresionables o influenciables

Su consejo es practicar la incubación de sueños para plantear preguntas concretas sobre asuntos que nos afecten e interpretar los sueños resultantes mediante la técnica de interpelación, es decir, preguntando a la figura del sueño lo que deseemos. Al practicar el sueño lúcido, no pasar de la primera compuerta, es decir, disfrutar con los escenarios presentes en el sueño, ver los objetos, tocarlos y preguntar a los personajes qué representan. Si se quiere viajar a algún lugar en sueños, elegirlo antes y manifestar nuestro deseo de visitar ese lugar al fijarnos en un objeto extraño. No entablar ninguna relación duradera con los personajes de los sueños. Este comportamiento es el menos arriesgado y no supone alteración alguna para nuestro mundo cotidiano.

2) Personas poco sensibles, poco impresionables o poco influenciables

Como no existe tendencia al temor o a la dependencia, podemos explorar con más profundidad el mundo de los sueños lúcidos. Podemos intentar viajar a un lugar desconocido, fijando la vista en un objeto extraño. Y al llegar al nuevo escenario de sueño, explorarlo. Al entablar relación con los seres del sueño, hay que decidir de antemano hasta dónde llegar. Quizás podemos llegar hasta la tercera compuerta del ensueño, es decir, tener un sueño donde estemos dormidos y nos levantemos. Si conseguimos llegar hasta ese grado de control (equivalente a una experiencia extracorporal), debemos esforzarnos por distinguir la realidad del sueño de la realidad del mundo cotidiano. Es muy recomendable que una persona con experiencia en el tema guíe nuestros pasos cuando lleguemos a ese punto.

Mi experiencia

Personalmente, nunca me ha interesado demasiado el sueño lúcido como exploración o como divertimento, sino como una práctica más para el desarrollo espiritual. Para mí, uno de los objetivos ha sido meditar durante el sueño lúcido, algo que es muy difícil de hacer, porque requiere una potente determinación. Según mi experiencia, el sueño lúcido es el reflejo de la vida despierto. Cuando hace años intenté esta práctica, visualizaba un cuarto de meditación similar al que yo usaba en la vida normal. Cuando meditaba, aunque el grado de profundización era superior al de la vida normal, todavía aparecían imágenes y pensamientos verbales. Cuando abría los ojos, generalmente, ya no estaba en esa habitación, sino en cualquier otro escenario. Años después, conforme la profundización en la meditación aumentaba en la vida despierta, también lo hacía en el sueño lúcido. La meditación en el sueño era de una profundidad intensa, sin distracciones. Y al abrir los ojos oníricos después de meditar, ya no había habitación, el paisaje tendía a estar vacío, como el paisaje mental en la propia meditación, pero la duración de la experiencia seguía siendo muy breve.

Parte III.
Otras experiencias
relacionadas
con sueños lúcidos

26. Experiencias fuera del cuerpo, viaje astral y sueños lúcidos

> Tengo en mí todos los sueños del mundo.
>
> FERNANDO PESSOA, *Plural de nadie: aforismos*

Concepto

Las experiencias fuera del cuerpo (EFC) (*out-of the body experiences*, en inglés), también llamadas «viajes astrales», se definen como la experiencia de ver nuestro propio cuerpo en un espacio extrapersonal (Blanke y cols., 2004). Las investigaciones demuestran que pueden ocurrir tanto en estado despierto (Ehrsson, 2007), durante el sueño sin sueños (Blackmore, 1982), o durante el sueño con ensoñaciones (LaBerge y cols., 1988).

Según Levitan y cols. (1999), también pueden ocurrir en el sueño lúcido, y ambos comparten algunas características, como la parálisis del sueño, vibraciones y una sensación de flotar fuera del cuerpo. Estos autores analizaron la relación entre ambos fenómenos mediante dos estudios: en el primero, abordaron el contenido de los sueños y confirmaron que, de 107 sueños lúcidos identificados en el laboratorio, el 9,3% cumplía criterios de EFC; en el segundo estudio, realizaron una encuesta entre 604 individuos y vieron que la frecuencia de las EFC era similar a la del primer estudio, lo que confirmaba esta asociación. Hipotetizaron que un estado de elevada activación cortical y baja consciencia corporal tenía el potencial de inducir EFC. Para una revisión de los estudios asociando sueños lúcidos y EFC, véase Irwin (1988): de los 10 estudios que incluye, en 8 de ellos la asociación es significativa, habitualmente con valores muy elevados. Dos de estos estudios en que hay asociación analizan muestras representativas de la población de Islandia y Virginia (Estados Unidos).

Las semejanzas y diferencias entre la EFC y el sueño lúcido han sido resumidas por Blackmore (1988):

1. Como ya se ha descrito, hay personas que relatan ambas experiencias, aunque el solapamiento entre ambas es porcentualmente pequeño, alrededor del 10%.

2. Ambas experiencias pueden iniciarse de diferentes formas, pero una forma de inicio de las EFC es mediante un sueño lúcido.

3. En ambas experiencias se relata:

    a) Una consciencia extremadamente clara.

    b) Una percepción más clara y vívida que la normal (Blackmore, 1982).

    c) Las simplificaciones, distorsiones, alteraciones y añadidos encontrados en los mundos que se experimentan con ambas son muy similares y, por ejemplo, volar es frecuente en ambas (Muldoon y Carrington, 1929; Monroe, 1971; Blackmore, 1982). En ambas, pensar en cambios del entorno suele generarlos.

d) Volar en sueños, algo frecuente en ambas experiencias y que facilita la lucidez, ya que es algo inaudito en la vida normal.

e) Ambas impactan en la vida del individuo (Van Eerden, 1913; Blackmore, 1982), y los que las experimentan desean que se repitan estos fenómenos.

4. La gran diferencia entre ambas es que, en los sueños lúcidos, el sujeto sabe que lo que ve es producto de un sueño, mientras que, en la EFC, el individuo cree que lo que le rodea es real.

Sin embargo, los falsos despertares no existen en la EFC, solo en el sueño: en el sueño no lúcido, uno sueña que ha despertado, pero, en el sueño lúcido, uno sueña que sigue soñando.

Bases biológicas de las EFC

Las EFC parecen estar relacionadas con la función de la fisura temporoparietal, una región multimodal que integra información visual, táctil, auditiva, propioceptiva y vestibular, procesadas por la corteza occipital, parietal y temporal. Todo ello contribuye a la autoconsciencia y a la imaginería interna corporal (Blanke y Mohr, 2005). Las EFC pueden ser inducidas artificialmente mediante estimulación eléctrica (De Ridder y cols., 2007) o magnética (Blanke y cols., 2005) de la región temporoparietal. La forma más sencilla de inducirla fue la que utilizó Ehrsson (2007), que usó un espejo que mostraba a los participantes una cámara situada detrás de ellos. Manipulando dos barras de plástico de forma sincrónica, una de las cuales tocaba el pecho del individuo y la otra era movida delante de la cámara, se producía una disonancia cognitiva, de forma que los participantes sentían que el «cuerpo ilusorio» creado por la cámara era su cuerpo real. Puede verse la semejanza de todo este proceso con el yoga del cuerpo ilusorio tibetano de Padmasambhava (Gyatrul Rinpoche, 1998) o la práctica de las máscaras tolteca (Magaña, 2015).

Historia de las EFC/viajes astrales

Han sido muchos los viajeros astrales que han escrito sobre el tema; a continuación resumiremos algunos de los más conocidos. A principios del siglo xx, la aparición del libro *The Projection of the Astral Body* (Muldoon y Carrington, 1929; 1971) supuso toda una revolución para el mundo de la investigación psíquica. Firmada por el viajero astral **Sylvan Muldoon**, con la colaboración del prestigioso investigador británico Hereward Carrington, miembro de la Sociedad Americana de Investigación Psíquica, la obra es considerada un clásico del tema. Describió con gran naturalidad su experiencia de cientos de proyecciones astrales. Describió lugares desconocidos que, al visitarlos físicamente, coincidían a la perfección con lo observado en el mundo astral. Describió tres velocidades de desplazamiento astral: 1) la natural, que se desarrolla caminando con plena consciencia; 2) la velocidad media, con mayor rapidez y capacidad de desplazamiento, en la que se observa el movimiento de los objetos a ambos lados, como si se viajase en un tren, y 3) la velocidad rápida, en la que el sujeto se halla inconsciente, pero puede recorrer enormes distancias.

Curiosamente, fue **Oliver Fox** (1939; 2009) el primer autor en hablar del desdoblamiento astral. Su nombre auténtico era George Hugh Callaway y estuvo vinculado con la teosofía, la escuela esotérica fundada por H. P. Blavatsky y referencia en el mundo esotérico en la confluencia de los siglos xix y xx. Su libro *El viaje astral*, aunque apareció en 1939, describe sus experiencias ya descritas en los años 1920 en la revista *Occult Review*, que no alcanzó gran difusión porque era una revista muy especializada. Su libro es un diario de experiencias astrales desde la infancia, fácil de leer por su capacidad literaria y gran formación. Aunque sus experiencias son subjetivas e indemostrables, aportan una gran luz a los interesados en el tema. Curiosamente, su obra se divulgó por la buena crítica de Carrington, quien ya tenía fama internacional sobre el tema. Fox describió también tres velocidades: en la primera o deslizamiento horizontal, uno siente que camina o planea; en la segunda o levitación, se puede elevar a alturas variables, a menudo enormes, y planear, y, en la tercera, que llama *skrying*, el cuerpo astral sale disparado como un proyectil en un deslizamiento vertical brusco. Fox describió la superposición de la experiencia onírica sobre la realidad de estar dormido en la cama, que también experimentaba simultáneamente. Con el tiempo, aprendió a desconectar de la realidad y sumergirse en la experiencia onírica por completo. También descubrió que podía desplazarse en astral sin estar dormido.

Edward Morrell, un convicto condenado a cadena perpetua en la cárcel de San Quintín, era conocido en la prisión por su rebeldía y denuncias de las carencias del sistema penitenciario. Se le conocía como el Hombre 25 y como El Incorregible, por lo que se le torturaba con la chaqueta, dos camisas de fuerza superpuestas que se mojaban y, al secarse, comprimían el cuerpo. Para escapar de este sufrimiento, empezaron a aparecer los desdoblamientos astrales. Su historia fue inmortalizada en 1915 por el escritor Jack London en su libro *El vagabundo de las estrellas* (London, 2015). Describe que sus viajes astrales le permitían visitar San Francisco o subir al cielo. De forma increíble, la capacidad de desdoblarse astralmente la perdió cuando los castigos físicos en la cárcel cesaron y, luego, cuando salió de la cárcel, tras ser indultado.

Robert A. Monroe escribió varios libros cruciales en la historia de la divulgación pública de las experiencias extracorpóreas, como es el caso de *Viajes fuera del cuerpo* (Monroe, 1971; 2009), *Viajes lejanos* o *El último viaje*. Su vida transcurrió durante muchos años dentro de la normalidad, hasta que un buen día de 1958 todo comenzó a cambiar para este hombre de negocios. En esa época, probaba un dispositivo sonoro destinado a facilitar el aprendizaje durante el sueño. Es probable que eso desencadenara sus proyecciones astrales. Relata a fondo experiencias curiosas, como contactos con seres extraños en otras dimensiones, conexiones sexuales difíciles de describir y otras experiencias pintorescas que fueron muy populares en la América de los 1970 del siglo xx. Fundó The Monroe Institute, que todavía funciona como una institución de formación, especialmente decantada por los sueños lúcidos.

Características asociadas a la EFC

La excelente revisión de Irwin (1988) sobre el tema confirma que no hay predominancia de género ni de otras variables sociodemográficas, como edad, etnia, nivel educativo o religiosidad, en esta experiencia. Tampoco se observa una mayor capacidad de imaginería visual. Curiosamente, en ambas experiencias (EFC y sueños lúcidos), los sujetos presentan una mayor capacidad espacial: en EFC, esta mayor capacidad espacial serviría para desarrollar la sensación de realidad, y en los sueños lúcidos, para confirmar la impresión de lucidez. Factores de personalidad, como el psicoticismo, que se creyó importante en la EFC, ya que estas experiencias se conceptualizaban como episodios psicóticos, no se han observado. No se han encontrado otros rasgos de personalidad en la EFC, excepto la capacidad de concentración, que es mayor en ellos que en controles.

Características de la EFC

Tart (2013) considera que son dos los rasgos distintivos fundamentales de una experiencia extracorpórea (EEC): 1) el individuo se encuentra ubicado en un lugar distinto a aquel en el que se halla su cuerpo físico, al que puede –aunque no siempre– ver desde un punto de vista externo, y 2) siente su consciencia, durante la experiencia, muy clara. El fenómeno del viaje astral se encuentra en un 95% de las casi setenta culturas no occidentales, y casi en el 80% de los casos, el viaje astral se producía durante el sueño (González, 2014). En cuanto a la actividad del sujeto, el 92% de los sujetos que habían experimentado de forma repetida el desdoblamiento podía ver; el 57% podía oír; el 28% aseguraba poder tocar o tener esa sensación; el 19% percibía olores, y un 9% de los viajeros percibía sabores a través de su doble astral (González, 2014).

El proceso de EFC

Las fases nucleares del viaje astral estándar inducido son (González, 2014):

- RELAJACIÓN. Debe existir un estado de relajación física con calma mental, en posición de reposo corporal, tumbado en una cama o sentado en un sofá. La respiración es tranquila.

- ESTÍMULO SONORO O LUMINOSO. Se percibe, inesperadamente, un estímulo sonoro (clic, zumbido, sensación de hélices girando) o luminoso (chispas, luz) que indica el comienzo del viaje astral. A menudo se experimenta en la nuca.

- SALIDA. Suele ser suave. El doble se desliza por la cabeza, los pies o incluso permeando, como una membrana, el cuerpo físico en bloque. Puede ocurrir una incorporación, sentándose en astral, mientras el cuerpo físico permanece en la cama.

- AUTOSCOPIA. Observación de sí mismo desde arriba, desde el doble. La primera vez, esta observación suele estar acompañada de una sensación de pánico y desconcierto, con miedo de no poder reintegrarse en el cuerpo y de morir. Se suele observar el cuerpo físico en reposo, desde el punto más elevado y distante de la habitación: habitualmente, alguna esquina del techo. Si se percibe el cordón de plata (una especie de cordón umbilical de este color que une el cuerpo astral y el físico), lo que no siempre ocurre, disminuye la ansiedad.

- DESEO DE REGRESAR AL CUERPO. Durante las primeras veces, el regreso constituye un proceso brusco; pero, progresivamente, se produce un deslizamiento o una incorporación inmediata. Si se percibe el cordón de plata, se suele asociar el retorno del astral al cuerpo físico, con la sensación de «tirones» a través de ese vínculo energético.

- ACLIMATACIÓN Y CURIOSIDAD EN LOS SIGUIENTES EPISODIOS. Pasado el desconcierto de las primeras veces, comienza una fase de adaptación de los sentidos, ya que la forma de percibir es diferente a la habitual. Superado el temor a no poder retornar, la siguiente etapa consiste en explorar el entorno más cercano y, posteriormente, aventurarse más allá.

Técnica del desdoblamiento astral

Aquí hemos hecho una mezcla de las sugerencias de diferentes autores, con el fin de llegar a una síntesis que facilite la realización del proceso, que en general es complicado para la mayoría. Hay sugerencias de las recomendaciones de Oliver Fox (1939; 2009), Sylvan Muldoon (Muldoon y Carrington 1929; 1971), Lobsang Rampa (1956; 1977) y Robert Monroe (1971; 2009).

- PREPARACIÓN:

a) FÍSICA. Muldoon recomienda la técnica de la privación: tener hambre o sed, con intensidad razonable, y dejar un vaso de agua y algo de comida en la cocina, de forma que, por la noche, tendamos a ir allí a saciar la sed o el hambre. Monroe desarrolló unas ondas sonoras para inducir el viaje astral que pueden adquirirse en internet, pero en muchos de sus desdoblamientos no las utilizó.

b) PSICOLÓGICA. Muldoon la llama «voluntad pasiva», pero es como la técnica de la intención en el sueño lúcido. Desear, cuantas más veces y más intensamente sea posible y en el día, experimentar el desdoblamiento astral, incluso visualizando el proceso, resistiéndose a las «dudas racionales» que nos surjan, es clave para él.

• SELECCIÓN DE UN OBJETIVO. Para Rampa, es necesario saber dónde queremos ir tras el desdoblamiento. Recomienda que sea a casa de algún familiar o ser querido, y durante el día repetirnos a menudo que queremos ir a verle en astral. Debemos conocer perfectamente dónde vive, para no distraernos ni perdernos.

• MOMENTO DE REALIZARLO. Para Fox, mejor después de comer de forma abundante o justo al despertarse por la mañana, cuando no tengamos ninguna gana de levantarnos. El resto de autores no lo precisa.

• POSTURA. Para Fox, boca arriba o de lado, lo que resulte más cómodo, siempre con los ojos cerrados, pero girándolos un poco hacia arriba, como mirando algo situado detrás y encima de nosotros.

•RELAJACIÓN. Hay que respirar de forma profunda y rítmica según Fox. Para Rampa, mientras nos relajamos, el único pensamiento debe ser la proyección astral. Para Monroe, el tema clave en este momento es no tener miedo a no volver al cuerpo físico. Usó barbitúricos que no recomienda, porque hacen perder el control, y autohipnosis mediante cintas, que considera muy útil para controlar ese proceso de inducción al sueño. En las cintas se repetía que estaría consciente durante ese proceso y recordaría todo lo ocurrido al despertar.

• TÉCNICA COMO TAL. Según Fox, debemos visualizar, a la altura del entrecejo o en la coronilla, una escotilla o puerta, capaz de conectar con nuestro cerebro. Podemos imaginarla como queramos, pero siempre con la certeza de que es una puerta. Rampa afirma que hay que visualizar una forma nebulosa que represente nuestro cuerpo físico, un doble nebuloso que se desprende lentamente de nuestro cuerpo y se eleva un poco sobre nosotros. Entonces, debemos centrar nuestra atención en el doble, percibirlo balanceándose sobre el cuerpo físico y conectado a este por una cuerda plateada que enlaza ambos cuerpos desde sus respectivos ombligos. Para Muldoon, el cordon de plata se une al entrecejo. Para Monroe, la técnica es igual a las técnicas WILD: hacerse consciente del proceso de sueño hasta que aparezcan los síntomas del desdoblamiento (ruidos y luces). Recomienda respirar con la boca entreabierta y con los ojos cerrados, concentrarse en la oscuridad, mirando un punto ubicado a unos treinta centímetros de la frente, que hemos de ir alejando paulatinamente, hasta situarlo a dos metros. Con la imagen bien definida, se debe mover el punto luminoso en un ángulo de noventa grados, hasta situarlo en línea con la coronilla, hasta que las vibraciones aparezcan y se culmine el proceso. Varios autores recomiendan, cuando empiezan las vibraciones, girarse de lado, incorporarse en la cama o mover el brazo onírico, ya que parece que hay resistencias físicas al inicio del desdoblamiento astral.

• PROCESO DE SEPARACIÓN. Fox espera que aparezca una sensación de entumecimiento corporal, que irá en aumento y que se irá convirtiendo en una parálisis, comenzando por los pies y extendiéndose al resto del cuerpo. El siguiente paso será poder percibir a través de nuestros párpados cerrados, captando una luz tenue dorada. Podemos ver destellos, fogonazos, siluetas, y oír ruidos diversos, algunos atronadores, como zumbidos, junto a sensaciones de aceleración. Entonces debemos notar la existencia de los dos cuerpos, el físico y el astral. Aquí debemos emplear nuestra fuerza de voluntad para obligar al doble a pasar «por la escotilla cerebral» que hemos imaginado en nuestra cabeza. En ese instante oiremos un clic, de forma que ya los sonidos y la luz serán tenues.

• ¿QUÉ HACER TRAS EL DESDOBLAMIENTO? Fox aconseja levantarnos y alejarnos progresivamente, para comprobar cómo, hasta cierta distancia, tenemos capacidad para percibir sensaciones del cuerpo físico y del doble astral. Luego, uno puede desplazarse a donde quiera y como quiera, igual que en el sueño lúcido. Rampa aconseja visitar a la persona elegida, pero, antes, visualizar cómo recorreremos la habitación. Después, salir a la calle y, con el pensamiento, desplazarnos rápidamente hacia el lugar elegido. Monroe recomienda quedarse las primeras veces cerca del cuerpo y, solo después, hacer viajes más largos. Hay que comprobar, al principio, las dimensiones y características de los objetos, viéndolos y tocándolos, para acostumbrarnos a los sentidos astrales.

• Vuelta al cuerpo. Según Fox, el regreso será inmediato y brusco si algo interrumpe nuestra experiencia, o pausado y controlado, si decidimos nosotros finalizarla. Para ello, hay que entrar tranquilamente en la habitación y recostarnos en la cama sobre nuestro cuerpo físico, fundiéndonos con él poco a poco. Recomienda anotar enseguida lo vivido, ya que todo se olvida inmediatamente, como pasa con los sueños. Rampa recomienda dejarnos caer flotando sobre el cuerpo, con toda lentitud. Para Monroe es mucho más sencillo: basta con tragar saliva, mover un dedo o, tan solo, desearlo.

Esta sería la técnica-amalgama de lo recomendado por los diferentes autores. Todos aseguran que, con el debido entrenamiento, el éxito se consigue en unas semanas.

27. Experiencias cercanas a la muerte

> Las vivencias que tenemos mientras soñamos
> acaban por formar parte de la economía global de nuestra alma,
> al igual que cualquier otra vivencia experimentada
> en la «realidad».
>
> FRIEDRICH NIETZSCHE, *Más allá del bien y del mal*

Concepto y prevalencia

Las experiencias cercanas a la muerte o ECM (en inglés, *Near-death experience*) fueron descritas por primera vez por Platón en su libro *La República* y representadas en el siglo XV por las pinturas de El Bosco. En el siglo XX, fueron descritas por Raymond Moody (1975). Son vivencias complejas que ocurren en asociación con la muerte o con la percepción de que esta es inminente (Moody, 1975; Greyson, 1983).

Es un fenómeno frecuente y se considera que el 4%-8% de la población general lo ha experimentado, según estudios realizados en Alemania (Knoblauch y cols., 2001) y Australia (Perea y cols., 2005), aunque se considera que estas cifras estarían infravaloradas o no reflejarían la realidad, porque algunas personas son reacias a contar estas experiencias (Van Lommel, 2011).

Se definen como la memoria reportada de un patrón de experiencias que ocurren cuando una persona está cercana a la muerte (por ejemplo, situaciones de riesgo vital, asfixia, ahogamiento, accidente vascular), cuando creen que van a morir (por ejemplo, *shock* debido a hemorragia) o en el período entre la muerte clínica y la resucitación (Van Lommel, 2011).

No existe una definición universalmente aceptada de las ECM y, todavía, es un tema de investigación. Inicialmente, y basándose en los 50 individuos que entrevistó Moody (1975) para su libro, se identificaron 15 características. Más tarde, mediante entrevistas estructuradas, se aislaron cinco aspectos nucleares (Ring, 1980) y, finalmente, Greyson (1983) identificó 16 elementos, utilizando métodos estadísticos en 73 personas que habían experimentado ECM.

Martial y cols. (2017) confirman que no existe una secuencia temporal típica en las ECM, como confirmó en su muestra de 154 individuos, aunque existen cuatro dimensiones estables y consistentes, que también aparecían en estudios previos (Moody 1975; Ring, 1980; Greyson, 1983). El orden más frecuente y su prevalencia son los siguientes (Martial y cols., 2017), aunque este orden exacto se observa en un pequeño porcentaje de personas:

1. Experiencia de estar fuera del cuerpo (*out-of-the-body experience*) (53%).
2. Ver una luz brillante (69%).
3. Ver a otras personas o espíritus (62%) .
4. Experiencia de paz (la más frecuente: 80%).

También son frecuentes, aunque no tan nucleares, moverse por un túnel, la pérdida de sensación de tiempo y espacio, ver paisajes celestiales y hablar con un ser de luz, así como el retorno al cuerpo (Van Lommel, 2011). Lo que parece evidente es la gran variabilidad cultural y ambiental de la experiencia. Por ejemplo, la experiencia del túnel apenas aparece en la India (Kellehear y cols., 1994), o la experiencia de revivir toda nuestra vida tampoco aparece en todas las culturas (Kellehear, 1993).

Impacto de las ECM

Es una experiencia ligada al misticismo (Pennachio, 1986), ya que suele incluir una sensación de trascendencia, de que el cuerpo abandona el mundo habitual y entra en un «reino alternativo», percibiéndose una sensación acústica de llanto o zumbido agudo al inicio de la experiencia, comunicación con «presencias» o «entidades», así como reflexiones posteriores sobre la muerte, el morir y lo que hay después de la muerte. Las ECM se asocian a cambios positivos a largo plazo, que incluyen bienestar psicológico y consecuencias asociadas, y más específicamente: mayor preocupación por el bienestar de los demás, reducción del malestar asociado a la perspectiva de morirse, mayor aprecio por la naturaleza y por la vida, menor deseo de estatus social y posesiones, y aumento de la autoestima (Ring, 1980; Noyes, 1980; Groth-Marnat, 1998).

ECM, meditación y sueños lúcidos

La práctica de la meditación para entender mejor el proceso de la muerte ha sido ampliamente usada en muchas religiones, como el budismo. Algunos libros conocidos en Occidente sobre este tema son *El libro tibetano de los muertos*, del místico del siglo VIII Padmasambhava (1995), y una adaptación más moderna, *El libro tibetano de la vida y de la muerte* (Sogyal, 1998). Otro libro relacionado, menos conocido, también de este mismo autor, es *Natural Liberation: Padmashambava teachings on the six bardos* [Liberación natural: enseñanzas de Padmashambava sobre los seis bardos] (Padmasambhava, 1998). Estos libros hablan de cómo la consciencia experimenta diferentes fases tras la muerte, en el período llamado en tibetano «estado intermedio» o «bardo». Este último libro incluye también el yoga del sueño (Padmasambhava, 1998). Otro libro tibetano notable es *Delog: Journey to the Realms Beyond Death* [Delog. Un viaje a los reinos más allá de la muerte] (Drolma, 1995), que describe la experiencia de ser un *delog,* individuos que experimentan, durante horas o días, una ECM y, posteriormente, comparten su experiencia para asistir a otros practicantes espirituales (Baily, 2001).

El Dalái Lama (2006) describe que el momento de la muerte es un estado de consciencia que se manifiesta de forma breve en los humanos y que se caracteriza por ser sutil, espontáneo y sin aferramiento. Por eso, los meditadores experimentados pueden inducirse este estado cercano a la muerte durante la meditación, igual que cuando ocurre al morir, y pueden reconocerlo y mantenerlo. En un estudio realizado por nosotros (Van Gordon y cols., 2018) durante tres años en 12 meditadores avanzados, encontramos que la experiencia es más profunda con el tiempo, que los meditadores eran conscientes de la experiencia y mantenían el control volitivo, que la experiencia era similar a la ECM espontánea y que vivían un rico abanico de encuentros no mundanos y de experiencias espirituales.

Ya hemos descrito la asociación entre sueños lúcidos y meditación en otros capítulos y, ahora, entre ECM y meditación. También existe una gran semejanza entre los síntomas de las ECM y las características de la proyección astral, como hemos visto en el capítulo anterior. Sin embargo, la relación entre ECM y sueños lúcidos no está clara en la literatura occidental (Lucidity Letter, vol. 1, n°. 2 y 3), incluso hay autores que consideran que la relación podría ser inversa (Wren-Lewis, 1985), es decir, que las personas con ECM tienen menos sueños lúcidos En la tradición tibetana, el yoga del sueño y las prácticas del bardo o estado intermedio se estudian de forma conjunta (Padmashambava, 1994) y lo mismo ocurre en la tradición tolteca (Magaña, 2015).

Muerte y sueños lúcidos en el budismo tibetano

Los sueños lúcidos y la consciencia en el estado posterior a la muerte o bardo están muy relacionados, según el budismo tibetano. En esta tradición, Padmasambhava (1998) afirma:

> «Se dice que, entrenándose en el proceso transicional del sueño (es decir, desarrollando sueños lúcidos), si se consigue hacerlo por siete veces, el proceso transicional de la muerte (el bardo o estado intermedio) será comprendido».

Como se asegura en el mismo libro, reconocer el estado del sueño siete veces quiere decir poder hacerlo de forma habitual. Se insiste en que, aunque uno haya conseguido alcanzar esta realización, si deja de practicar, será difícil que en el momento de la muerte pueda reconocer el bardo.

Muerte y sueños lúcidos en la tradición tolteca

Magaña (2015) afirma que, en la tradición tolteca, el Mictlán o la tierra de los muertos es el primero de los lugares del soñar despierto. Ahí aparecen personas conocidas, situaciones cotidianas y lugares donde hemos estado, es decir, lo que la psicología actual llamaría «sueños proyectivos». Son sueños que nos llevarán a repetirnos, a repetir el pasado, nuestros patrones de conducta (lo que en la tradición budista/hinduista es el karma). Tendríamos que superar esta fase porque, de lo contrario, nos quedaremos atrapados en «la prisión invisible de la luna». Hay una frase azteca que resume esta visión: «El que no recuerda sus sueños está muerto en vida, porque no puede controlar su vida cuando está despierto». Cuando aparecen estos sueños proyectivos, lo que tenemos que hacer es cancelarlos. Esto y la práctica de la máscara, entre otras, terminarán con estos sueños.

Práctica de cancelar sueños (Magaña, 2015)

Es una práctica que debería convertirse en un hábito, igual que recordar los sueños. Cuando los recordemos, debemos catalogarlos en dos grupos: los que debemos cancelar (los proyectivos), y los que no.

1. Visualizar la parte del sueño que recordamos e imaginar que se quema envuelta en llamas.
2. Hacer descender la energía de ese sueño, como si fuera una serpiente moviéndose por nuestro cuerpo, para cancelar los efectos del sueño en nuestra carne y sangre.

3. Cuando la energía llegue al suelo, golpearla, dos veces con el pie. La primera, para pedir a la tierra que reciba esta energía, y la segunda, para pedirle que haga algo maravilloso con ella.
4. Hacer lo mismo con todos los sueños proyectivos, repetitivos, pesadillas o sueños que sintamos que nos causan problemas.

Cuando se acaban estos sueños, uno puede ascender a otro nivel. Magaña (2015) afirma que, en el México antiguo, existían varias pirámides escalonadas de nueve niveles, que representaban los nueve niveles del sueño. Estaban coronadas por la figura del *chac mool,* que significa «los conocedores del espejo y el agua», la máxima expresión del arte de soñar. Existían pirámides, describiendo este proceso, en Tula y en Cholula. Magaña describe estos nueve escalones ampliamente en su libro. Ya hemos dicho que el primer nivel es Temictli, donde se halla el Mictlán, la tierra de los muertos. El segundo es Temixoch, donde están la mayor parte de los soñadores actuales, que permite recrear nuestra vida. El último nivel, Cochitzinco, es «el lugar sagrado del sueño», donde surge la luz, donde no hay sueños. En él se accede a la mente del Águila Negra, el lugar del plan primigenio del Gran Espíritu.

Conclusiones

Los sueños lúcidos constituyen una de las aventuras más apasionantes del ser humano. Una auténtica dimensión y estado de consciencia desconocidos, a los que algunos pueden llegar de forma natural, aunque la gran mayoría tenemos que entrenarnos. Son una puerta a mundos alternativos, que puede utilizarse con una función lúdica y exploratoria, o para conectar con la espiritualidad más elevada del ser humano.

En este libro, hemos resumido todo lo que la ciencia sabe hasta el momento de este tema. Y hemos analizado, en profundidad, lo que las tradiciones contemplativas han enseñado sobre este arcano secreto. Nuestro enfoque se ha basado en el rigor científico, pero también en la curiosidad, en el respeto y en la apertura sobre lo que las religiones tienen que enseñarnos.

Hemos intentado hacer un libro muy práctico, diseñado para las personas que quieran experimentar sueños lúcidos. Para ello, hemos desarrollado una guía que permitirá llegar hasta donde el esfuerzo y el compromiso del lector le permitan. Pero no hemos querido olvidar a los curiosos que desean conocer la teoría del tema y que nunca invertirán su energía en esta búsqueda. Esperamos haber complacido a la mayoría de nuestros lectores.

Bibliografía

Álvarez-García C, Yaban ZŞ. The effects of preoperative guided imagery interventions on preoperative anxiety and postoperative pain: A meta-analysis. Complement Ther Clin Pract. 2020; 38:101077.

American Academy of Sleep Medicine. Sexual Activity reported in dreams of men and women. 15 Junio 2007. Descargado de: https://www.sciencedaily.com/releases/2007/06/070614085118.htm (6 Junio 2021).

Ancoli S, Peper E, Quinn M. Mind/Body Integration: Essential Readings in Biofeedback. Berlin: Springer Science & Business Media. 2012.

Anónimo. *Epopeya de Gilgamesh*. Barcelona: Penguin Clásicos, 2015.

Aquino, Santo Tomás. *Summa Theologica*. Nueva York: Benziger, 1947.

Arnold-Foster M. *Studies in dreams*. Nueva York: McMillan, 1921.

Aserinsky E, Kleitman N. Regularly occurring periods of eye motility, and concomitant phenomena, during sleep. Science 1953; 118: 273-74.

Aserinsky E. Rapid eye movement density and pattern in the sleep of young adults. Psychophysiology 1981; 8: 361-375.

Aspy DJ, Delfabbro P, Proeve M, Mohr P. Reality testing and the mnemonic induction of lucid dreams findings fron the national Australian lucid dream induction study. Dreaming 2017; 27: 206-231.

Aspy DJ, Madden NA, Delfabbro P. Effects of vitamin B6 (pyridoxine) and B complex preparation on dreaming and sleep. Percept Mot Skills 2018; 125: 451-62.

Aspy DJ. Findings from the International Lucid Dream Induction Study. Front Psychol 2020; 11: 1746.

Baily LW. A little death: the near-death experience and Tibetan Delogs. Journal of Near-Death Studies. 2001; 19: 139-159.

Baird B, Mora-Rolim SA, Dresler M. The cognitive neuroscience of lucid dreaming. Neurosc Biobehav Rev 2019; 100: 305-23.

Baird B, Riedner BA, Boly M, Davidson RJ, Tononi G. Increased lucid dream frequency in long-term meditators but not following MBSR training. Psychol Conscious 2019; 6: 50-54.

Barret D. The Committe of Sleep: A study of dream incubation for problem solving. Dreaming 1993; 3 (2).

Barrett D. *The Committe of Sleep: How artists, scientists, and athletes use their dreams for creative problem-solving – and how you can too*. Nueva York: Random House, 2001.

Bilhaut AG. Soñar, recordar y vivir con eso. Estudios Atacameños 2003; 26: 61-70.

Bishay N. Therapeutic manipulation of nightmares and the management of neuroses. Br J Psychiatr 1985; 147: 67-70.

Blackmore S. Beyond the Body: An Investigation Into Out-of-Body Experiences. Chicago, IL: Academy of Chicago, 1982.

Blackmore SA. Theory of Lucid Dreams and OBEs. En: Conscious Mind, Sleeping Brain. Eds. J. Gackenbach y S. LaBerge, Plenum, Nueva York, 1988; págs. 373-387.

Blackmore S. Lucid Dreaming: Awake in Your Sleep? Skeptical Inquirer 1991; 15: 362-370.

Blagrove M, Tucker M. Individual differences in locus of control and the reporting of lucid dreaming. Pers. Indiv. Differ. 1994; 16: 981-984.

Blagrove M, Hartnell SJ. Lucid dreaming: associations with internal locus of control, need for cognition and creativity. Pers. Indiv. Differ. 2000; 28: 41-47.

Blanke O, Mohr C, Michel CM, Pascual Leone A, Brugger P, Seeck M, et al. Linking out-of-body experience and self-processing to mental own-body imagery at the temporoparietal junction. J. Neurosci. 2005; 25: 550-557.

Blanke O, Mohr C. Out-of-body experience, heautoscopy, and autoscopic hallucination of neurological origin implications for neurocognitive mechanisms of corporeal awareness and self-consciousness. Brain Res. Rev. 2005; 50: 184-199.

Bradley WG, Daroff RB, Fenichel GM, Jankovic J. *Neurología clínica: diagnóstico y tratamiento*. Barcelona: Elsevier España, 2005.

Brown J, Cartwright R. Locating NREM dreaming through instrumental responses. Psychophysiology 1978; 15: 35-39.

Brown DJ. *Dreaming Wide Awake: Lucid Dreaming, Shamanic Healing, and Psychedelics*. Rochester, Vermony (USA): Inner Traditions/Bear, 2016.

Brush CB. The selected works of Pierre Gassendi. Nueva York: Johnson Reprint Corp, 1972.

Buddhaghosa B. Visuddhimagga. *El sendero de purificación*. 3ª ed. Albacete: Alfredo Bañón Hernández, 2016.

Bulkeley K. Lucid dreaming and the future of sport training. 2015, May 8th. Descargado de: https://www.psychologytoday.com/intl/blog/dreaming-in-the-digital-age/201505/lucid-dreaming-and-the-future-sports-training

Bulkeley K. Reflections on the dream traditions of islam. Sleep Hypnosis 2002; 4:1.

Cajochen C, Altanay-Ekici S, Munch M, Frey S, Knoblauch V, Wirz-Justice A. Evidence that the Lunar cycle in fluences human sleep. Curr Biol 2013; 23: 1485-88.

Castaneda C. *Viaje a Ixtlán*. Madrid: Fondo de Cultura Económica, 1984.

Castaneda C. *El arte de ensoñar*. Barcelona: Ed. Seix Barral, 1993.

Catwright R. The influence of a conscious wish on dreams: A methodological study of dream meaning and function. J Abnormal Psychol 1974; 83: 397-93.

Catwright R, Kaszniak A. «The social psychology of dream reporting». En: A. Arkin, J. Antrobus, S. Ellman (eds). *The mind in sleep*. Hillsdale, NJ: Erlbaum, 1978.

Chang GCC. *Teachings of Tibetan yoga*. Secaucus, NJ: Citadel Press, 1963.

Chrysostom J, Roth CP. *On wealth and poverty*. Crestwood: Nueva York: St Vladimir's Seminary 1984; pág.12.

Clerc C. Natural induction of lucid dreams. Lucidity Letter. 1983; 2: 4-5.

Dalái Lama. *The universe in a single atom: the convergence of science and spirituality*. Nueva York: Broadway Books, 2006

Dalái Lama, Hopkins J. *El Tantra de Kalachakra*. Novelda (Alicante): Dharma, 1994.

Dane JR. A *Comparison of Waking Instructions and Posthypnotic Suggestion for Lucid Dream Induction*. Unpublished doctoral dissertation. Georgia State University, US., 1984.

Dane J. A possible "new" technique for lucid dream induction. Dream Network Bulletin 1982; 1: 7.

De Koninck J, Koulack D. Dream content and adaptation to a stressful situation. J Abnormal Psychol 1975; 84: 250-60.

De Ridder D, Van Laere, Dupont P, Menovsky T, Van de Heyning P. Visualizing out-of-body experience in the brain. N. Engl. J. Med. 2007; 357: 1829–1833.

DeBecker R. *The Understanding of Dreams*. Londres: Allen & Unwin, 1965.

Delaney G. *Living your dreams*. Nueva York: Harper & Row, 1988.

Delaney G. *El mensaje de los sueños*. Barcelona: Círculo de Lectores, 1992.

Dement W, Wolpert E. The relation of eye movement, body motility, and external stimulation to dream content. J Exp Psychol 1958; 55: 543-53.

Deveraux P, Deveraux C. *Lucid dreaming accessing your inner virtual reality*. Daily Grail Publishing, 2011.

Dewdney C. *Acquainted with the night: Excursions through the world after dark*. Nueva York: Bloomsbury, 2004; pág 167.

Drolma DD. *Delog: journey to realms beyond death* (Barron, R, Trans.). Junction City: Padma Publishing, 1995.

Dyck S, Schredl M, Kühnel A. Lucid dream induction using three different cognitive methods. Int. J. Dream Res. 2017; 10: 151-156.

Edelstein J, LaBerge S. The best time for lucid dreaming: Naps, mishaps, and recaps. NightLight, 1992; 4(2): 4, 9.

Ehrsson HH. The experimental induction of out-of-body experiences. Science 2007; 317:1048.

Ekirch R. *At day's close: night in times past*. Nueva York: Norton, 2005.

Ellis H. *The world of dreams*. Londres: Oxford University Press, 1911.

Ellis JA. *From the dreaming*. Sidney, Australia: HarperCollins, 1991.

Erlacher D, Schredl M, Watanabe T, Yamana, J, Gantzert F. The incidence of lucid dreaming within a Japanese university student sample. International Journal of Dream Research. 2008; 1: 39-43.

Erlacher D. *Anleitung zum Klarträumen. Die nächtliche Traumwelt selbst gestalten.* Norderstedt: BoD, 2010.

Erlacher D. Practicing in dreams can improve your performance. Harvard Business Review 2012, April. Descargado de: https://hbr.org/2012/04/practicing-in-dreams-can-improve-your-performance

Evans-Wentz WY. *Yoga tibetano y doctrinas secretas.* 2ª ed. Buenos Aires: Kier, 1975; pág 251.

Falt-Schriever C. *Selbdtheilung durch Traum.* Unpublished diploma Thesis. Universität Frankfurt/Main, 1981.

Farnell LR. *Greek hero cults and ideas of immortality.* The Gifford lectures delivered in the University of Saint Andrews in the Year 1920. Oxford: Chendon Press, 1921.

Filevich E, Dresler M, Brick TR, Kühn S. Metacognitive mechanisms underlying lucid dreaming. J. Neurosci. 2015; 35: 1082-1088.

Fox O. *Astral Projection. A Record of Out-of-Body Experiences*, Nueva York: Kensington Publishing, 2002.

Franc P, Schadlich M, Erlacher D. Lucid dream induction by visual and tactile stimulation: an exploratory sleep laboratory study. Int. J. Dream Res. 2014; 7: 61-66.

Freitas de Macêdo TC, Ferreira GH, de Almondes KM, Kirov R, Mota-Rolim SA. My dream, my rules: Can lucid dreaming treat nightmares? Front Psychol 2019; 10: 2618.

Freud S. *Nuevas lecturas introductorias al psicoanálisis y otros ensayos.* Turlock, California, USA: Orbis, 1988.

Freud S. *The interpretation of dreams.* Nueva York: Avon Books, 1965. (Obra originalmente publicada en 1900 y la segunda edición en 1909). Versión española: Freud S. *La interpretación de los sueños.* Madrid: Akal, 1909/2013.

Gackenbach JI. *A personality and cognitive style analysis of lucid dreaming.* Doctoral dissertation, Virginia Commonwealth University 1978. Dissertation Abstracts International 39, 3487B (University Microfilms No. 79-01560).

Gackenbach J. Lucid dreaming: individual differences in personal characteristics. Sleep Res. 1981; 10:145.

Gackenbach J.I. Differences between types of lucid dreams. Lucidity Letter. 1982; 1 (4): 11-12.

Gackenbach J. The psychological content of lucid versus nonlucid dreams. En: Gackenbach J, LaBerge Stephen (eds). Conscious Mind, Sleeping Brain. Plenum, Nueva York, 1988; págs. 181-220.

Gackenbach JI. A survey of considerations for inducing conscious awareness of dreaming while dreaming. Imagination, Cognition and Personality. 1985; 5: 41-55.

Gackenbach JI. «Women and meditators as gifted lucid dreamers». En: *Dreamtime and Dreamwork: Decoding the Language of the Night*. Ed. S. Krippner. Los Angeles, CA: Jeremy P. Tarcher, 1990; págs. 244-251.

Gackenbach JI, LaBerge Stephen. *Conscious Mind, Sleeping Brain*. Nueva York: Plenum, 1988.

Gackenbach JI, Bosveld J. *Control your dreams*. Nueva York: Harper & Row, 1989.

Gackenbach JI, Karpen J. «The internet and Higher States of Consciousness – A transpersonal perspective». En: *Psychology and internet: Intrapersonal, interpersonal and transpersonal implications* (2nd ed). Cambridge, Mass (USA): Academic Press, 2007.

Galvin FJ. *The effects of lucid dream training upon the frequency and severity of nightmares*. Unpublished doctoral dissertation. Boston University, US, 1993.

Gamboa OL, García-Campayo J, Müller T, von Wegner F. Suppress to forget: The effect of a *mindfulness*-based strategy during an emotional item-directed forgetting paradigm. Front Psychol. 2017; 8: 432.

García Campayo J. *Nuevo Manual de Mindfulness*. Barcelona: Siglantana, 2018.

García Campayo J. *La práctica de la compasión*. Barcelona: Siglantana, 2019.

García Campayo J. *Vacuidad y No-dualidad. Las meditaciones deconstructivas*. Barcelona: Kairós, 2020.

Garfield P. *Creative dreaming*. Nueva York: Ballantine, 1974.

Garfield P. *Pathway to ecstasy*. Nueva York: Holt, Rinehart & Wilson, 1979.

Garfield P. Psychological concomitants of the lucid dream state. Sleep Res 1976; 4: 183.

Garfield P. *Your child's dreams*. Nueva York: Ballantine, 1984.

Geer JH, Silverman I. Treatment of a recurrent nightmare by behaviour modification procedures. J Abnormal Psychol. 1967; 72: 188-90.

Gillespie G. «Lucid dreams in Tibetan Buddhism». En: J. Gackenbach & S. LaBerge (Eds.), *Conscious Mind, Sleeping Brain: Perspectives on Lucid Dreaming*. Nueva York: Plenum Press, 1988; págs. 27-35.

Gillespie G. Can we distinguish between lucid dreams and dreaming awareness dreams? Lucidity Letter. 1984; 3(2&3): 9-11.

Go C. How to apply *mindfulness* to the creative process. Body & Mind Living, May 16, 2016. Descargado de: http://www.mindful.org/apply-*mindfulness*-creative-process/

González JG. *Cómo realizar un viaje astral*. Barcelona: Cúpula, 2014.

Gott J, Bovy L, Peters E, et al. Virtual reality training of lucid dreaming. Phil Trans R Soc B. 2021; B376: 20190697.

Green C. *Lucid dreams*. Oxford: Institute for Psychophysical Research. 1968.

Greyson B. The near-death experience scale. Construction, reliability, and validity. J. Nerv. Ment. Dis. 1983; 171: 369-375.

Greyson B. Incidence and correlates of near-death experiences in a cardiac care unit. Gen. Hosp. Psychiatry. 2003; 25: 269-276.

Groth-Marnat G, Summers R. Altered beliefs, attitudes, and behaviors following near-death experiences. J. Hum. Psychol. 1998; 38: 110-125.

Guenther HV. *The life and teachings of Naropa.* Oxford: Oxford University Press, 1963.

Guenther HV. *Kindly bent to ease us. Part 3.* Wonderment. Emeryville, CA: Dharma, 1976.

Gyatrul Rinpoche. *Natural Liberation. Padmasambhava's teachings on the six bardos.* Massachussets, USA: Wisdom, 1998.

Hahn TN. *El milagro de mindfulness.* Barcelona: Oniro, 2007.

Harris J. «Remembering to do things. A forgotten topic». En: *Everyday memory.* J. Harris y P. Morris (eds). Londres: London Academic Press, 1984.

Hartmann EL. «Dreams and other hallucinations: An approach to the underlying mechanism». En: *Hallucinations*; Siegel RK, West LJ, eds., Nueva York: J. Wiley & Sons, 1975.

Hartmann EL. *The nightmare.* Nueva York: Basic Books, 1984.

Hartmann EL. «Dreaming». Microsoft® Encarta 95, Funk & Wagnall's Corporation», 1994.

Hearne K. Lucid dreams. An electrophysiological and psychological study. Doctoral Dissertation, University of Liverpool, 1978. Recuperada de: https://www.keithhearne.com/wp-content/uploads/2014/12/Lucid-Dreams-LQ.pdf 21 Marzo 2021.

Hearne K. *The dream machine. Lucid dreams and how to control them.* Wellingborough, UK: Aquarian Press, 1990.

Hearne K. Settings and causes of lucidity. Lucidity Letter. 1982; 1: 2-3.

Hearne K. A suggested experiment method of producing false-awakenings woth possible results of lucidity or OBE: The FAST. Lucidity Letter. 1982; 1: 12-13.

Hearne K. Effects of performing certain set tasks in the lucid dream state. Percept Motor Skills. 1982; 54: 259-62.

Hearne KMT. Lucid dream induction. Journal of Mental Imagination. 1983; 7: 19-24.

Hermansen M. «Dreams and dreaming in islam». En: *Dreams: A Reader in the Religious, Cultural, and Psychological Dimensions of Dreaming.* ed. K. Bulkeley. Nueva York, NY: Palgrave, 2001; pág. 74.

Hiew C. *Individual differences in the control of dreaming.* Paper presented at the Annual Meeting of the Association for the Psychophysiological Study of Sleep. Cincinnati, Ohio, 1976.

Hobson, A. *The Dreaming Brain.* Nueva York: Basic Books, 1988.

Hobson JA, Pace-Schott EF, Stickgold R. Dreaming and the brain: Toward a cognitive neuroscience of conscious states. Behavioral and Brain Sciences. 2000, 23 793-842; discussion 904-1121.

Holecek A. *The Lucid Dreaming Workbook.* Oakland, CA: Reveal Press, 2020.

Hooper J, Teresi D. *El universo del cerebro.* Barcelona: Círculo de Lectores, 1989, pág. 362.

Irwin HJ. «Out-of-the-boy experiences andcdream lucidity». En: *Gackenbach J. The psychological content of lucid versus nonlucid dreams*. En: Gackenbach J, La-Berge Stephen (eds). *Conscious Mind, Sleeping Brain*. Nueva York: Plenum, 1988; págs. 353-71.

Jacobsen KA. *Yoga Powers*. Leiden: Brill, 2011.

Jaffe DT, Bresler DE. The use of guided imagery as an adjunct to medical diagnosis and treatment. J Humanistic Psychol. 1980; 20: 45-59.

Juergens H. *Traumexerzitien*. Freiburg: Bauer, 1953.

Jung CG. *Recuerdos, sueños y reflexiones*. Barcelona: Seix Barral, 2001.

Jung CG. *Obra completa 9/1: Los arquetipos y lo inconsciente colectivo*. Madrid: Trotta, 2003.

Kahn D, Hobson A. Theory of mind in dreaming: Awareness of feelings and thoughts of others in dreams. Dreaming. 2005; 15: 48-57.

Kai-Ching Yu C. Dream intensity inventory and Chinese people's dream experience frequencies. Dreaming 2008. 18: 94-111.

Kaplan-Williams S. *The Jungian-Senoi dreamwork manual*. Berkeley: California: Journey Press, 1985.

Karim AA. Transcranial cortex stimulation as a novel approach for probing the neurobiology of dreams: Clinical and neuroethical implications. Commentary on "The neurobiology of consciousness: Lucid dreaming wakes up" by J. Allan Hobson. International Journal of Dream Research. 2010; 3: 17-20.

Kellehear A. Culture, biology, and the Near-death experience: A reappraisal. J Nerv Ment Dis. 1993; 181: 148-156.

Kellehear A, Stevenson I, Pasricha S, Cook E. The absence of tunnel sensations in near-death experiences from India. J Near Death Studies. 1994; 13: 109-113.

Knoblauch PH, Schmied I, Schnettler B. Different kinds of near-death experience?: a report on a survey of near-death experiences in Germany. J. Near Death Stud. 2000; 20: 15-29.

Konkoly K, Burke CT. Can learning to lucid dream promote personal growth? Dreaming. 2019; 29: 113-126

Konkoly KR, Appel K, Chabani E, Oudiette D, Dresler M, Paller KA. Real-time dialogue between experimenters and dreamers during REM sleep. Current Biology. 2021; 31: 1-11.

Krist H. *Emptische Klarträumstudien*. Unpublished diploma thesis. Universitat Frankfurt/Main. 1981.

Kueny SR. *An Examination of Auditory Cueing in REM Sleep for the Induction of Lucid Dreams*. Unpublished doctoral dissertation. Pacific Graduate School of Psychology, US. 1985.

Kumar G, Sasidharan A, Nair K, Kutty BM. Efficacy of the combination of cognitive training and acoustic stimulation in eliciting lucid dreams during undisturbed sleep: a pilot study using polysomnography, dream reports and questionnaires. Int. J. Dream Res. 2018; 11,

LaBerge S. *Lucid dreaming: An exploratory study of consciousness during sleep.* Doctoral Dissertation: Stanford University, 1980 (University Microfilm International nº 80-24, pág 691).

LaBerge S, Nagel L, Dement WC, Zarcone V Jr. Lucid dreaming verified by volitional communication during REM sleep. Perceptual and Motor Skills. 1981; 52: 727-732.

LaBerge S, Dement WC. Lateralization of alpha activity for dreamed singing and counting during REM sleep. Psychophysiology. 1982; 19: 331-332.

LaBerge S, Dement WC. Voluntary control of respiration during REM sleep. Sleep Research. 1982; 11: 107.

LaBerge S, Greenleaf W, Kerdzieski B. Physiological responses to dreamed sexual activity during lucid REM sleep. Psychophysiology. 1983; 20: 454-455.

LaBerge S, Levitan L, Gordon W, Dement W. The psychophysiology of lucid dream initiation. Psychophysiology. 1983; 20: 455.

LaBerge S. *Lucid dreaming. The power of being awake and aware in your dreams.* Los Angeles: Tarcher. 1985.

LaBerge S, Levitan L, Dement WC. Lucid dreaming: Physiological correlates of consciousness during REM sleep. Journal of Mind and Behavior, 1986; 7, 251-258.

LaBerge S, Levitan L, Rich R, Dement WC. Induction of lucid dreaming by light stimulation during REM sleep. Sleep Research. 1988; 17: 104.

LaBerge S, Levitan L, Brylowski A, Dement W. "Out-of-body" experiences occurring during REM sleep. Sleep Res. 1988; 17: 115.

LaBerge S. Induction of lucid dreams including the use of the Dreamlight. Lucidity Letter. 1988; 7(2).

LaBerge S. Lucid dreaming: Psychophysiological studies of consciousness during REM sleep. En: Sleep and Cognition. R.R Bootzen, JF Kihlstrom, DL Schacter (eds). Washington: American psychological Association. 1990; págs. 109-26.

LaBerge S, Phillips L, Levitan L. An Hour of Wakefulness Before Morning Naps Makes Lucidity More Likely. NightLight. 1994; 6(3): 1994.

LaBerge S, Levitan L. Validity established of DreamLight cues for eliciting lucid dreaming. Dreaming. 1995; 5: 159-168.

LaBerge S, Rheingold H. *Exploración de los sueños lúcidos.* Madrid: Arkano, 2014.

LaBerge S. Prolonging lucid dreams. NightLight. 1995; 7: 3-4.

LaBerge S. «Lucid dreaming and the yoga of the dream state: a psychological perspective». En: *Buddhism & Science: Breaking New Ground. Columbia Series in Science and Religion.* Ed. B. A. Wallace. Nueva York, NY: Columbia University Press. 2003.

LaBerge S. Substances that enhance recall and lucidity during dreaming. United States Patent Application Publication No. US 2004/0266659 A1. 2004.

LaBerge S, LaMarca K, Baird B. Pre-sleep treatment with galantamine stimulates lucid dreaming: a double-blind, placebo controlled, crossover study. Plos One. 2018; 13: 8: e0201246.

Laughlin C. Consciousness in biogenetic structural theory. Anthropology of Consciousness. 1992; 3: 17-22.

Lee R. Forgotten fantasies. Dreaming. 2010; 20: 291.

Leslie K, Ogilvie RD. Vestibular dreams: The effect of rocking on dream

Levitan L. A comparison of three methods of lucid dream induction. NightLight. 1989; 1(3), 3, 9-12.

Levitan L. The best time for lucid dreaming. NightLight. 1990a; 2(3), 9-11.

Levitan L. Is fifteen minutes enough? It's too soon to tell… NightLight. 1990b; 2(4), 4, 14.

Levitan L. Get up early, take a nap, be lucid! NightLight. 1991a; 3(1), 1-4, 9.

Levitan L. Between wakefulness and sleep. NightLight. 1991; 3(4), 4, 9-11.

Levitan L. A Thousand and One Nights of Exploring Lucid Dreaming. Nightlight. 1992; 4 (2).

Levitan L, LaBerge , Dole J. Morning naps are better than afternoon naps for lucid dreaming. NightLight. 1992; 4(4), 4, 9-10.

Levitan L, LaBerge S. Of the MILD technique & dream recall, of minds & dream machines. NightLight. 1994; 6(2), 9-12.

Levitan L, LaBerge S, DeGracia DJ, Zimbardo PG. Out-of-body experiences, dreams, and REM sleep. Sleep Hypnosis. 1999; 1, 186–196.

Loewi O. An autobiographical sketch. Perspectives on Biology and Medicine. 1960; 4, 17.

London J. *El vagabundo de las estrellas*. Madrid: Alianza, 2015.

Lumpkin TW. Perceptual diversity: is polyphasic consciousness necessary for global survival? Anthropology of Consciousness. 2001; 12 (1).

Magallón L. Awake in the dark: imageless lucid dreaming. Lucidity Letter. 1987; 6: 86-90.

Magallon LL. *Mutual dreaming*. Nueva York: Simon & Schuster, 1999.

Magaña S. *El secreto tolteca. Prácticas ancestrales para comprender el poder de los sueños*. Barcelona: Urano, 2015.

Malamud JR. *The development of a training method for the cultivation of "lucid" awareness in fantasy, dreams, and waking life*. Doctoral dissertation, Nueva York University, 1979. Dissertation Abstracts International 40, 5412B (University Microfilms 80-10380)

Marks I. Rehearsal relief of a nightmare. Br J Psychiatry. 1978; 135; 461-65.

Martial C, Cassol H, Antonopoulos G, Charlier T, Heros J, Donneau, AF, et al. Temporality of features in near-death experience narratives. Front. Hum. Neurosci. 2017; 11:311.

Martin PR. *Counting sheep. The science and pleasure of sleep and dreams.* Londres: Profile Books, 2014.

Marzano C, Ferrara M, Moroni F, et al. Recalling and forgetting dreams: theta and alpha oscillations during sleep predict subsequent dream recall. J Neurosc. 2011; 3:

McCarley RW. «Sleep, dreams, and states of consciousness». En: *Neuroscience in medicine.* Totowa, NJ: Humana Press, 2003; págs. 595-619.

McCartney P. «Paul McCartney and Barry Miles». En: *Many years from now* (ed. Paul McCartney). Londres: Vintage, 1998.

McLeod B, Hunt H. Meditation and lucid dreams. Lucidity Letter. 1983; 2: 6-7.

McTaggart L. *The intention experiment: using your thought to change your life and the world.* Nueva York: Free Press, 2007.

Merino, M. et al. (2016). Sueño saludable: evidencias y guías de actuación. Documento oficial de la Sociedad Española de Sueño, 63(S02). Descargable en: https://www.neurologia.com/articulo/2016397

Monroe R. *Journeys Out Of The Body.* Nueva York: Doubleday, 1971. Edición en castellano, *Viajes fuera del cuerpo. La expansión de la conciencia más allá de la materia.* Madrid: Ed. Palmyra, 2009.

Moody R. *Life After Life: The Investigation of a Phenomenon Survival of Bodily Death.* Nueva York, NY: Harper Collins, 1975.

Morina N, Lancee J, Arntz A. Imagery rescripting as a clinical intervention for aversive memories: A meta-analysis. J Behav Ther Exp Psychiatry. 2017; 55: 6-15.

Morley C. *Sueños lúcidos. Guía práctica.* Málaga: Sirio, 2019.

Moss R. *Active dreaming journey beyond self-limitations to a life of wild freedom.* Novato, California: New World Library, 2011.

Moss R. *Dreamways of the Iroquais: Honoring the secret wishes of the soul.* Rochester, Vermont: Destiny Books, 2005.

Moss R. *The secret history of dreaming.* Novato, California: New World Library, 2009.

Moss R. *Dreamgates.* 2nd ed. Novato, CA (USA): New World Library, 2010.

Mota-Rolim S, Pantoja A, Pinheiro R, Camilo A, Barbosa T, Hazboun I, et al. Lucid Dream: Sleep Electroencephalographic Features and Behavioral Induction Methods, First Congress IBRO/LARC of Neurosciences for Latin America, Caribbean and Iberian Peninsula. Búzios: Heidelberg University, 2008.

Mota-Rolim SA, Targino ZH, Souza BC, Blanco W, Araujo JF, Ribeiro S. Dream characteristics in a Brazilian sample: an online survey focusing on lucid dreaming. Front. Hum. Neurosci. 2013; 7:836.

Mota-Rolim SA, Bulkeley K, Campanelli S, Lobao-Soares B, de Araujo DB, Ribeiro S. The dream of God: How do religion and science see lucid dreaming and other conscious states during sleep? Front Psychol. 2020; 11: 555731.

Mota-Rolim SA. On moving the eyes to flag lucid dreaming. Front. Neurosci. 2020; 14: 361.

Muldoon S, Carrington H. *The Projection of the Astral Body*. Whitefish, Montana: Kessinger Publishing, 1929. [Edición en castellano: *Los fenómenos de la proyección astral*. Buenos Aires: Ed. Kier, 1971.]

Musès CA. *Esoteric teachings of the Tibetan tantra*. York Beach, MA: Samuel Weiser, 1961.

Namkhai Norbu Rimpoché. *El yoga de los sueños*. 2ª ed. aumentada. Novelda (Alicante): Dharma, 2002.

Noreika V, Windt JM, Lenggenhager B, Karim AA. New perspectives for the study of lucid dreaming: From brain stimulation to philosophical theories of self- consciousness. Commentary on "The neurobiology of consciousness: Lucid dreaming wakes up" by J. Allan Hobson. International Journal of Dream Research. 2010; 3(1), 36-45.

Noyes R. Attitude change following near-death experiences. Psychiatry. 1980; 43, 234-242.

Ogilvie R, Hunt H, Sawicki C, McGowan K. Searching for lucid dreams. Sleep Research. 1978; 7:165.

Ogilvie R, Hunt H, Kushniruk A, Newman J. En Lucid dreams and the arousal of lucid dreams by verbal suggestion during REM sleep. Sleep Research 1981; 10: 150.

Ogilvie RD, Hunt HT, Tyson PD, Lucescu ML, Jeakins DB. Lucid dreaming and alpha activity: a preliminary report. Perceptual and Motor Skills. 1982; 55 (3 Pt 1), 795-808.

Ogilvie R, Hunt H, Kushniruk A, Newman J. Lucid dreams and the arousal continuum. Sleep Research. 1983; 12: 182.

Orrison W. Neurorradiología. 1er ed, 2001; I, 27: 917-938.

Ouspensky PD. *A new model of the universe*. Londres: Routledge & Kegan Paul, 1931-1971; pág 281.

Padmasambhava. *The Tibetan book of the dead: liberation through understanding in the between* (A. F. Thurman translator). Nueva York: Bantam Books, 1995.

Padmasambhava. *Natural liberation: Padmasambhava's teachings on the six bardos* (B. A. Wallace translator). Somerville: Wisdom Publications, 1998.

Paulsson T, Parker A. The effects of a two-week reflection-intention training program on lucid dream recall. Dreaming. 2006; 16: 22-35.

Pennachio J. Near-death experience as mystical experience. J Relig Health. 1986; 25: 64-72.

Perera M, Padmasekara G, Belanti JW. Prevalence of near-death experiences in Australia. J. Near Death Stud. 2005; 24: 109-116.

Pérez G. *El sueño lúcido: cómo mejorar su vida mientras duerme*. Buenos Aires: Argentina: Libros En Red, 2010. Descargado en: https://www.academia.edu/27007970/Perez_Guillermo_el_sueno_lúcido_como_mejorar_su_vida_mientras_duerme

Price RF, Cohen DB. «Lucid dream induction: An empirical evaluation». En J. Gackenbach & S. LaBerge (Eds.), *Conscious Mind, Sleeping Brain: Perspectives on Lucid Dreaming*. Nueva York: Plenum Press, 1988; págs. 105-134.

Price RF, Cohen DB. Auditory biofeedback as a lucidity induction technique. Lucidity Letter. 1983; 2 (4): 1-3.

Purcell SD. *The education of attention to dreaming in high and low frequency dream recallers: The effects on dream self-reflectiveness lucidity and control.* Unpublished doctoral dissertation. Carleton University, Canada, 1988.

Purcell S, Mullington J, Moffitt A, Hoffmann R, Pigeau R. Dream self-reflectiveness as a learned cognitive skill. Sleep. 1986; 9: 423-437.

Rama S. *Exercise without movement.* Honesdale, PA: Himalayan Institute, 1984.

Rampa L. *The third eye.* Londres: Secker & Warburg, 1956. Edición en castellano: *El tercer ojo.* Barcelona: Destino, 1977.

Rapport N. Pleasant dreams. Psychiatric Quarterly. 1948; 22: 314.

Reinoso-Suarez F. *Investidura como Doctor Honoris Causa.* Madrid: EUNSA, 2002.

Rechtschaffen A. «The psychophysiology of mental activity during sleep». En: F. Mc-Guigan, R. Schoonover (eds). *The psychophysiology of thinking.* Nueva York: Academic Press, 1973.

Rechtschaffen A. The single-mindedness and isolation of dreams. Sleep. 1978; 1: 97-109.

Reis J. Entwicklung Einer Biofeedback-Technik zur Induktion von Klartraumen. Bewusst Sein. 1989; 1: 57-66.

Rich R. *Lucid dreaming induction by tactile stimulation during REM sleep.* Unpublished Doctoral Dissertation. Department of Psychology. Stanford University, 1985.

Richardson A. Strengthtening the theoretical links between imaged stimuli and physiological responses. J Ment Imagery. 1984; 8: 113-26.

Ring K. *Life at Death: A Scientific Investigation of the Near-Death Experience.* Nueva York, NY: Harper Coward McCann and Geoghenan, 1980.

Sagnier S, Coulon P, Chaufton C, Poll M, Debruxelles S, Renou P, Rouanet F, Olindo S, Sibon I. Lucid dreams, an atypical sleep disturbance in anterior and mediodorsal thalamic strokes. Revue Neurologique. 2015; 171: 768-772.

Saint-Denys H. (1867). *Dreams and How to Guide Them.* Ed. M.Schatzman, Londres: Duckworth, 1982.

Saraswati SS, Hiti JK. *Yoga Nidra.* Munger: Bihar School of Yoga, 1984.

Saunders DT, Roe A, Smith G, Cleg H. Lucid dreaming incidence: a quality effects meta-analysis of 50 years of research. Consciousness Cogn. 2016; 43: 197-215.

Schacter DL. The hypnagogic state: A critical review of its literature. Psychol Bull. 1967; 83: 452-81.

Schädlich M, Erlacher D. Practicing sports in lucid dreamings. Curremnt Issues in Sport Science. 2018 (3). DOI 10.15203/CISS_2018.007.

Schatzman M, Worsley A, Fenwick P. «Correspondence during lucid dreams between dreamed and actual events». En: *Conscious Mind, Sleeping Brain.* Gackenbach, LaBerge S, eds., Nueva York: Plenum, 1988; págs. 155-179.

Schlag-Gies, C. *Untersuchung der Effektivität zur Induktion von Klarträumen*. Unpublished diploma thesis. Saarland University, Germany, 1992.

Schredl M, Erlacher D. Frequency of lucid dreams in a representative German sample. Percept. Mot. Skills. 2011; 112:104-108.

Schredl M, Erlacher D. Lucid dreaming frequency and personality. Personality and Individual Differences. 2004; 37: 1463-73.

Schredl M. Dream recall frequency in a representative German sample. Percept Mot Skills. 2008; 106: 699-702.

Sepakowska KM. *The perception of dreams and nightmares in ancient old kingdom to Third Intermediate period*. Doctoral Dissertation, UCLA, 2000; págs. 23-26.

Sergio W. Use of DMAE (2-dimethylaminoethanol) in the induction of lucid dreams. Medical Hypotheses. 1988; 26: 255-257.

Shah I. *The sufis*. Londres: Octagon Press, 1964.

Shah I. *Seeker after truth*. Londres: Octagon Press, 1982.

Shastri D. *Guhyasamaja Tantra or Tathagataguhyaka*. Varanasi: Baudha Barati, 1984.

Simonton OC, Matthews-Simonton S, Sparks TF. Psychological interventions in the treatment of cancer. Psychosomatics. 1980; 21: 226-33.

Snowden R. *Jung: The key ideas*. Blacklick: McGraw Hill, 2010.

Snyder T, Gackenbach J. «Individual differences associated with lucid dreaming». En: J. Gackenbach, S. LaBerge (Eds.) *Conscious Mind, Sleeping Brain: Perspectives on Lucid Dreaming*. Nueva York: Plenum Press, 1988; págs. 221-259.

Sogyal R. *The Tibetan book of living and dying*. Londres: Rider; 1998.

Sparrow GS. Lucid Dreaming. Dawning of the Clear Light. Virginia Beach: A.R.E. Press, 1976.

Sparrow GS. *An exploration into the inducibility of increased reflectiveness and "lucidity" in nocturnal dream reports*. Unpublished doctoral dissertation. College of William and Mary, Williamsburg, VA. 1983.

Sparrow G, Hurd G, Carlson R, Molina A. Exploring the effects of galantamine paired with meditation and dream reliving on recalled dreams. Toward an integrated protocol for lucid dream induction and nightmare resolution. Conscious Cogn. 2018; 63: 74-88.

Spoormaker VI, Bout J van den, Meijer EJG. Lucid dreaming treatment for nightmares: A series of cases. Dreaming. 2003; 13: 181-186.

Spoormaker VI, Den Bout J van. Lucid dreaming treatment for nightmares: a pilot study. Psychotherapy and Psychosomatics. 2006; 75: 389-394.

Stepansky R, Holzinger B, Schmeiser-Rieder A, Saletu B, Kunze M, Zeitlhofer J. Austrian dream behavior: Results of a representative population survey. Dreaming. 1998; 8: 23-30.

Stevens A. Jung: *A very short introduction*. Oxford: Oxford University Press, 2001.

Stevenson RL. «A chapter on dreams». En: *Across the plains*. Nueva York: Charles Scribner's Son, 1901; pág. 247.

Stewart K. «Dream theory in Malaya». En: *Altered states of consciousness*. Ed. C. Tart. Nueva York: Doubleday, 1972; págs 161-70.

Stocks A, Carr M, Mallet R, et al. Dream lucidity is associated with positive waking mood. Conscious Cogn. 2020; 83: 102971.

Stumbrys T, Erlacher D. Lucid dreaming during NREM sleep: two case reports. Int. J. Dream Res. 2012; 5: 151-155.

Stumbrys T, Erlachen D, Schädlich M, Scredl M. Induction of lucid dreams: A systematic review of evidence. Consciousness and cognition. 2012; 21: 1456-75.

Stumbrys T, Erlacher D, Malinowski P. Meta-awareness during day and night: the relationship between *mindfulness* and lucid dreaming. Imag. Cogn. Pers. 2015; 34: 415-433.

Stumbrys T, Erlacher D, Schredl M. Testing the involvement of the prefrontal cortex in lucid dreaming: a tDCS study. Consciousness Cogn. 2013, 22: 1214-1222.

Suinn RM. Imagery rehearsal applications in performance enhancement. Behav Ther. 1985; 8: 155-59.

Tai M, Mastin DF, Peszka J. The relationship between video game use, game genre, and lucid/contril dreaming. Sleep. 2017; 40 Issue suppl 1, A271.

Taitz I. Learning lucid dreaming and its effect on depression in undergraduates. Int. J. Dream Res. 2011; 4: 117-126.

Tart C, Dick L. Conscious control of dreaming. 1. The posthipnotic dream. J Abnormal Psychol. 1970; 76: 304-15.

Tart C. *Altered States of Consciousness*. Nueva York: Doubleday, 1972.

Tart C. Terminology in lucid dream research. Lucidity Letter. 1984; 3: 4-6.

Tart C. What do we mean by lucidity? Lucidity Letter. 1985; 4: 12-17.

Tart C. «From spontaneous event to lucidity». En: *Conscious mind, sleeping brain*. J. Gackenbach y S. LaBerge (eds). Nueva York: Plenum, 1988; págs. 321-42.

Tart C. *El fin del materialismo*. Barcelona: Kairós, 2013.

Tarthang Tulku. *Hidden mind of freedom*. Berkeley, California: Dharma Publishing, 1981.

The Lucidity Institute. How to Remember Your Dreams. NightLight. 1989; 1(1).

Tholey P. «A model of lucidity training as a mean of self-healing and psychological growth». En: *Conscious Mind, Sleeping Brain*. J. Gackenbach, S. LaBerge (eds). Nueva York: Plenum, 1988.

Tholey P. «Der Klartraum. Seine funktion in der experimentellen Traumforschung». En: WH Tack (Ed) *Berich über den 30*. Kongress der Deutschen Gessellchaft für Psychologie in Regensburg 1976. Göttingen: Hogrefe, 1977.

Tholey P. Empirische untersuchungen über Klarträume. Gestalt Theory. 1981; 3: 21-61.

Tholey P. Bewsstseinsänderung im Schlaf: Wach' icho der träum' ich? Psychologie heute. 1982; 12: 68-78.

Tholey P. Techniques for inducing and manipulating lucid dreams. Percept Motor Skills. 1983; 57: 79-90.

Tholey P. Haben Traumgestalten ein Bewußtsein? Eine experimentell- phänomenologische Klartraumstudie. Gestalt Theory. 1985; 7: 29-46.

Tucci G. A propos the legend of Naropa. J Royal Asiatic Society. 1935; 677-88.

Tucci G. *The religions of Tibet*. Bombay: Allied, 1980.

Tucillo D, Zeizel J, Peisel T. *Sueños lúcidos*. Barcelona: Urano, 2013.

Tyson PD, Ogilvie RD, Hunt HT. Lucid, prelucid, and nonlucid dreams related to the amount of EEG alpha activity during REM sleep. Psychophysiology. 1984; 21: 442-451.

Ullman M, Zimmerman N. *Working with dreams*. Nueva York: Delacorte, 1979.

Van Eeden F. A Study of Dreams. Proceedings of the Society for Psychical Research. 1913; 26: 431-461.

Van Gordon W, Shonin E, Dunn TJ, Sheffield D, García Campayo J, Griffiths MD. Meditation-induced near-death experiences: A 3-year longitudinal study. Mindfulness. 2018; 9: 1794-1806.

Van Kuiken D. A meta-analysis of the effect of guided imagery practice on outcomes. J Holist Nurs. 2004; 22:164-79.

Van Lommel P. Near-death experiences: the experience of the self as real and not as an illusion. Annals of the Nueva York Academy of Sciences. 2011; 1234: 19-28.

Vaughan-Lee L. *The Lover and the Serpent: Dreamwork within a Sufi Tradition*. Rockport, MA: Element, 1990.

Velayos JL, Moleres FJ, Irujo AM, Yllanes D, Paternain B. Bases anatómicas del sueño. Anales del sistema sanitario de Navarra. 2007; 30: 7-17.

Venus S. Early results wieth Hearne's dream machine. Lucidity Letter. 1982; 1 (2): 3.

Vivot RM, Pallavicini C, Zamberlan F, Vigo D, Tagliazucchi E. Meditation increases the entropy of brain oscillatory activity. Neuroscience. 2020; 431: 40–51.

von Moers-Messmer H. «Traume mit der gleichzeitigen Erkenntni des Traumzustandes». Archiv Fuer Psychologie. 1938, 102: 291-318.

Voss U, Hobson A. «What is the state-of-the-art on lucid dreaming? Recent advances and questions for future research». En: T. Meltzinger & M. Windt (eds). *Open Mind*. Frankfurt am Main: MIND Group, 2015.

Voss U, Holzmann R, Tuin I, Hobson JA. Lucid dreaming: a state of consciousness with features of both waking and non-lucid dreaming. Sleep. 2009; 32: 1191–1200.

Voss U, Schermelleh-Engel K, Windt J, Frenzel C, Hobson A. Measuring consciousness in dreams: the lucidit and consciousness in dreams scale. Consciousness Cognition. 2013; 22: 8-21.

Waggoner R. *Lucid dreaming: Gateway to inner self*. Needham, Massachusetts: Moment Point Press, 2009.

Wallace A. *Soñar que estás despierto*. Novelda (Alicante): Dharma, 2019.

Wangyal Rinpoche T. *Los yogas tibetanos de los sueños y del dormir*. Barcelona: Obelisco, 2019.

Watson D. To dream, perchance to remember. Individual differences in dream recall. Personal Indiv Diff. 2003; 34: 1271-86.

Wayman A. *Yoga of the Guhyasamajatantra. The arcane lore of forty verses*. Delhi: Motilal Banarsidas, 1977.

Wilson C. *New pathways in psychology. Maslow and the post-Freudian revolution*. Londres: Victor Gollancz, 1973.

Wiseman R. *Paranormality: Why we see what isn't there*. Londres: Macmillan, 2011.

Worsley A. «Personal experiences in lucid dreamings». En: *Conscious mind, sleeping brain*. J. Gackenbach y S LaBerge (eds). Nueva York: Plenum, 1988; págs. 321-42.

Wren-Lewis J. Dream lucidity and Near-death experience, a personal report. Lucidity Letter. 1985; 4: 4.

Yuschak T. *Advanced Lucid Dreaming. The Power of Supplements*. Morrisville, NC: Lulu Press, 2006.

Zadra AL, Donderi DC, Pihl RO. Efficacy of lucid dream induction for lucid and non-lucid dreamers. Dreaming. 1992, 2: 85-97.

Zadra AL, Pihl RO. Lucid dreaming as a treatment for recurrent nightmares. Psychotherapy and Psychosomatics. 1997, 66: 50-55.

Zhang GXL. Senses Initiated Lucid Dream (SSILD) Official Tutorial. 2013. Available at: http://cosmiciron.blogspot.com.au/2013/01/senses- initiated- lucid-dream-ssild_16.html (consultado el 11 de mayo de 2021).

editorial **K**airós

Puede recibir información sobre
nuestros libros y colecciones inscribiéndose en:

www.editorialkairos.com
www.editorialkairos.com/newsletter.html
www.letraskairos.com

Numancia, 117-121 • 08029 Barcelona • España
tel. +34 934 949 490 • info@editorialkairos.com